Das Sonnenlicht der
Kindheit hat immer
einen anderen Glanz.

Rafael Chirbes

Das Paradies

Eine kurze Einführung in die Kindheitsbucht,
die ersten Tiere erscheinen in der Wirklichkeit,
aber auch in Hotel- und Häusernamen

Im Jahr 1967 begann der Mallorca-Boom, sowohl der deutsche wie der unsrige. Ich war noch klein, erst ein Jahr alt, aber meine Eltern und meine Schwester, die schon sieben war, redeten in diesem Sommer auf die Esel ein, die auf den trockenen goldfarbenen Wiesen herumstanden, uns zuhörten und schauten, als ob sie etwas wussten oder sich dachten oder immerhin ahnten.

»Esel heißt burro«, sagte mein Vater. Kam einer von uns dem jeweiligen Esel zu nah, mahnte mein Vater zur Vorsicht: »Provoziert ihn nicht, er schnappt sonst unweigerlich.« Ich habe aus dem Mund meines Vaters außer dem Namen meiner Mutter kein Wort so oft gehört wie *unweigerlich.*

Im Sommer des Jahres 1967 lebten wir im Nordosten Mallorcas, in der kleinen Bucht von Canyamel zwischen Cala Ratjada und Son Servera, in einem würfelförmigen Haus mit hellblauen Fensterläden. Das Haus hieß Le Bœuf, *das Rind,* keiner weiß mehr, warum.

Heute vermuten die Leute in Canyamel, und so auch mein Freund Juan, der Direktor des Hotels Laguna: weil das

Le Bœuf einst von algerischen Auswanderern hier hingebaut worden war, den *pieds-noirs*, die in ihrer Heimat wie später auch in Frankreich behandelt wurden wie Dreck, also zogen sie an den Llevant und schauten von der anderen Seite auf das Meer. Das Haus steht heute noch an derselben Stelle, heißt aber nicht mehr Le Bœuf, es ist zugewachsen, und neben dem Haus ist eine Baubrache, in der, wie so oft in Spanien, und vermutlich im Jahr der großen Krise 2008, etwas angefangen und dann nicht beendet wurde. Es gibt dann noch ein paar bescheidene und ein paar bessere Ferienhotels, und bleiche Urlauber ziehen im Ort Frauen und Kinder hinter sich her, als sei auch dieser Urlaub, wie alles andere daheim in Deutschland, vor allem etwas, das bewältigt werden muss.

Im Jahr 1967 war es kahl und alleine, das Haus, so wie heute manchmal Häuser in preisgekrönten Fotografien im Algerien Albert Camus' herumstehen, daneben nur ein paar wenige Häuser in zweiter Reihe. Unter Schweizer Führung lag direkt am Strand das Hotel Laguna, erbaut 1963, da waren aber nur die ersten drei Stockwerke fertig, dann war erst einmal kein Geld mehr da gewesen. Endgültig sechs Stockwerke hat es erst seit 1964. Meine Mutter hätte gerne im so verheißungsvoll dastehenden Laguna Urlaub gemacht, aber mit der Globalisierung des Reisewesens war es noch nicht weit her. Der Reiseunternehmer Alfred Erhart, der das Laguna baute, war Schweizer, sein Unternehmen Universal Reisen war ein Schweizer Unternehmen, also machten dort Schweizer Urlaub, keine Deutschen.

Am Strand lag meine schöne Mutter, sie wendete sich zum mystischen Laguna um, das weiß mit seinen hübschen roten Fensterläden dastand, als wäre dies hier Miami oder *die Côte,* und wieder und wieder sagte meine Mutter traurig: »Es ist in Schweizer Hand, es ist nur für Schweizer.«

Weiter hinten wurde von Herrn Gero Gödecke aus Hannover gemeinsam mit dem aus Argentinien ausgewanderten Miguel Blanche das kleine Hotel Mi Vaca Y Yo (Meine Kuh und ich) erbaut. Hier nun würden wir in den folgenden Jahren wohnen, wenn wir nach Canyamel kamen. Anders als im Le Bœuf gab es in der Vaca *Service.* Miguel Blanche bewohnte in seinem Hotel ein winziges, gegen die Sonne abgedunkeltes, kühles, vertrauenerweckend nach Zigarrenrauch und einem süßen spanischen Herrenparfüm duftendes Apartment in Parterre mit Wuchtmöbeln, Zierdecken und einem Ölgemälde, das die argentinische Pampa zeigte. Mit weißem Hemd, Pullunder, nur matt schattierter Sonnen-/Weitsichtbrille, mit geöltem, nach hinten gekämmtem Haar und einem Schnurrbart patrouillierte er gemeinsam mit dem Schäferhund Chico durch den botanischen Vorgarten des Hotels. Miguel schnarrte mit dem Personal, mit den Gästen. Sah er mich, legte er seine behaarte argentinische Hand auf meinen damals noch sehr kleinen rheinischen Kopf und brüllte: »Caballero!« Lange lag die Hand auf dem Kopf. Endlich war etwas los. Meine einheimischen Freunde Patricia und Pedro machten seit zwei Stunden Siesta und noch eine weitere Stunde würden sie fehlen. Täglich von dreizehn Uhr bis sechzehn Uhr fehlten sie. Ich wusste, dass man sich mittags hinlegt. Mein Vater machte es daheim und im Urlaub auch so. Aber wieso fehlten Patricia und Pedro so lange?

Ich nahm an, dass sie unter einer Krankheit litten, offenbar wurden sie jeden Tag gewissermaßen ohnmächtig und mussten sich erholen, ich musste Rücksicht nehmen. Seine

Hand auf meinem Kopf. Seine großen Augen glotzten durch die getönte Brille. Ich stand kerzengerade.

»Miguel?«

»Wo ist der Papa, Caballero?«

»Weiß nicht.«

»Was machst du?«

»Weiß nicht.«

»Du weißt nicht, was du machst? Wo ist die Mama, Caballero?«

»Weiß nicht.«

Dann beugte er sich herunter, ich durfte seinen Schnurrbart berühren, ein schwerer schwarzer Balken, von dem meine Schwester erzählt hatte, der Balken sei ein Tier, es sei aber tot. Ich hatte ihr nicht geglaubt, aber wer weiß, ich berührte den Balken immer nur vorsichtig.

Die Vaca war ein längliches, zweistöckiges Apartmenthaus, etwas weiter hinten im Ort, eine schmale Straße führte hinauf. In wenigen Jahren wuchs alles drum herum zu, und dass alles zuwuchs und Schatten und Sauerstoff spendete, das war das Ziel. Blüten, groß wie Fußbälle. Der Name für das Hotel Mi Vaca Y Yo wurde von Miguel Blanche der Legende nach in Sekunden erfunden, und zwar erst, als das Hotel Ende 1967 fertig gebaut war. Zwar gibt es in Canyamel die Theorie, dass die Vaca zu ihrem Namen kam, weil bis zum Bau der Vaca nun mal Kühe auf jener Wiese herumgestanden hatten (in ganz Canyamel standen bis dahin Kühe herum und eben Esel). Aber Miguel hatte die bessere Geschichte, und wer die bessere Geschichte hat, geht als Sieger vom Platz.

Die bessere Geschichte: In das Restaurant seines argentinischen Heimatdorfes in der Pampa kam eines Tages, als Miguel Blanche noch klein war, ein alter Mann, und zwar nicht alleine. Als der alte Mann das Lokal betreten hatte, wunderten sich der kleine Miguel und sein Vater über den gespannten Strick, den der Mann in der Hand hielt und der nach draußen führte. Er knurrte nach hinten, zog an dem Strick, und so folgte dem Mann ins Lokal eine Kuh.

Der Wirt brüllte: »Wer seid ihr denn?«

Der Mann brüllte: »Wer? Wir?«

»Wer sonst?«

»Wir sind meine Kuh und ich!«

Dann trank der Mann ein Bier, aß einen Teller Bohnen und ging mit der Kuh wieder hinaus. (Damals wurden noch nicht viele Worte gemacht.)

So weit die Legende. Tiere: Chico, der Hund, das Hotel Meine Kuh und ich, dann die Sache mit den Eseln. Wir waren fanatisch hinter Eseln her, wir umarmten und küssten sie. Wurden wir ihrer habhaft, zogen wir an ihnen und klopften auf ihnen herum, machten Fotos, lasen Bücher über sie, sogar Bücher, in denen sie laut Titel eine Rolle spielten und dann doch kaum vorkamen. In meinem Bücherregal steht heute noch eine schwere, alte Ausgabe von »Der Mann auf dem Esel« der britischen Historikerin Hilda Francis Margaret Prescott (1896–1972), erschienen Anfang der 1950er-Jahre. Mein Vater war an historischen Büchern so interessiert, wie er im Grunde an allem ständig interessiert war, aber Prescotts fast achthundert Seiten starkes, mit aufwendigen Landkarten versehenes Werk über Heinrich VIII. hatte ihn offenbar enttäuscht. Irgendwann einmal zog ich das Buch aus dem Regal und fragte ihn: »Gut?«

Er schaute über die Kante der Zeitung, wischte den Zigarettenrauch aus der Luft, er war in Gedanken, und wenn das so war (und es war oft so) und man störte ihn, benahm er sich, als habe man ihn geweckt. Er legte die Zeitung runter, er kam von weit her, er fragte: »Was ist das für ein Buch? Bring nicht die Bücher durcheinander!«

»*Prescott, Der Mann auf dem Esel.* Ist es gut?«

Er schob sich wieder hinter die Zeitung, ich hörte eine Weile nichts, er inhalierte, eine neue Rauchwolke, dann sagte er: »Esel kommen quasi nicht vor.«

Lebende Tiere spielten in unseren Urlauben eine große Rolle. Daheim am Niederrhein interessierten Tiere uns wesentlich, wenn sie tot und zubereitet worden waren. Lebend fanden wir vor allem die Vögel im Garten schön. Dann hatten wir noch einen störrischen Hund, dem ich mal den Rindermarkknochen abnehmen wollte, um ihn fertig abzunagen. Ich war damals noch klein, aber immerhin kurz vor der Einschulung, meine Mutter hörte das Geknurre und führte mich vom Hund weg, der immer, wenn ich mich linkisch näherte (»Na, alles okay?«), kurz aufhörte zu nagen und die Zähne fletschte.

Der Hund ging nicht gerne Gassi, er ging einige Schritte und setzte sich dann so lange auf den Bürgersteig, bis wir mit ihm wieder hineingingen. Meine Mutter blieb beim Warten auf den Hund mondän. Sie fuhr sich durch die dunklen Locken, zupfte an ihrem lilablauen Missonimantel herum, schaute auf den Hund herunter und machte einen schiefen Mund. Man sah sie auf der Bonhoefferstraße dann eine Weile auf den Hund einreden, der sie nicht anguckte. Dann zündete sie sich eine Zigarette an und rauchte sie in Ruhe zu Ende, während der Hund erst saß und sich dann hinlegte. Langsam schüttelte meine Mutter den Kopf und ging schließlich mit dem Hund wieder hinein.

Ging mein Vater mit dem Hund Gassi, hörte man ihn sogar durch das geschlossene Küchenfenster reden, denn mein Vater nahm dem Hund sein Verhalten übel, anders als meine Mutter fühlte er sich vom Hund provoziert. Zwar rauchte auch er, aber dabei schnauzte er auf den zwischen seinen O-Beinen herumliegenden Hund ein: »Allezhop!« Er ging einige Schritte vor. »Woooooosses Herrchen? Geeeehdes Herrchen allein zum Rhein?« So weit reichte daheim das Interesse an den Tieren, die nicht die geliebten Vögel im Garten waren.

In der Ferne hingegen, in Canyamel, trafen wir keine Tiere, sondern sie *erschienen* uns, Tiere aller Art, sie spielten eine Rolle, und wie man sehen wird, wird das nach meiner Rückkehr in die Bucht viele Jahrzehnte später wieder so sein: Ich werde mit Pferden und Eseln reden, mit Möwen, Kormoranen und Bergziegen, über einige Monate, die ich als inzwischen fünfzigjähriger Mann alleine in Canyamel verbringen werde, also ohne meine Frau, meine Tochter und meine Söhne. Ich werde, da ich nicht immer meinen alten und neuen mallorquinischen Freunden auf die Nerven fallen darf mit meinen vielen Fragen, Weisheiten und *Gefühlen:* mit diesen Tieren sogar das eine oder andere *längere Gespräch* führen. Außerdem werde ich beim täglichen Morgenbad im Meer, also meiner Schwimmtour zum Embarcador del Rei, plötzlich einem Delfin begegnen, immerhin sehe ich seine Flosse direkt vor meiner Schwimmbrille auftauchen. Wenn man die Flosse eines Delfins sieht, zumal, wenn man schon eine Dreiviertelstunde geschwommen ist, verharrt man nicht, niemand hat einem das wunderbare Ereignis angekündigt, und so ist man dann halt überrascht. Ein Delfin, wie romantisch. Dann, kurz danach schon, denkt man: Und wenn es die Rückenflosse von einem anderen Tier ist? Schnell schwimmt man an den Strand zurück. Angst macht dumm.

Miguel, der mit seinem Schnurrbart und mit Chico auf vielen unserer Urlaubsfotos herumsteht, meine Mutter, meinen Vater, meine Schwester im Arm, mich auf dem Arm, er war damals, Ende der 60er, Anfang der 70er, schon sehr, sehr alt, wie mir schien, Mitte vierzig. Heute sind alte Menschen immerhin von Weitem nicht mehr so gut von den Jungen zu unterscheiden, denn auch alte Menschen (allerdings keine alten Mallorquiner, nur alte Deutsche) tragen in unseren Sommern T-Shirts, auf denen »Rave Society« steht oder »Markisen Klaiber«, oder es steht dort »Elektro Loibl« und drunter eine Telefonnummer und »www.elektro-loibl.de«.

Vor Jahren kaufte mein Freund Juan Massanet, der Direktor des Laguna, die runtergekommene, verschimmelte Vaca. Es kam zu einer Totaloperation außen und innen, helle Farben, die alte dunkle Bar raus, eine neue weiße Bar rein, statt Bedienung ein Buffet und ein neuer Name: Canyamel Sun. Als ich Juan im Sommer 2016 sage, dass der alte Name Mi Vaca Y Yo schöner war als Canyamel Sun, fragt Juan mich, ob ich ihm den schönen alten Namen bitte erklären könne, denn: »Meine Kuh und ich – auf Spanisch, welcher Tourist soll sich diesen Namen merken, mein Freund, hm?«

»Wir haben ihn uns gemerkt, Juan.«

»Ihr seid ja auch verrückt gewesen. Ihr habt mit Eseln geredet. Kein Mensch kann mit einem Namen, in dem eine

Kuh vorkommt, heute etwas anfangen. Leute, die mit Eseln reden und ganze Spanferkel verschlingen, die vielleicht. Sonst niemand.«

»Mi Vaca Y Yo ist ein poetischer Name, Juan. Die Poesie ist rätselhaft. Es ist nicht schlecht, wenn Dinge rätselhaft sind. Sie tragen ein Geheimnis in sich. Dinge, die ein Geheimnis in sich tragen, machen süchtig. Das Problem heute ist nicht, dass die Dinge zu rätselhaft sind, im Gegenteil: Es ist vieles zu banal. Das macht uns alle fertig, dich doch auch, Juan, ich weiß es.«

»Was redest du da?«

»Ich versuche es dir zu erklären.«

»Du bist verrückt.«

Dann schaut er traurig in sein Whiskyglas. Sofort verzeihe ich ihm alles. Still und zärtlich sitzen wir nebeneinander.

»Vielleicht ist der neue Name nicht besonders originell«, sagt er plötzlich. »Aber so heißt die Vaca jetzt nun mal. Ich kann den Namen nicht wieder ändern. Die Vaca heißt jetzt Canyamel Sur.« Er tut mir jetzt so leid, dass ich ihn umarme. Was maße ich mir an, meinem eingeborenen und hier sein Leben lebenden Freund mit blasierten Vorschlägen zu kommen? Ich Arschloch.

Juan erhebt sich, wie immer fasst er sich dabei kurz an den unteren Lendenwirbel und verzieht das Gesicht im Schmerz. (No sports.) Dann geht er in sein Büro und kehrt mit einer alten Kachel zurück, in eine Serviette verpackt: »Ein Geschenk. Diese Kachel habe ich bei der Renovierung gerettet, mein Lieber.«

Die Kachel ist hellblau, darauf in Dunkelblau eine tuscheartige Zeichnung, die davon erzählt, was es 1967 bedeutete, in den Urlaub zu fahren: ein Mann mit Pagenschnitt, Hut und im Anzug, untergehakt eine fast schon asiatische Märchenprinzessin, seine Frau mit einem Vogelkäfig (das Vögelchen kommt also tatsächlich mit in den Urlaub), etwas dahinter schwebt mit zwei Köfferchen und Flügeln das Kind. Unterhalb des Motivs das Signet der Vaca: die Kuh unter dem Sonnenschirm. Urlaub in der Vaca, so erzählt diese Kachel, auf die ich im Sommer 2016 starre wie auf ein Artefakt aus dem Bernsteinzimmer, das war damals, in den Jahren ab 1967 leicht, heiter und schön. Zwar war der massenhafte Andrang aus Nordeuropa nach Spanien wesentlich eine Erfindung des Diktators Franco gewesen, es sollte Geld ins Land. Aber die Menschen, wir, durften Vögelchen in Volieren mitnehmen. Kindern wuchsen Flügel auf dem Weg an diesen Traumort.

Ich umarme Juan und bitte ihn um Verzeihung für meinen blasierten Auftritt von eben. Ich denke an die mit Kuhfell überzogenen Barhocker aus der Vaca, an die Sodaflaschen mit dem Sprühhebel aus glänzendem Chrom, mit denen ich 1970 den Frauen aus Hannover, Düsseldorf und Bremen ins Gesicht sprühte, weil es jedes Mal eine Freude war, wie sie losquiekten und ein Aufruhr in dem schmalen, nach Rauch, Anisschnaps und Parfüm riechenden Raum losbrach. Ich, bei meinem Vater auf dem Arm, irgendwann einschlafend, den Kopf auf seiner Schulter, im Rauch, im Lärm, mit der Nase in seinem Eau de Toilette von Dunhill.

Es ist egal, wohin ich reiste in den Jahrzehnten seit meinem Abschied aus Canyamel: Der nur wenige Hundert Meter lange, durch bewaldete Hügel und prächtige Steilwände kinderbuchgleich akkurat eingegrenzte Ort, das Wasser, die Lagune, die lächerliche Ladenstraße, die Menschen von hier – Möglichkeit des Paradieses, Traumort, Kindheitsbucht.

Ich bin das Kind von der Kachel.

Der Plan

Ich beschließe, nach Canyamel zurückzukehren.
Alle erklären mich für verrückt,
müssen dann aber einsehen, dass ich genial bin

Im Frühjahr 2015 sagte der italienische Premier Matteo Renzi im Angesicht der Flüchtlingskrise und so vieler Gestrandeter und Toter: »Das Mittelmeer ist eine Bestie.« Zur selben Zeit hörte ich, als ein Busfahrer der Linie 185 der Münchner Verkehrsgesellschaft den anderen ablöste, wie sich die beiden Männer über ihre Urlaube unterhielten. Der eine Fahrer sagte, er komme gerade aus Jamaika. »Supa, oder?«, fragte der andere. »Ja … scho«, sagte der eine, als habe er noch mal eben nachdenken müssen, während er den Bus die letzten Meter in die verregnete Haltebucht lenkte, aber auch so, als habe er im Grunde genommen keine rechte Erinnerung mehr an Jamaika. Der andere: »I fliag nach Vancouver mit der Soffi nexte Woch.« »Aa ned schlecht.« Ich kam gerade aus einem Redaktions-Hochhaus im Münchner Stadtteil Berg am Laim, den mein Freund Matthias so hässlich findet, dass er ihn Dreck am Stecken nennt. Ich dachte: Früher sind Busfahrer nicht in die Karibik oder nach Kanada geflogen. Gut, dass sie es jetzt tun, wenn sie wollen, die netten Leute der MVG, die mich immer überall in der Stadt aufsammeln und mitnehmen.

Ich hingegen werde nach Mallorca zurückkehren, ans Mittelmeer, das Menschen verschlingt und in dem andere, glücklichere Menschen baden. Ich werde nachschauen, ob es den Ort meiner Kindheit noch gibt, Canyamel, die Menschen von Canyamel, zum Beispiel Teo und María, die Freunde meiner Eltern, die damals so jung waren wie meine Eltern und die jetzt sehr alt sein müssen. Wenn sie noch leben. Ihre Kinder Patricia und Pedro, die jetzt so alt sein müssen wie ich, um die fünfzig. Wenn sie, was wahrscheinlicher ist als bei ihren Eltern, noch leben.

Ich möchte wissen, was aus der Vaca geworden ist, unserem kleinen Hotel, das ich in den Reiseportalen im Internet nicht mehr finde. Ich finde dort aber das alte Hotel Laguna, und es sieht auf diesen Bildern so schön aus wie immer. Stolz steht es am Strand mit seinen immer noch roten Fensterläden. Ein fabelhafter Sommerfrischler. Eine Ikone. Das Laguna behauptet offenbar die Stellung, und es gehört tatsächlich immer noch dem Unternehmen Universal Reisen, nicht irgendeiner *Group*. Es ist immer noch in Schweizer Hand. Aber Urlaub machen darf dort jetzt jeder. Jeder darf heute alles, reisen, schreiben, kaufen, Meinung sagen, alles fordern, alles zurückschicken, die Welt hat die Türen aufgerissen.

Zwei Vorhaben wurden mir in den letzten Jahren vergeblich ausgeredet, beide haben erst einmal nichts, dann doch vieles miteinander zu tun. Zum einen bewege ich mich seit nunmehr drei Jahren ohne eigenes Auto durch München und die Welt, zum anderen bin ich nach Mallorca zurückgekehrt.

Zunächst also legte ich den Schlüssel für den komfortablen Dienstwagen in die Hände des fassungslosen Herrn von der Leasingfirma. Ich mochte nicht mehr jeden Tag zwei Mal unter Hitlers Balkon am Münchner Prinzregentenplatz im Stau stehen und kaufte mir stattdessen ein neues schickes Fahrrad und ein Jahresticket bei den Münchner Verkehrsbetrieben. Wieso sollte man, nur, weil die anderen es auch tun, mit der vom BMW-Bordcomputer hämisch errechneten Durchschnittsgeschwindigkeit von zwölf Stundenkilometern zur Arbeit fahren und am Abend in Schwabing fünfundvierzig Minuten lang einen Parkplatz suchen? Als verzweifelte, tonnenschwer gepanzerte, dem Tode geweihte Kriechtiere kurvten meine Nachbarn und ich in unseren pfeilschnell gedachten, böse schauenden, total überkomplexen Todesmaschinen durch unsere Privilegiertenviertel mit ihren Altbaustraßen.

Ich muss mich nicht mehr um den Wagen *kümmern* und ihn erst *heimbringen* und derlei Sachen. Ich muss nicht mehr im BMW-Innovations-Laboratorium zwei Stunden lang die Windjacken und Leichtmetallfelgen in der Auslage betrachten, während die Bordelektronik für meine 12-km/h-Fahrten neu programmiert wird oder mein Wagen seine Sommerreifen bekommt, mit denen er endlich wieder 250 km/h fahren könnte, wenn es nicht so viele andere Autos gäbe. Ich war mit Auto ein neurotischer Mensch, der sich mit anderen Menschen durchs offene Fenster anpöbelte.

»Fick dich!« – »Fick *du* dich!«

Dialoge wie dieser waren deprimierend. Die Langeweile ist eine tödliche Macht. Trump und der Brexit und die AfD, all dies passierte in diesen Jahren weniger aus Not. Es passierte aus Langeweile, aus klammernder, stumpfer Sinnlosigkeit. Die Leute werden dann paranoid. So konnte es nicht weitergehen.

Tatsächlich lag meinem Vorhaben, nach Canyamel zurückzukehren, nicht nur der Plan zur Rückeroberung des Kindheits-Paradieses zugrunde. Da war noch der Gedanke der *Abrüstung*, und die hatte beim Verzicht auf den Dienstwagen schon funktioniert. Canyamel war nicht nur eine sentimentale Chance, die furchtbar enden konnte. Sondern auch eine praktische. Ich wollte kein teures Haus mieten mit insgesamt zehn Leuten in abgelegenen Gegenden am Atlantik oder in der Toskana und dort dann jeweils in Supermärkten gigantische Einkaufswagen herumschieben.

Im Laguna zu wohnen, hieß, Zeit für sich zu haben. Es hieß, sich um nichts kümmern zu müssen, nicht zum Strand fahren zu müssen, weil es am Strand steht, kein Essen kaufen und kochen zu müssen, weil das Hotel das Essen kauft und es für einen kocht. Es hieß, keine Wäsche waschen zu müssen, weil das Hotel die Wäsche wäscht, und wenn man sich also bald langweilte und schon fünfmal in Artà war und siebenmal in Cala Ratjada, hieß es allerdings auch: Okay, dann jetzt doch mal das abendliche Entertainmentprogramm auf der Hotel-Terrasse, einschließlich des wöchentlichen Bingo-Abends. Es hieß kennenzulernen: Alte, Junge, Kinder, Kleinkinder, Babys, Deutsche, Schweizer, Beamte, Angestellte, Trauernde, Hoffende, Hessen, Storchenbeinige mit in der Mitte plötzlich gigantisch abstehenden, schwangerschaftsgleichen Bäuchen, Grippekranke, Durchfallkranke, Gesunde, Alleinreisende, Alleinreisende mit Kind, Alleinreisende mit Kind in der Gruppe, um sich kennenzulernen, einen Antifaschisten mit »Niemand-muss-Bulle-sein«-Shirt, einen möglicherweise Deutschnationalen, der jeden Tag mit einem weißen T-Shirt, auf dem schlicht »Deutschland« steht, böse sein Müsli reinbaggert, während seine Frau verängstigt am Käse herumschneidet, ein (!) Hipsterpärchen, das jede Kuchengabel im Laguna bestaunt, als sei es auf einem ironischen Flohmarkt. Es hieß auch: Konservative, Männer mit SPD-Stofftaschen, Steinalte mit Billy-Idol-Frisuren, sowieso Totaltätowierte, Freundliche, Bescheuerte, junge, hübsche Paare mit unfassbar niedlichen, schnullerspuckenden Kindern, Freche, Lustige, die brillanten Kafka-Biografien von Reiner Stach stoisch, mitunter wissend lächelnd am Pool Weglesende, Humorlose, geistig Behinderte, die als einzige Hotelgäste am Showabend mit dem galizischen Tom-Jones-Tribute-Sänger John Romero den Spaß ihres Lebens haben und tanzen, tanzen, tanzen, körperlich Behinderte, komplett Nicht-Behinderte, aber im Gegensatz zu den Behinderten Gehemmte – es hieß: *andere Menschen,* es hieß: *Bevölkerung.*

Menschen sind das, von denen sich viele schon seit Jahr und Tag hier im Laguna, dem Hotel des Volkes, einmieten, weil das Leben ist hart genug.

Schnell und vorsichtshalber beschloss ich, alles, was ich sonderbar oder unangemessen finden würde, mit Humor zu nehmen. Danach würde ich sicher auch mal wieder Lust auf ein Haus mit Freunden an der Atlantikküste haben, wie damals im wunderschönen St. Girons zwischen Biarritz und Bordeaux. Aber noch war nicht Danach, noch war Jetzt beziehungsweise Vorher: Und die Süchtigen dieser Welt wissen, dass die Minuten vor dem Kokain immer die besseren sind als die mit dem Kokain.

Der Plan zu dieser Vollpensionsreise klang nicht cool, und das Gute an fünfzig Lebensjahren ist dann, dass einem das, wie anderes auch, egal ist. Wer sein Leben jetzt nicht lebt, für den ist es bald zu spät. Trotzdem beschloss ich, dem Unterfangen einen durchdachten, ironischen Anspruch zu geben, mich also wichtigzumachen und die Sache anders zu verkaufen, nämlich als *aufregende* Rückkehr in meine Kindheitsbucht.

Viele Menschen halten Journalisten für kleine niederträchtige Gesellen, die immer eine *Begründung* brauchen, um ihre weinerlichen Tänze wie großes Ballett aussehen zu lassen. (Wir Journalisten selbst nennen es übrigens nicht Begründung, sondern *Überhöhung*. Die Überhöhung ist das ganz große Ding.) Menschen, die Journalisten für kleine niederträchtige Gesellen halten, sind bösartig und interessengesteuert. Außerdem haben sie meistens recht. Über die Rückkehr in meine Kindheitsbucht würde ich, wie ich mir vornahm, einen weinerlichen, gleichzeitig zynischen, desillusionierten und vor allem kalten, frustrierten und frustrierenden, letztlich vor allem unangreifbaren, total zermürbenden Text für meine Zeitung schreiben und behaupten, dass man so etwas nie tun sollte mit fünfzig Jahren, weil: Das Leben geht weiter, wir alle werden sterben, alles ist deprimierend. Den Kollegen schnarrte ich zu: »Hamburger Schule.« Sie nickten wissend.

In Wahrheit, so der Plan (der nicht aufging), würde ich während meiner Recherche jeden Tag zufrieden auf Redaktionskosten mit dem Auto vom verlotterten Canyamel aus an den wilden Strand von Cala Torta fahren, um mich dort mit den brillanten Kafka-Biografien von Reiner Stach zu zeigen, schließlich, um mich im Strandcafé mit *anderen netten Leuten,* die zu zehnt eine Finca nahe Artà gemietet hatten, anzufreunden.

Ins Laguna reiste ich also im Juni 2015 zunächst für eine Woche alleine, und zwar, um zu testen, ob meiner Frau all das hier später im Sommer zumutbar wäre oder ob sie hier im folgenden August, dem Hauptreisemonat, weinend mit dem Kind auf dem Zimmer sitzen würde, während ich unten kreischte: »Bingo!«

Dann wollte ich testen, ob es passieren könnte, dass *sie* unten »Bingo!« kreischte, während *ich* oben weinend mit dem Kind auf dem Zimmer sitze, weil mich jede Kiefer, Parkbank oder Telefonzelle in Canyamel an etwas erinnerte, das es nicht mehr gibt: Mein Leben als Kind.

In der Einflugschneise

Fliegen und überflogen werden: Wir diskutieren unter startenden und landenden Flugzeugen, ich werfe mit einem Ei durch die Caravelle und duelliere mich Jahrzehnte später mit der tapferen, untergehenden Fluglinie Air Berlin

»Ich bin dafür, dass man für
Flugreisen per se entschädigt wird.
Egal, ob verspätet oder nicht.«

RUTH HERZBERG

1967 quetschten wir uns auf dem Flughafen Düsseldorf-Lohausen zum ersten Mal in eine Caravelle der LTU. So sollte es daraufhin Jahr für Jahr weitergehen, mal im Frühjahr, immer im Sommer, mal im Herbst, mal mehrfach pro Jahr. Wenige Stunden nach dem Abflug, insgesamt circa vier Stunden später, waren wir dann im Nordosten der Insel angekommen, in Canyamel.

Die Wahrscheinlichkeit, dass der Laguna-Direktor Juan Massanet und ich uns hier 1967 zum ersten Mal begegneten, ist sehr hoch, setzt man voraus, dass ein Siebenjähriger (Juan) und ein Einjähriger (ich) zu dem in der Lage sind, was man unter auch nur trivialphilosophischen Gesichtspunkten als Begegnung versteht. Vermutlich lag ich an einem Frühlingsnachmittag des Jahres 1967 auf einem Handtuch und schlief, bedröhnt vom Odeur aus Baumharz und Meersalz. Am Strand von Canyamel gab es weder von der Gemeinde Capdepera hingestellte und verwaltete Liegen noch Sonnenschirme noch Tretboote noch in nennenswerter Anzahl Menschen, schon gar nicht solche, die Sand aus iPhones pusten. Es war alles einfach, aber nicht billig. Zum Beispiel flog das einmotorige Flugzeug mit dem Banner des Schnäppchenportals Urlaubsguru.de noch nicht am Strand von Canyamel vorbei, denn Sparen war ein Gebot irgendwie normaler haushälterischer Vernunft, Geiz noch keine Religion, und als unsympathisch wäre der hinter dem Urlaubsguru.de-Flugzeug herumflatternde Befehl aufgestoßen: »Für wenig Geld / Rund um die Welt!«.

Vom Flughafen Düsseldorf-Lohausen selbst loszufliegen, statt sich weiter auf der anderen Rheinseite in der Einflugschneise mit Lärm vollmachen zu lassen, war an sich schon ein Ereignis. Die maximale Erhebung für Menschen, die in der Einflugschneise aufwachsen, ist es, sich aus der Einflugschneise herauszubegeben, um dann selbst durch die Einflugschneise und über die anderen Menschen hinwegzufliegen und diese also mit dem Lärm der frühen, pfeifenden, knallenden Massentransportmaschinen zu terrorisieren. Selten, je nach Windrichtung und wenn die Familie auf der richtigen (nämlich linken) Seite des Flugzeugs saß, sahen wir für Sekunden nach dem Start unseren Garten auf der Dietrich-Bonhoeffer-Straße Nummer 1 in Meerbusch-Büderich. Da standen sie, puppenhaushaft: die Korbmöbel auf der Wiese, wir über sie hinwegschwebend mit dem Lärm, der nun in den Nachbargärten für die Verheerungen sorgte und unter dem sonst dort unten wir zu leiden hatten.

Wer in der Einflugschneise eines Großflughafens aufwächst, weiß später, warum er nicht alle Tassen im Schrank hat. Die üblichen Lärmintervalle waren klar ausschlaggebend für einige schwere Neurosen und Marotten in meiner Familie, mindestens war die Einflugschneise ein besonders fruchtbares Gelände, um schon vorhandene neurotische Anlagen zu kultivieren. So wird die unter Mitteilungsbedürftigen schon normale Sorge, nicht ausreichend zu Wort zu kommen, zu einer manifesten Angstneurose. In den bis zu dreiundfünfzig Jahren, die meine Familienmitglieder in der Gartenwohnung der Dietrich-Bonhoeffer-Straße Nummer 1 verbrachten, fiel sehr oft der Satz: »Ich möchte bitte ausreden«, gerne auch sogleich im ersten Anlauf durch die gereizte Zufügung: »Ich möchte bitte ausreden *dürfen.*« Bevor das nächste Flugzeug kam, musste, was gesagt werden musste, gesagt sein. Da alles gesagt werden musste, entstand in den kurzen Pausen, die uns der Flughafen Düsseldorf-Lohausen schenkte, stets Streit darüber, wer bisher wie lange geredet hatte und wer jetzt ausreden durfte. Mein Vater brüllte irgendwann, dass er *seinen* Garten verlassen werde, da man ihn nicht ausreden lasse. Dann stampfte er die Treppe zur Terrasse rauf und rauchte dort. Ein geschickt gewähltes Exil.

Von hier aus konnte er so tun, als ob er die FAZ läse, in Wahrheit inszenierte er vor dem zu bestrafenden Publikum seine Verbannung, gleichzeitig registrierte er unsere Reaktion auf seine für uns doch sicher schmerzliche Abwesenheit. Klein, gespannt und gekränkt saß er auf der Terrasse und tat, als läse er die Zeitung. Napoleon auf Elba. Wir würden doch betreten sein? Wann würde seine Frau ihn bitten, zurückzukehren in den Garten? Er tat uns doch leid? Noch aber schmollten alle, nur ich nicht, ich war noch zu klein und fragte doof: »Wann kommt der Papa wieder runter und darf ausreden?«

»Misch dich nicht ein, du kleiner Idiot«, bat meine Schwester freundlich, die ihn nicht hatte ausreden lassen, weil er sie zuvor auch nicht hatte ausreden lassen, wie sie fand, was er anders gesehen hatte, denn wiederum davor, also ganz ursprünglich hatte sie ja schon ihn nicht ausreden lassen. (Sie sah das alles anders. Denn davor wiederum …)

»Der Papa liest nur die Zeitung, sicher kommt er bald wieder runter in den Garten«, sagte meine Mutter und: »Der Papa darf immer ausreden, alle dürfen immer ausreden, und wenn mal einer nicht ausreden durfte, dann reden wir nachher darüber.«

»Wieso ist es Papas Garten und nicht unser Garten?«

»Das würde ich auch gerne wissen«, sagte meine Schwester.

Ein Flugzeug kam. Es war eine weiße Decke am Himmel, es waren keine Wolken erkennbar, der Himmel war schlicht weißgrau, schwül, diesig, niederrheinisch, es roch nach feuchter, schwerer Erde. Dies hieß: langer, sich unter der Decke kaum verfügender Lärm. Der nicht endende Knall eines Schusses. Dann doch Ruhe. (Von ganz weit hinten, überm Rhein, hörte man unterdessen das nächste Flugzeug heranskriechen.) Meine Mutter seufzte, zündete eine Dunhill aus der weinroten Packung an und schaute hoch auf die Terrasse: »Rudi?«

Stand die Terrassentür im Sommer offen, saß man im Garten unter dem Quittenbaum in der Gartenstadt Meerbusch-Büderich bei Düsseldorf, so erstarrten routiniert Vater, Mutter und Schwester sowie unsere Gäste, das waren der damals schon legendäre Kunstprofessor Werner Schmalenbach (Übervater der Klassischen Moderne, Gründer der Kunstsammlung Nordrhein-Westfalen, die zu seiner Verbitterung lange nach seiner Pensionierung umgetauft wurde in »K20«, also etwas, das, wie er sich zu Recht ausdrückte, »nun heißt wie etwas total Lächerliches, zum Beispiel ein Schokoriegel«), der Pfarrer Hans Hütt und seine Gattin, meine Patentante Ilse Hütt, schließlich mit Gattin Renate der Schuldirektor Wolfgang Gewaltig – Leiter des Gymnasiums, in dem ich die finstersten Stunden meines Lebens verbrachte. Hier saß insgesamt, in heller Sommerkleidung, mit geflochtenen Lederschuhen der Marke Bally und im kurzärmeligen Hemd, wie es spanische Senioren heute noch tragen: die analoge Moderne. Der Halbjude Schmalenbach war Schweizer und wählte nicht, und hätte er wählen dürfen, so hätte er, wie er ein ums andere Mal sagte, um meine damals linksradikale Schwester zu provozieren, die FDP gewählt, und zwar trotz der übernommenen FDP-Nazis nach dem Krieg, da es eine Partei braucht, die sich »raushält«, wie er sagte, außerdem hegte er so große Vorbehalte gegen *das Volk*, dass er keine *Volksparteien* gewählt hätte und andererseits schon gar nicht die Grünen, die er besonders lächerlich fand. Der Literaturfreund Gewaltig verehrte (immer noch) Konrad Adenauer und wählte Barzel und dann Kohl (»Ich glaube, der Kohl wird unterschätzt!« Ein Prophet, so oder so), die Hütts hingegen waren nicht einfach für Willy Brandt, sie *glühten* für Willy Brandt.

Alleine der Pfarrer Hütt hatte sieben Kinder. Wir alle waren die Einflugschneisenprofis. Die Hütt-Kinder hatten auf dem

Flachdach ihres weißen Pfarrhauses am Ende der kleinen Bonhoefferstraße zwei Scheinwerfer in Stellung gebracht, mit denen sie am späten Abend in der Dunkelheit die startenden und landenden Flugzeuge bekegelten. Da ich bei der Recherche zu diesem Buch überlege, ob ich mir das (wie so vieles) nur einbilde, rufe ich den Sohn von Hans Hütt und meiner Patentante Ilse Hütt an. Er heißt praktischerweise ebenfalls Hans Hütt, lebt als genial luzider Publizist gemeinsam unter anderem mit seinem verehrungswürdigen Twitter-Account in Berlin und kann sich sogleich erinnern: Auf dem Dach des Hütt'schen Pfarrhauses in der Dietrich-Bonhoeffer-Straße 7 befanden sich demnach, so Hans, nicht nur zwei Baustellenscheinwerfer, sondern, wie Hans begeistert anfügt: »Es befand sich dort auch das, was man ein *Mondfernrohr* nannte!« Die Scheinwerfer, hier wird es jetzt juristisch etwas heikel, stammten offenbar aus dem Fundus aufgelöster Baustellen in der niederrheinischen Umgebung, sicher wurden sie dort nach Fertigstellung der schlichten westdeutschen Vorstadtmehrfamilienhäuser oder antifaschistisch-reformevangelischen Kirchenanbauten schlicht *zurückgelassen,* die halbe Vorstadt Meerbusch-Büderich war damals, Hans kennt das schöne Wort auch noch: »Bauerwartungsland«. Andere Kinder aus Pfarrhäusern jener Zeit verschwanden im Idealismus, dann im Terrorismus, diese sieben aber mit Namen Hütt vom Niederrhein der 60er- und frühen 70er-Jahre beleuchteten Flugzeuge von unten, übrigens immerhin zum Teil in der Tradition des mittlerweile streng sozialdemokratischen Vaters, des Pfarrers Hütt, der vor nicht zu langer Zeit als Oberleutnant bei der Flak vor Rotterdam noch die feindlichen Fluggeräte von unten nicht nur beleuchtet, sondern auch abgeschossen hatte. Mit rotem Kopf, dünnem, weißem, nach hinten gekämmtem

Haar und fein geschnitztem Lächeln verfolgte der Pfarrer die Umtriebe seiner zahlreichen Kinder auf dem Dach, und zwar so lange, bis die dörfliche Öffentlichkeit Wind von der Sache bekam und die Scheinwerfer vom Dach mussten.

Jeder lebte hier, jeder beurteilte das Leben in der Einflugschneise als menschenunwürdig, keiner zog weg, alle blieben hier wohnen. Noch heute sagt meine Mutter: »Ich weiß nicht, wieso nie jemand weggezogen ist. Die Hütts, die Gewaltigs, die Schmalenbachs, alle klagten über den Fluglärm in unserem Garten, in ihren Gärten.« Pause. »Aber nie ist jemand weggezogen.«

Beleidigungen, Belehrungen und Infamien aller Art im Garten wurden durch den Fluglärm unterbrochen wie heute Fernsehtalkshows durch Einspieler. Von oben ausgebremst, verharrten die Diskutanten missmutig, rauchend, Campari oder Wein nachschüttend, auf die Toilette stapfend, bis das jeweilige Flugzeug weg war. Ist es nicht schlimm, dass alle in den Urlaub fliegen müssen? Müssen denn alle fliegen?

Millionen in diesem Land verhungern und werden ausgebeutet, rief der Vater, durch den Garten eilend, von einem Rosenstrauch zum anderen, an diesen Rosen herumzupfend wie ein irrer Friseur, gleichzeitig fliegen dieselben Millionen jedes Jahr in den Urlaub. Ob ihm das wer erklären könne?

Das könne man nicht vergleichen, entgegnete die Schwester, das eine habe mit dem anderen nichts zu tun.

So kann man also verhungern und sich ausbeuten lassen und gleichzeitig nach Mallorca fliegen, so der Vater, und … Das kann man nicht … Ich möchte bitte ausreden dürfen, rief der Vater. Können denn nicht all die vielen Menschen aus Nordrhein-Westfalen ins Sauerland oder nach Holland an die Nordsee fahren auf den Campingplatz und dort Kibbeling essen mit Mayonnaise? Ist das denn nicht auch lecker? Und nur wenige fliegen ins Ausland? Zum Beispiel wir?

Zur Hochsaison im Minutentakt begab sich die durch Iberia, Condor und LTU portionierte Bevölkerung des mit Menschen randvollen Bundeslandes Nordrhein-Westfalen hinunter in den Süden. Meine Schwester und mein Vater verfielen aus dem Stand, nur wenige Hundert Meter unter einem startenden Flugzeug, in politisch motivierte Mordlust. Wenn das Flugzeug weg war, würde sie ihn oder eben er sie umbringen. Der mit geballter Faust das Feuerzeug bearbeitende Vater schnauzte eben noch wie eine Zeichentrickfigur, die Schwester keifte, der Vater knallte den Aschenbecher auf den Korbtisch, die Mutter rief, der Pfarrer Hütt bat um ein Glas Wein, die Schwester heulte, und all dies konnte dann für die Dauer eines Starts oder einer Landung wie mit der Pausetaste eingefroren werden.

»Schleyer war einer der übelsten Nazis, Papa! Er hat in Prag …«

»Der Mann ist TOT! Ich dulde nicht, dass meine Tochter gedungenen Mördern …«

»Schleyer war …«

»Ich dulde nicht …«

»Mein Gott, Rudi!«

»Anneliese, sei bitte …«

»Schleyer war …«

»Ich verlange …«

»Ich möchte bitte ausreden dürfen!«

Pfarrer Hütt: »Ich finde, da hat der Rudi recht.«

Start eines Flugzeugs. Fluglärm, für rund sechzig, eher

neunzig Sekunden. Der Vater zieht an der Dunhill-Zigarette. Seine Tochter schaut in den Rhododendron, damit niemand sieht, dass sie weint. Wolfgang und Renate Gewaltig schauen ernst auf den Tisch. Schmalenbach und Hütt lächeln. Dann, das Flugzeug ist weg, das nächste kann jede Sekunde kommen, weiter:

Pfarrer Hütt: »Anneliese, ist das der Moselwein, von dem ihr neulich spracht? Den kaufen wir auch, Ilse, oder? Der ist fabelhaft, nicht wahr.«

»Den gibt es bei *Otto Mess* auf der Düsseldorfer Straße.«

»Na also, das auch noch, wie praktisch, die Politik der kurzen Wege, nicht wahr, Rudi? Anders als in Russl...«

»Schleyer war ein Nazi, Papa!«

»Ich dulde nicht, dass gedungene Mörder in meinem Garten als Widerstandskämpfer stilisiert ...«

»Genau, *Schleyer* war ein Mörder, immerhin hat er von Massenmördern arisiertes ...«

»Mama, was ist *gedungen?*«

»Gedungen ist, äh ...«

»Ich vertrage eigentlich keinen Moselwein, aber dieser hier ist herrlich.«

»Ich verlasse jetzt meinen Garten. Anneliese, wenn meine Tochter damit nicht aufhört, verlasse ich unweigerlich ...«

Schmalenbach: »Rudi! Hahaha. Das ist ja zu komisch. Wieso sagst du es denn der Anneliese? Sag es deiner Tochter, sie sitzt doch neben dir. Hahahaha!«

»Ich verlasse jetzt meinen Garten.«

Noch etwas druckvoller wurden die Zustände kurz vor ihrer Umkehrung, also unserem eigenen Abflug in die Freiheit. Wie man weiß, war das Verreisen damals nichts Profanes, es war in dem Sinne nie leicht und ist es bis heute nicht.

Wir behaupten in Stil-Beilagen und Entschleunigungs-Magazinen, wie schön und würdig doch das Reisen damals war und wie billig und egal sich all dies heute gestaltet zwischen tückischen, stressauslösenden Reiseportalen und Quick-Check-in und Buchung kurz vorm Abflug und alldem. Holidaycheck wirbt mit: »Wer nicht checkt, reist dumm!«. Wer will schon dumm reisen? Wir tun nun so, als sei Fliegen etwas gewesen, wie heute bei Manufactum einzukaufen, wertiger, handgemacht, analog, gut. Wir verdrängen dabei die Qualen und Hässlichkeiten der frühen Jahre.

Ich habe zwei erste Erinnerungen aus meinem Leben, beziehungsweise ich weiß nicht, welche von beiden die erste ist. Ich vermute, diese hier ist die erste: Ich saß im Garten, es war mein vierter Geburtstag, es handelte sich demnach um den 22. August 1970, ich spielte mit einem froschgrünen Spielzeugbagger der massiv bauenden Firma Tonka (natürlich pleite inzwischen, wie alles Massive) und schaute immer wieder hoch zu den Flugzeugen, die über das Haus flogen und jeweils eine braune Spur am blauen Himmel hinterließen, durch die dann das jeweils nächste Flugzeug startete, um eine weitere braune Spur am blauen Himmel zu hinterlassen. Es könnte sein, dass ich exakt an meinem vierten Geburtstag und beim Anblick von startenden Urlaubsfliegern angefangen habe, zu *reflektieren.*

Die zweite Erinnerung: Wir sitzen in einem schwarzen Mercedes-Taxi des Meerbusch-Büdericher Taxiunternehmens Schlieper von der Mozartstraße um die Ecke (so war die Vorstadt: Mozart, gekreuzt mit Bonhoeffer). Das Taxi war eine Art Halle, weiträumig, ein dunkler, nach Leder duftender Pool. Ich schaute vom Rücksitz aus nur so eben aus dem Fenster, bis ich mich auf die Knie hockte und hinten rauswinkte. Gurte gab es nicht, Kindersitze gab es nicht, alles war gefährlich, schwach gesichert. Wir fuhren über die nasse, seit Jahren vollgeregnete Theodor-Heuss-Brücke zum Flughafen auf die andere Rheinseite. Das Herauswinken durch die Heckscheibe in Richtung müde am Lenker die Hand hebenden, aus einem Opel Kapitän herausglotzenden Hintermann, über dessen Gesicht der Scheibenwischer glitt, gehörte zum Standard-Repertoire reisender Kinder, und wenn sie auch nur zehn Minuten vom einen Rheinufer ans andere wechselten. Haben die Eltern im Taxi zum Flughafen geraucht? Sie haben immer geraucht. Daheim, im Taxi, im Flughafen, im Flugzeug.

Ältere Leserinnen und Leser, die noch klar bei Verstand sind, erinnern sich womöglich an den Flugzeugtyp Caravelle, weniger ältere (aber auch schon alte) zusätzlich an die Fluggesellschaft LTU. Die Caravelle war eine Kreuzung aus einem Düsenjäger und einem Passagierflugzeug, eine französische Erfindung aus den 50er-Jahren, die in den 60er-Jahren und bis weit in die 70er-Jahre hinein Touristen durch die Gegend schoss, und zwar in einer lasziven Lautstärke sowohl im Flieger selbst als auch draußen. Da sie schmal war, war sie eng. Für die Mallorcatouren in der Caravelle der LTU warb in großen Zeitungsanzeigen der Schlagersänger Heino, ein gelernter Bäcker, der aussah und auch so klang wie eine der reitenden Leichen aus den entsetzlichen Horrorfilmen, die meine Schwester mit mir und den Hütt-Kindern tapfer besuchte immer sonntags um elf Uhr in der Kindermatinee des Kinos an der Ecke Poststraße/Düsseldorfer Straße. Tote, denen die Fetzen vom Leib hingen, vergriffen sich in diesen Filmen an Kindern wie mir, an anderen Tagen bot das Kino die Monsterfilme aus Japan auf und nie mehr, nicht einmal beim Hoeneß-Elfmeter von Belgrad '76, habe ich so geweint wie in dem Moment auf dem Holzklappstuhl des Büdericher Dorfkinos, als King Kong, der nur die Liebe suchte, vom Empire State Building geschossen wurde.

Ich fragte mich, wieso der furchterregende Heino für Mallorca warb und ob ich Heino in Canyamel *begegnen* würde. Offenbar flog er ja auch hin, wieso sonst stand der unheimliche Mann auf den in der Rheinischen Post abgedruckten Werbefotos vor der Caravelle der LTU und bat auf die Gangway: *Hereinspaziert, in diesem Flugzeug singe ich und schneide euch dann in Stücke!* Strahlend und mit seiner bedrohlichen Dunkelbrille stand »der Nazi« (meine Schwester) vor der Caravelle. Ich hatte große Angst vor Heino und ich habe sie heute noch.

In dem Caravelle-Modell, das die damals aufstrebende Düsseldorfer LTU in den 60ern *second hand* von der Finair erwarb, nahm erstmals 1967 meine Familie Platz. Wir mögen keine beengten Verhältnisse, meine Mutter saß als junges Mädchen lange im Bombenkeller, mein Vater war als junger Soldat und verkappter Halbjude (nur väterlicherseits, für die Nazis hätte es aber gereicht) in Russland von der *eigenen* Wehrmacht bombardiert worden, als er sich mit Kameraden in einer Scheune versteckte. Er hatte zwei Tage unter Trümmern gelegen, bevor jemand draußen eine Hand sah, die sich bewegte. So schlimm war die Caravelle nicht. Aber fast. Sie weckte Erinnerungen.

Schon früh solidarisiere ich mich damals mit den kriegsbedingten Traumata meiner Eltern, ich esse alles, was ich sehe und bis mir schlecht ist, weil es vielleicht morgen nichts mehr zu essen gibt, ich tanze, sobald wer Musik auflegt, wer weiß, ob es morgen noch Musik gibt, ich liebe Helligkeit und Raum, Dunkelheit und Enge lehne ich ab. In der Caravelle war es dunkel und eng. Jahr für Jahr lächle ich noch einfältig auf dem Weg zum Flughafen, während meine Mutter schon nervös ihre hübsche Unterlippe zerkaut, da sie weiß, was gleich losgeht.

Schon vor dem Start drücke ich meine Beine gegen den Vordersitz und rudere mit den Armen. So kann ich nicht verreisen, es ist zu eng, ich möchte, dass die Familie in ein Flugzeug wechselt, in dem ich mehr Platz habe. Da niemand meiner Bitte nachkommt, raste ich aus, drücke das Kreuz durch und schlage um mich. Ich werde so lange mit diesem Verhalten fortfahren, bis wir in ein größeres Flugzeug wechseln. Ich bin zwar noch nicht groß, aber sogar für mich ist dieses Flugzeug zu klein. Auf dem Schoß meiner Mutter sitzend stoße ich meinen Ellbogen in den Kartoffelsalat des Sitznachbarn, dann greife ich nach dem hart gekochten Ei und werfe es durch die Caravelle, weit nach vorne, an den Hinterkopf eines Mannes, der daraufhin einen Schock erleidet und behandelt werden muss. Dies alles ist wirklich passiert.

Im Sommer 2015 komme ich anlässlich meiner (für mich) spektakulären Rückkehr nach Canyamel um 5 Uhr früh am Münchner Flughafen an, da mein Flieger nach Palma de Mallorca um 6 Uhr startet. Am Gate informiert die Anzeige die schon eingecheckten Fluggäste darüber, dass es eine Verspätung geben wird – mit dem Abflug werde nun für 12:30 Uhr statt für 6 Uhr gerechnet.

Ich weiß im Sommer 2015, dass die Fluglinie Air Berlin im Sterben liegt, bald werden Nachrichten die Runde machen, dass ganze Strecken, also Flugzeuge samt Slot und Personal, im sogenannten Wet-Lease-Verfahren vermietet werden, damit irgendwie noch Geld reinkommt. Aber eine Verspätung von sechseinhalb Stunden? Kurz darauf flimmert auf der Anzeige eine neue Uhrzeit für den Abflug, nun wird sich alles aufklären.

Neue erwartete Abflugzeit: Statt 12:30 Uhr nun 13:30 Uhr.

Müde und beladen starren Männer in Adiletten und ihre tätowierten Frauen auf das Schild. Ein alter Mann legt die Zeitung auf den Schoß und presst die Lippen aufeinander. Keiner spricht.

Am Gate sitzt eine junge, schöne Frau, eine Vertreterin der durch *die Kräfte des Marktes* zum Tode verurteilten Fluglinie. Sie starrt auf ihr Smartphone. Dass sie nicht angesprochen werden will, dafür habe ich Verständnis. Sie ist schuld, denn sie ist die *lady* von Air Berlin.

Ich gehe zu ihr, um mich ein wenig einzuschleimen und mir einen Vorteil zu verschaffen. Ich lächle und muss mich benehmen. Vor Kurzem habe ich in der Zeitung gelesen, dass ein Mann an einem Flughafengate von der Polizei abgeführt wurde, weil er wegen einer Verspätung »ausfällig« geworden war. *Ausfällig* ist ein dehnbarer Begriff.

Ölig nähere ich mich der jungen Dame von Air Berlin. »Verzeihung, siebeneinhalb Stunden Verspätung?«

Sie schaut weiter auf ihr Smartphone. Sie sieht nicht, wer vor ihr steht, und hört mich nur. Sie sagt: »Ja, hey, das ist nicht schön, oder? Das tut uns auch leid.«

»Lässt sich das Problem lösen?«

»Wie meinen Sie das?«

»Dass es doch früher losgeht?«

»Hahaha. Sie sind ja süß. Nein. Die siebeneinhalb Stunden *sind* ja die Lösung.«

»Verstehe.«

»Doof, klar.«

Es entsteht eine Pause. Ich schaue sie an, während sie weiter auf ihr Smartphone schaut. »Sie dürfen gerne erst einmal wieder Platz nehmen. Wir geben Bescheid, wenn sich etwas ändert.«

»Was könnte sich ändern?«

»Das kann ich Ihnen jetzt nicht sagen. Sie dürfen so lange, wie gesagt, gerne erst einmal wieder Platz nehmen.«

»Ich weiß, dass ich Platz nehmen darf. Aber ich will nicht.«

Ich bekomme einen dicken Hals. Hat meine Familie nicht genug gelitten? Wann eigentlich lässt man uns in Frieden?

Ich frage die Dame von Air Berlin: »Wissen Sie, was das Lustige ist?«

Sie antwortet nicht.

»Wissen Sie, was das Lustige ist?«

»Das Lustige?«

»Ja.«

»Nein.«

»Das Lustige ist: Ich gebe die Hoffnung nicht auf, dass ich das mit den siebeneinhalb Stunden nur *träume.* Ich habe mitunter konkrete Träume … Haben Sie auch manchmal konkrete Träume?«

Sie wischt über das Smartphone, sie wischt weiter, irgendwo waren sie gestern noch, die geilen Schuhe bei Zalando.

Ich sage: »Können Sie mich mal bedrohen? Dann werde ich wach! Hahahaha!«

»Ich muss Sie bitten, wieder Platz zu nehmen und zu warten.«

»Ich glaube nicht, dass Sie das müssen. Können Sie mir bitte den Grund nennen für eine siebeneinhalbstündige Verspätung?«

(Was will ich mit dem Grund? Fliegt die Maschine pünktlich, wenn ich den Grund kenne? Es ist alles so sinnlos.)

»Ich muss Sie bitten, wieder Platz zu nehmen und zu warten. Bitte.«

»Hier sitzen Menschen, die heute Nacht aufgestanden sind und jetzt erfahren, dass sie noch sieben Stunden hätten schlafen können, dass sie einen Urlaubstag weniger haben werden. Können Sie nicht wenigstens den Grund nennen für eine siebeneinhalbstündige Verspätung?«

»Ich kann Ihnen den Grund erst nennen, wenn ich ihn weiß.«

»Sie wissen den Grund nicht?«

Es entsteht eine schreckliche Stille, in der sie fortwährend auf ihr Smartphone starrt und zwischendurch auch zum Hörer des Gate-Telefons greift, um mit *Annette* (nein, sie hieß *nicht* Annette, aber es war grundsätzlich eine Annette) zu reden. Wo ist der verlässliche Hass meiner klagenden Landsleute? Warum ist in der Deutschen Bahn auf diesen Hass stets *absoluter Verlass*? Wieso fallen sie dort über junge Schaffner her? Wieso treten hoch bezahlte Manager, die auf Kongressen längliche Vorträge über die Digitalisierung halten, in der 1. Klasse gegen die Getränkewagen von unterbezahlten Bahnangestellten bei nur geringfügigster Verspätung? Wieso rasten dieselben Menschen, die am Flughafen leer ins Nichts starren, im Zug sofort aus, benehmen sich wie die Schweine und verlangen Sondersendungen im Fernsehen? Wieso dieser kochende, pöbelnde Hass auf die Bahn und diese *unheimliche* Ruhe am Flughafen?

Es ist 5:20 Uhr, in vierzig Minuten sollte das Flugzeug starten, das nun erst um 13:30 Uhr starten wird. Ich beginne zu hassen. Ich hasse meine Mitmenschen, weniger hasse ich die arme Fluglinie Air Berlin, die sich im Hospiz befindet, und zwar wesentlich, wie die klugen Wirtschaftsteile der Zeitungen wissen, weil sie zu lange ein zu umfangreiches Streckennetz und einen zu guten Service angeboten hatten, die Trottel. Sie waren zu gut für diese Welt. Menschen werden ihren Arbeitsplatz verlieren, alles ist traurig, und wenn Ryan Air eines Tages die Gesamtmacht übernommen hat, werden im Cockpit Praktikanten aus Zeitarbeitsfirmen sitzen, die stolz sind, dass sie sich beweisen können. Sie werden das Flugzeug mit einer selbst entwickelten App navigieren.

Meine Mitmenschen hier am Gate: Sie treten auf der Bahn herum, weil es heute wieder keine Heißgetränke gibt, und sie buckeln vor einer Fluglinie. Weil sie Angst haben, zu sterben. Es ist erbärmlich.

Um mich zu beruhigen, wage ich einen neuen Anlauf.

»Wie wird übrigens die Entschädigung seitens Air Berlin aussehen, wenn man mal so freundlich und sonor wie möglich fragen darf?«

»Das würde mich auch interessieren!«, brüllt plötzlich einer von hinten. Nicht, wenn es um einen verlorenen Tag Urlaub mit ihren streitsüchtigen Familien geht, ausschließlich, wenn es um Geld geht, werden die Menschen munter.

Die Dame: »Das regeln wir traditionell auf Gutscheinbasis.«

»Traditionell?«

»In vergleichbaren Fällen.« Sie seufzt, legt das Smartphone weg, greift wieder zum Gate-Telefon.

Ich sage: »Zu einer Regelung gehören immer zwei. Da ist es hier wie im normalen Leben, oder? Insofern wird dann interessant werden, ob ich mit der Regelung, die Air Berlin mir anbietet, einverstanden bin.«

Annette erscheint. Ihr musternder Blick sagt, dass ihre junge Kollegin gemailt hat, dass sie in Not ist: *Hier steht ein Opfer. Will den Grund wissen, wieso wir um 13:30 Uhr fliegen statt um 6 Uhr. Will sich nicht setzen, bis er den Grund kennt (Smiley mit Lachtränen). Jetzt wird sein Hals dick, Annette! LOL*

Annette ist doppelt so alt wie ihre junge Kollegin. Sie ist eine auch schon wieder gut aussehende Frau von vielleicht fünfundvierzig, eher fünfzig Jahren. Verschwörerisch und irgendwie vertraut schaut Annette, nachdem sie sich in den zweiten PC eingeloggt hat. Kenne ich sie?

Sie sagt: »Jaaaaa, das ist vielleicht was, oder?«

»Können Sie den Grund nennen, wieso die Maschine siebeneinhalb Stunden Verspätung hat – Annette?«

»Mmmmmmmmh … da gibt es wohl ein technisches Problem.«

»Was denn für eins?«

»Das kann ich Ihnen sooo genau jetzt auch nicht sagen … Sie haben ja gut Farbe. Waren Sie schon mal im Urlaub in diesem Jahr?«

Ich antworte nicht.

»Nur so 'ne Frage jedenfalls.« Sie schaut auf die Boardingkarte auf meinem Smartphone, sagt: »Alexander.« (Ähnlichkeit mit der göttlichen Julianne Moore.) »Und den

Nachnamen? Spricht man das wie *Kleinmachnow* oder wie *Gorbatschow,* weich oder mit off?«

»Wie Gorbatschow. Und ja, im Juni. Aber nur ein paar Tage.«

»Na, da müssen Sie aber sehr braun gewesen sein im Juni. Wenn Sie jetzt noch *so* braun sind. Sie sehen ja *toll* aus.«

»Hören Sie, ich weiß, was Sie ...«

»Wo waren Sie denn im Juni?« *(Tipp, tippiti tipp, tipp)*

»Mallorca.«

»Okaaaay. Und jetzt schon wieder. Sie machen es richtig.« Dann: »Sie fliegen alleine?« Sehr kurz, für eine halbe Sekunde ungefähr, die total alberne Annahme, dass sie mich begleiten will.

»Hahaha, ich fliege ja zunächst mal gar nicht.« (Was bin ich für ein lächerlicher Jammerlappen.) »Aber flöge ich, so flöge ich alleine, ja.«

Julianne Moore: »So flögen Sie alleine ... Na, dann wollen wir mal sehen.«

Zu den bekannten Vorteilen der Insel Mallorca gehört, dass man ständig hinfliegen kann. Wer sich jetzt gerade, beim Lesen dieser Zeilen, dazu entscheidet, dass er sofort nach Mallorca fliegen möchte, der wird in wenigen Stunden in Palma sein. Man kommt von Paderborn-Stadt schneller nach Palma als vom Land nach Paderborn-Stadt.

»So, ich habe in der Maschine um fünf Uhr fünfzig noch exakt *einen* freien Platz.«

»Ist das meine Maschine?«

»Nein, Ihre fliegt ja nicht zunächst einmal, Ihre wäre die um sechs Uhr gewesen. Nicht die um fünf Uhr fünfzig.«

»Es gibt eine um sechs Uhr und eine um fünf Uhr fünfzig?«

»Genau.« *(Genervter Blick jetzt auch von Annette.)* »Es gibt eine um fünf Uhr fünfzig, eine um sechs Uhr und auch noch eine um zehn nach sechs. Alle sind voll. Nur in der Maschine um zehn vor sechs gibt es noch einen freien Platz. Ich müsste jetzt nur von Ihnen wissen, Alexander, ob Sie die Maschine um fünf Uhr fünfzig nehmen wollen.«

Hinter mir entsteht Unruhe. Ein kräftiger junger Mann, der von dem Nazi-Bildhauer Arno Breker hergestellt wurde, eilt herbei, Dreiviertelhose, Waden wie Boxsäcke. Er brüllt: »Sie haben noch einen in der Fünffünfzig?«

Ich sage: »Natürlich möchte ich diesen Platz. Das ist aber nett von Ihnen. Vielen Dank, Annette! Ich habe Ihnen im Grunde nie einen Vorwurf gemacht. Das finde ich fein, wie Sie sich nun für mich eingesetzt haben.«

»Ich bin auch allein, ich brauche auch nur einen Platz!«, brüllt Breker.

»Nun wollen wir erst mal den Herrn Gorkow versorgen«, so Annette, »dann schauen wir weiter. Aber die Fünffünfzig ist dann voll, Mausi, oder?«

»Absolut«, seufzt Mausi.

Ich sage: »Es ist fünf Uhr vierzig. Ist das Gate noch offen? Schaffe ich das?«

»Sie gehen jetzt bitte so schnell wie möglich zum Gate. Die warten auf Sie.«

Alle achtzig Sekunden startet und landet in Palma zur Hochsaison ein Flugzeug. Ich lande an diesem Tag sechshundert Sekunden früher statt zigtausend Sekunden zu spät. Hurra. Die meisten der Flugzeuge sind knallbunt, sie haben Namen, die vorne klingen wie Kindersendungen im Fernsehen und dann ein *.com* dahinter. Sie gehören absurd verschuldeten Konsortien aus Panama oder den Französischen

Antillen, die sich alle so lange gegenseitig fertigmachen, bis der Allerbösshafteste und Rücksichtsloseste unter den *Carriern* gesiegt haben wird. Ryan Air? Sie sind die Miesesten, Gemeinsten, Rücksichtslosesten, Trickreichsten, sie sind absolut die Abgefucktesten in einer abgefuckten Welt. Am Ende des Jahres 2016 werden sie schon die Lufthansa überholt haben als größte europäische Fluglinie. Ryan Air hundertsiebzehn Millionen Fluggäste. Lufthansa mitsamt ihrer Töchter sechs Millionen weniger. 1:0 für die Bösen. Sie werden siegen.

Früher hieß das Flugzeug Caravelle, heute heißt es Airbus. Früher waren die Flugzeuge, die über unser Haus flogen, zehnmal so laut wie heute. Früher stand auf einem Flugzeug LTU, eben stand auf dem Flugzeug noch Air Berlin, nun steht dort Larifari. Air Berlin, das sich jetzt selbst vermietet, schluckte einst die LTU. Die Air-Berlin-Leute haben die LTU-Flotte damals über Nacht umlackiert. Jetzt wird Air Berlin selbst umlackiert. Gerade haben sie noch die kostenlose Wasserversorgung an Bord abgeschafft, aber das hat nicht gereicht, so viel Geld lässt sich damit auch nicht sparen, durstigen Menschen kein Wasser mehr zu geben. Es ist das Gesetz des Dschungels aus Billigfliegern, Tarifen mit Gepäck und Tarifen ohne Gepäck und 0,5 Prozent Beinfreiheit.

Es ist das Gesetz der Einflugschneise und wir, auf unsere Art, hatten das ja unten im Garten schon immer verstanden: umlackieren oder umlackiert werden.

Meine Leute

Vergiss den Diktator, jetzt kommt Musik!
Die fleißigen Bauernjungen von Mallorca,
die zerschossenen Biografien meiner Eltern und
wie Deutsche und Mallorquiner zusammenfanden

Auf violett, rot und blau gestreiften Handtüchern saßen wir 1967 unter einer Tamariske im Sand von Canyamel, außer uns waren nicht viele Menschen an diesem Strand. An den anderen Stränden der Insel, vor allem im Süden, sah das schon anders aus. An diesen Küsten entstanden seit einigen Jahren große Hotels, ehemalige Bauern wurden befrackt, es wurden ihnen Fliegen um die Hälse gebunden und Manieren beigebracht, es wurde ihnen gezeigt, wie man die bald weithin gerühmten *Mallorca-Orangen* mit einem Messerchen so schält, dass man aus der Schale zu Dekorationszwecken eine schicke Girlande machen kann. Brav, dünn und verbogen standen die Bauernjungen, deren Eltern noch Hunger gelitten hatten nach schlechten Ernten, vor den aus Deutschland eingeflogenen Zuchtmeistern der großen Hotelketten, die Haare nass nach hinten gekämmt, in zu großen Kellnerschürzen. Sie mussten die Handgriffe am Buffet erlernen und während ihre Bauernhände zur Übung eine Orange nach der anderen metzelten, begriffen sie, dass dies eine neue Welt war: Sie lebten nicht mehr von der Sonne, dem Wind und der Erde. Sie lebten von nun an von Gästen.

Tausendfach, hunderttausendfach, dann millionenfach kamen blasse, aufgekratzte, verstörte Menschen. Diese Menschen hatten daheim alles, was die Bauernjungen hier auf Mallorca nicht hatten, dabei hatte die Welt der verstörten Ankömmlinge eben noch in Schutt und Asche gelegen: Autos, Fernseher, Telefon, mitunter zwei Anschlüsse in einem Haus. Die Jungen aus Mallorca wussten das, denn seit einigen Jahren waren einige ihrer Geschwister, Cousins oder Väter in Deutschland beschäftigt, um bei Opel in Bochum zu arbeiten, bei Siemens in München, im Duisburger Hafen, im Rahmen des großen, gebenedeiten deutsch-spanischen »Gastarbeiterabkommens« kamen sie in ein Land, das eben noch die halbe Welt niedergemetzelt hatte. Uns, dem finsteren, mental wie auch physisch sonderbar zusammengebauten, ungeschlachten, im Größenwahn hoch begabten und also narzisstisch gekränkten *Waldvolk* halfen sie so nicht nur beim Wiederaufbau. In kargen, nassen Häuserzeilen der Düsseldorfer Altstadt, im alten Westberlin oder auf St. Pauli leuchteten plötzlich Schriftzüge wie dieser: »Restaurant Valencia«.

Mit ihnen, den Deutschen, die es so unheimlich genau genommen hatten mit der Gründlichkeit in den Jahren 1933 ff., kamen nun wiederum Waren auf die Insel, die Menschen wie Juans Vater Tomeu Massanet in den Jahren des Diktators Franco bisher auf hoher See unter Lebensgefahr hatten schmuggeln müssen: Mehl und Zucker. Die Deutschen hatten auch im Urlaub sehr viel Hunger. Außerdem kamen amerikanische Zigaretten und Alkohol. Die Deutschen wiederum litten zu Hause auch an einem Mangel, zwar aßen sie wieder brav Berge von Braten und Kuchen, aber den Mangel an Vitamin D3 kriegten sie daheim, wo die Luft voller Asche war und die Wolken niedrig hingen, nicht in den Griff: Sie sahen keine Sonne. Sie waren unglücklich. Ihr Hormonhaushalt war eine leere Besenkammer, und der bei uns besonders lappige Teil des Gehirns, der Teil, den man das Gemüt nennt, roch ranzig. Man konnte das Unglück der Neuen wirklich riechen. Man musste sie aufheitern – und schau, wie dankbar sie waren!

In Bussen wurden die Menschen an den Rändern der Insel verteilt. Zur Verblüffung der Mallorquiner zog es die schwatzenden, jammernden, klagenden Blassen, Roten und Dicken dahin, wo die alte, schöne Insel karg ist: an den unfruchtbaren, kochend heißen Sand, ans Meer, das seit vielen Jahrhunderten für die Vorfahren der Bauernjungen Elend und Traurigkeit mit sich führte. Piraten aus Nordafrika. Stürme. Die Fischer kamen immer mal wieder nicht zurück.

Die jungen Mallorquiner lebten in einer Diktatur, das sollte auch noch einige Jahre so weitergehen, sie kannten das nicht anders, und viele wussten auch nicht, dass es sich in dem Sinne um eine Diktatur handelte. Ihre Welt war, wie sie war, und bekannt ist, dass der Stoizismus, als er als antike Top-Philosophie von den Griechen in den Orient geschickt wurde, anlässlich seiner Eroberung des christlichen Abendlandes die für Gleichmut anfälligen Mallorquiner auf der Stelle infizierte. Die Mallorquiner erhoben die Stoa umgehend in den Rang einer Staatsphilosophie.

Der Staatsapparat war korrupt und mörderisch, auch jetzt noch, als der Diktator müde und wehleidig, manchmal gar nachlässig gegen seine Feinde geworden war. Man konnte sich arrangieren, wer sein Feld bestellte, bestellte sein Feld. Zum freundlichen Wesen des Mallorquiners gehörte es, sich zu arrangieren. Die Fremden, allen voran die Deutschen, fanden sie *sonderbar;* auffallend dick und weiß, mit roten Flecken, also wirklich nicht schön, dies zuletzt, dazu unglücklich. Sie behandelten die Deutschen aber, da sie Vorteile brachten und rührend tapsig waren, mit Respekt und unterstellten ihnen nur das Beste (das sollten die Mallorquiner hier und da noch bereuen).

Die Bauernjungen fragten sich, als es losging mit den vielen Flugzeugen und Bussen, in was für mentalen Verhältnissen daheim die Dicken lebten. Woher kam die Sehnsucht dieser Menschen, sich unter die Mittagssonne zu legen und immer wieder ins lebensfeindliche Salzwasser zu laufen, wo sie dann herumstanden wie Skulpturen, das Wasser bis zum Bauch, oben der Kopf mit Hut? Die Bauernjungen waren katholisch, wenn auch hier auf der Insel robust und wenig dogmatisch katholisch, aber dieses Verharren der Dicken unter einer Sonne, die Wellen von Hitze über das Land schickt, erinnerte es nicht an eine Austreibung, eine Verbrennung? Musste was rausgebrannt werden aus den Deutschen, musste das Leben daheim hier, auf der Insel, *ausgelöscht* werden?

Die Bauernjungen von Mallorca waren zu fröhlich, um sich darüber lange Gedanken zu machen, es wehte sie lediglich und zunächst einmal eine eher begriffslose Ahnung von alldem an. Aber die Saat des Rätsels war gesät.

Zu Übungszwecken schälten sie eine Orange nach der anderen und siehe da, wie schnell sie lernten, wie schlau und aufmerksam sie waren, jetzt führten sie ihre Messerchen schon viel sauberer um die Früchte, in langen, feinen

Spiralen lagen die Orangenschalen herum und ließen sich auf dem Buffet als Zierrat nutzen. Die Bauernjungen machten sich dann vorerst und bis sie alt und *stoisch* auf ihre Leben zurückschauten, nicht mehr viele Gedanken über ihre neuen Gäste. Diese armen, amorphen Gestalten mochten daheim die Hölle durchmachen, dass sie derartig verunsichert, laut und verpickelt hier ankamen: Hauptsache, sie kamen wieder.

Viele kamen wieder, weil sie schnell kriegten, was sie brauchten, und es nur wenig kostete. Für diese Menschen sollte Mallorca zu einem Flittchen werden. Naturgemäß liegt auf allem, was das Netz der niederen Instinkte mühelos passiert, der Fokus des medialen Interesses, und so ist es kein Wunder, dass sich die meisten deutschen Großmedien vor allem dann für Mallorca interessieren, wenn wieder ein junger Urlauber vom Balkon aus neben den Pool gesprungen ist, wenn Deutsche an der Playa de Palma auf afrikanische Straßenhändler losgehen oder dergleichen.

Und dann gibt es noch die anderen, die vielen, die nur aus einem Grund wiederkommen seit so vielen Jahren: Sie kommen, weil sie Mallorca mit tiefer, romantischer Ernsthaftigkeit lieben. Die Insel rührt sie, schon der Anblick der Insel beim Anflug rührt sie, sie nehmen Sand mit vom Strand, kleine rote Kiesel aus den Steilwänden des Nordostens oder von den Wegen der Tramuntana, sie wollen etwas von der Insel bei sich haben, als wäre ausgerechnet diese so brennende, harte Insel ein Mensch, dessen Bild sie in einer Brosche am Herzen aufbewahren oder eben als Foto im Smartphone. Niemand würde je die reiche Schönheit der Toskana anzweifeln, die Schönheit Mallorcas und hier explizit des rauen Nordens und Nordostens aber ist eine gebrochene, steinige, rotorangefarbene, als habe wer erst gerade eben diese raue Landschaft aus dem Ofen geholt und zur Abkühlung ins Meer gestellt.

Es ist eine karge, aber doch blendende Schönheit, und heute ist mir, als hätte ich schon in den heißen mallorquinischen Tagträumen der Kindheit den surrealen Charakter dieser leuchtenden Kargheit zwar nicht benennen können, aber eben doch geahnt. Die Bilder des ausgerechnet in Deutschland lange vergessenen spanischen Naturalisten Joaquín Sorolla erzählen nicht nur von den Steinen, dem Meer und dem Licht Spaniens und des Mittelmeers, sie stellen die Menschen, zumal die Kinder, als melancholische, dabei in dieser Melancholie zu nahezu transzendentaler Ruhe gekommene Wesen unter diese Sonne und ans Meer. Zauberwesen, Kinder am Strand, an Krücken oder gesund, die zerbrechlich und aufgehoben zugleich wirken. Niemand würde Sorolla einen Surrealisten nennen (zumindest nicht, ohne von der Kunstkritik vermöbelt zu werden), aber trotzdem erscheint diese die Verhältnisse brechende Kraft dieser Lichtbilder manchmal als surreal. So, als fänden gerade in der mediterranen Auflösung diese von einer Schreckensahnung gezeichneten Menschen endlich und tröstlicherweise zu sich.

Cees Noteboom schreibt im »Umweg nach Santiago« über einen anderen, nämlich echten spanischen Surrealisten: »Die Zeit schmelzen zu lassen, kommt mir typisch spanisch vor, und nirgends ist die Zeit so schön geschmolzen wie auf der sich auflösenden, zu einem schneckenartigen Klumpen gewordenen Uhr von Dalí.«

Ich kann mir nun die Mallorquiner, von denen viele leugnen, Spanier zu sein, mit ihren großen Händen, lustigen

Augen, ihren dröhnenden Stimmen und ihrem alltagsanarchistischen, gleichmütigen, geraden Gemüt nirgendwo anders vorstellen als auf Mallorca, nicht einmal auf Menorca, schon gar nicht auf Ibiza.

In den 1870er-Jahren verfasste der österreichische Adlige und Freak Erzherzog Ludwig Salvator seine Chronik »Die Balearen in Wort und Bild«. Das heiterste Kapitel trägt den bündigen Titel »Die Bewohner von Mallorca« und es könnte einem blümerant werden angesichts der Aktualität der rund 150 Jahre alten Beschreibung: »Die Anhänglichkeit an die Heimath … ist bei den Mallorquinern besonders stark ausgeprägt; sie betrachten ihre Insel, die sie mit einem rührend-zarten Ausdruck Sa Roqueta (die kleine Klippe) nennen und die heimathliche Lebensweise als das Beste und Schönste auf der Welt … Hierin ist auch der Grund ihrer Abneigung gegen den Waffendienst zu suchen, denn sie sehen dann die in der Ferne verlebte Zeit als die unheilvollste im Leben an. Wenn die Mallorquiner auch nicht das Feuer so mancher anderer Völker des Südens besitzen, so zeichnen sie sich doch durch einen gesunden kernigen Verstand und eine gewisse Naivität aus, die ihnen ein ungemein natürliches und einnehmendes Wesen verleiht.«

Spanien wirkt im Vergleich zum reich bestickten italienischen Kleid wie ein in der Sonne bretthart getrocknetes Frotteehandtuch. Noteboom schreibt 1981, wie enttäuscht er als junger Mensch in den 1950er-Jahren anlässlich seines ersten Spanienbesuchs war, zumal, wenn man vorher das (damals) blühende Italien besucht hatte: »Spanien war danach eine Enttäuschung. Unter derselben mediterranen Sonne schien die Sprache hart, die Landschaft dürr, das Leben derb. Es schien nicht zu fließen, war nicht angenehm, war auf eine widerspenstige Weise alt und unnahbar, musste erobert werden. Heute habe ich eine ganz andere Einstellung dazu ... Ich habe das Gefühl – es ist kaum möglich, über diese Dinge zu sprechen, ohne in eine fast mystische Sprache zu verfallen –, dass der Charakter Spaniens und die spanische Landschaft dem entsprechen, *was mich ausmacht,* bewussten oder unbewussten Dingen in meinem Wesen, dem, der ich bin. Spanien ist brutal, anarchistisch, egozentrisch, grausam, Spanien ist bereit, sich für Unsinn in den Ruin zu stürzen, es ist chaotisch, es träumt, es ist irrational.«

Stimmt. Andererseits: Der Nordosten Mallorcas, und so auch Canyamel, war 1967 verpennt, unentschlossen, auch unerschlossen. In Canyamel gab es nur eine, die erwähnte Telefonzelle, und nur einen Weg hierher, von Capdepera aus.

Die Familie liebte den Duft der Kiefern, die orangefarbene Erde, die Felsen und die vielen Esel. Dann waren da die freundlichen Menschen, die uns nicht ständig auf Adolf Hitler ansprachen, weil sie ja selbst versuchten, die letzten Francojahre irgendwie zu bewältigen, und der Besuch aus dem Ausland vermittelte immerhin neue Eindrücke, wenn auch skurrile, die das bestätigten, was die Gastarbeiter aus ihren Familien schon seit einigen Jahren nach Hause gemorst hatten: Sie sind fleißig, die Deutschen, sie haben immer Hunger, sie verschlingen Fleisch und Teigwaren in einem ungeheuerlichen Ausmaß, eine Folge der *entbehrungsreichen Jahre.*

Spanier sind, wie Deutsche, *Verdränger,* und meine Eltern, die Hitler nicht verursacht hatten (und ihre Eltern hatten ihn absolut auch nicht verursacht), sie redeten über

Hitler und die Folgen daheim in Deutschland genug, sie mussten das nicht in Canyamel auch noch tun. Sie beschlossen (ohne es zu beschließen), dass sie Urlaub hatten, auch von ihrer Kindheit und Jugend. Moralisch war der Diktator Franco hier und da Thema, aber kein großes. Man mag das im Jahre 2017 rätselhaft finden, wer würde heute Urlaub in einer alteingesessenen europäischen Diktatur machen, fragte ich mich und meine Mutter – dann kam der Putsch in der Türkei, und während dieses Buch langsam fertig wurde, saßen 150 türkische Journalisten im Gefängnis und Zigtausende Lehrer, Beamte, Professoren, und ich glaube nicht, dass dies für viele Menschen heute der Grund ist, wieso sie nicht mehr an den türkischen Stränden Urlaub machen. Es liegt vielmehr an der Angst vor dem Terror, dass sie nicht mehr hinfahren. Der Urlauber möchte sich nicht um andere Menschen sorgen. Sondern um sich.

Die spanische Diktatur mit ihrem greisen, stotternden Anführer empfanden meine Eltern wie auch die Menschen in Canyamel als insgesamt *nicht so schlimm*. Im Alltag und hinter vorgehaltener Hand war der Diktator ein altes Arschloch, aber eben ein altes. Zudem war er pragmatisch, er hatte Hunderttausende spanische Gastarbeiter nach Deutschland gelassen, damit sie harte Währung nach Hause schicken, er hatte den Massentourismus angefeuert oder ihn immerhin anfeuern lassen. Eher wirkten die letzten Jahre seiner Diktatur operettenhaft, und der Guardia-Civil-Mann in Unterhosen am Strand und sein Arrangement aus ungenießbarem mallorquinischem Wein und zwei Gläsern, um mit meiner (zumal für deutsche Verhältnisse) attraktiven Mutter auf seinen Namenstag anzustoßen, er war für sie nicht angsteinflößend, sondern letztlich nur ein lächerlicher Nebendarsteller innerhalb dieser Operette: Mein Vater war gerade nicht da, also bekam der halb nackte Hilfsfaschist am Strand von ihr eine geknallt und trollte sich.

Mit den einheimischen Freunden aus Canyamel wartete man so *by the way* auf das Ende dieser Diktatur, und selbst als Franco kurz vor seinem eigenen Tod noch fünf Antifaschisten und ETA-Leute im September 1975 erschießen ließ, löste dies zwar Tumulte in den großen Städten Spaniens aus, nicht allerdings in Canyamel und auch nicht unter meinen Eltern, die Hinrichtungen ablehnten, aber gut, jetzt war Urlaub, und dies war außerdem eine Sache der Spanier und nicht ihre, sollten sie, die Deutschen, jetzt Ratschläge erteilen und das *Problem der Menschenrechte* ansprechen? ... Fröhlich rumpelte die Musik der Machucambos aus den Lautsprechern der Vaca-Bar, die hier riesenhaften Hummeln surrten im Vorgarten von Kaktus zu Kaktus, aus der Ferne kreischte ein weiterer Esel.

Canyamel war wie für uns gemacht, so schmeckte auch das Essen und im Zentralregister unserer Befindlichkeiten war das Essen nun einmal von größter Bedeutung. Meine Eltern hatten Hunger gelitten, sie hatten nicht, wie wir heute, mal über einen etwas längeren Zeitraum Appetit, sondern sie hatten, als sie jung gewesen waren, *echten, jahrelangen, lebensbedrohlichen Hunger.* Mein Vater ist fast verhungert. Sie hatten im Zuge dieses Traumas für sich die Entscheidung getroffen, dass es von nun an immer reichlich Kohlehydrate, Fett, Salz und Zucker geben sollte, um auch durch die kalten Tage zu kommen. Der Schnee kommt schneller, als man denkt. Wir kauten, schlürften, malmten, saugten, nagten und sabberten. Meine Mutter kochte fantastische

Braten, mächtige Fische, die mit Kopf und Schwanzflosse über die Teller lappten, dampfende, noch am Tisch Blasen werfende Berge aus energiereicher Nahrung. Saß offizieller Besuch im Wohnzimmer, saugte meine Mutter, in einem todschicken Kleid in der Küche stehend, das Mark aus dem Rinderknochen für die Suppe, sie schüttete Salz in den Knochentunnel, sie nahm mit schön manikürten Händen den Knochen spitz an den Enden, stülpte den Mund drüber und saugte. Kam das Mark nicht raus, fuhr sie mit dem Stiel des Kochlöffels hinein, zischte »Verdammt!«, saugte erneut. Kam ich mit abgefressenen Tellern, winkte sie mich zur Seite und zischte: »Kein Wort dazu im Wohnzimmer, verstanden?!«

»Dürfen wir heute die Teller ablecken?«

»Natürlich nicht!«

»Wieso nicht? Der Papa hat gestern …«

»Wir haben Besuch!«

Canyamel: Salziger Fisch, salziges Fleisch, Salat mit je einem Liter Olivenöl und ungesalzenes Brot mit einem weiteren Liter Olivenöl plus zusätzlich noch mal Salz drauf, dazu eine ungeheure, brandneue Kostbarkeit der offenbar llevantinischen Küche, panierte, dann frittierte Ringe, aus Tintenfischen hergestellt, genannt, warum auch immer: *Elefantenarschlöcher.* Wer, dachten wir, denkt sich so etwas Leckeres aus wie panierte Tintenfischringe? Ein Volk, das auf eine solche Idee kommt, wird auch den Übergang von der Diktatur zur Demokratie schaffen.

Wir drehten durch. Wir wussten, was das Unglück ist, zumindest alle außer mir in meiner Familie wussten das, ich wusste es noch nicht, nein. Meine Eltern brauchten *ein an-*

deres Leben, es musste möglich sein, etwas zu einem guten statt zu einem weiteren sinnlosen Ende zu führen. Meine Mutter war am Kriegsende noch keine achtzehn, mein Vater zwanzig, aber er kam ja erst mit dreiundzwanzig nach fünfjähriger Gefangenschaft aus Russland zurück. Sie hatten geliebte Menschen verloren, sie hatten verbranntes Menschenfleisch gerochen, sie hatten den Tod geschmeckt, ihre Familien waren kaputt. Und so wurden sie, jeder zunächst unter seinem Himmel, da sie sich nach Kriegsende lange noch nicht kannten, von einem Traum erwischt – dem Traum von einer Familie am Strand.

Wenn man in der Bucht von Canyamel an der Kalksteinküste in Richtung der Höhlen von Artà läuft, schaut man irgendwann zwischen den Kiefern von der Meerseite aus auf das Traumbild einer Bucht. Mein Vater machte damals mit seiner Leica Fotos von den Kiefern, die quer aus den Felsen wuchsen und sich über das Türkis des Wassers legten, und fast fünfzig Jahre nach diesen Bildern, in *meinem* anderen Leben, finde ich diese Kiefern wieder, älter, mächtiger, wie alte Leute liegen sie über dem Wasser und ich mache mit *meiner* Leica Bilder (nein, ich bekomme kein Geld von Leica). Dann schraube ich den Deckel aufs Objektiv, stehe auf, sage »Danke« und gehe weiter. Sekunden später frage ich mich: »Habe ich gerade Danke gesagt?« Im Jahr der Bedrohung, 2016 also, mache ich ein Bild von meinem Balkon aus, es ist die Nacht vom 24. auf den 25. Juli, in Canyamel wird mal wieder einem Heiligen zu Ehren ein Feuerwerk abgeschossen, und so stehen all die Menschen zwischen Chiringuito und Kiefernwald in der mitternächtlichen Bucht und schauen in die Farbenkälte einer künstlichen Erleuchtung (ja, es ist das Cover dieses Buches) – und anders als dieses Bild erzählen die alten Aufnahmen, die mein Vater machte, tatsächlich von nicht weniger als der total pragmatisch exerzierten Rückeroberung des Paradieses, nämlich seiner persönlichen Gründung der Enklave und Oase Canyamel, eines, *seines* kindlichen Ortes.

Meerbusch-Büderich bestand in den Jahren der Existenz Westdeutschlands aus drei Gesellschaftsgruppen, wie sie typisch waren in den Vororten prosperierender deutscher Großstädte wie Düsseldorf. In der Gartenstadt lebten: eine im nordrhein-westfälischen Sinne schicke, in südstaatenhaften Villen untergebrachte Gruppe aus »Bonzen« (so nannte es meine Schwester) beziehungsweise aus »Bourgeoisie« (so mein Vater), einer bürgerlich-mittelständischen-normalen Gruppe (das waren wir) sowie einer niederrheinisch-katholisch-bäuerlichen Gruppe. Dazu zählte zum Beispiel unser Hausmeister Herr Schnarres, der zwar einerseits »ein Prolet« war, andererseits war es Herr Schnarres, der ehrenamtlich beim Roten Kreuz engagiert war und meiner unternehmungslustigen Schwester das Leben rettete, als diese sich mit ihrem Bonanzarad überschlug und blutend in den Sträuchern am Ende der Straße lag.

Erst viel später wird mir klar werden, dass die niederrheinischen Bauern und ihre Kinder gar nicht ärmer waren als wir, obwohl sie im Sommer nur ins Sauerland auf den Campingplatz fuhren in ihren VW-Kombis oder eben, wenn es doll wurde, nach Jugoslawien. Ihre Hände und Füße waren groß wie Klodeckel (es kam mir immerhin so vor, dass sie so groß waren, ich war ja noch klein), ihre Haare waren aus Filz, ihre Gesichter mächtige Flächen. Der niederrheinische Sound eierte, kreischte und klackerte durch die Gärten und über den Bolzplatz »An der Kanzlei«, die Bauernjungs dort klangen wie große Vögel, manchmal sahen sie mit ihren langen Hälsen, rudernden Armen und aufrichtigen Gesichtern auch so aus, große, schwere, nicht mehr flugtaugliche Vögel, niederrheinische Dodos, von der Evolution links liegen gelassen, mussten sie selbst schauen, wie sie klarkamen, und das taten sie auch. Am Wochenende fuhren sie auf den Schrottplatz, um nach Zeug zu suchen, mit dem sich noch was anfangen ließ. Ich kam nicht mit, da meine Eltern fanden, dass das zwar nicht schlimm wäre, aber es müsse auch nicht sein. Die Bauernkinder kehrten vom Schrottplatz zurück mit halb ausgeweideten Stereoanlagen, aus denen sie Steuerungszentralen für Apollo-Raketen bauten. Ich verging vor Sehnsucht nach dem Schrottplatz.

Dietrich-Bonhoeffer-Straße 1. Eine normale Familie in einem normalen Mehrparteienhaus aus dem Jahre 1963 (demselben Jahr, in dem das schöne Laguna an den Strand von Canyamel gestellt wurde), groß geschnittene Wohnungen, verglaste Fronten, vor allem die eine Front vom Wohnzimmer hinaus auf die Terrasse und in den Garten. In diesen Häusern brütete das mittelschichtige Bildungsbürgertum der 60er-Jahre über den Fragen und Aufgaben ihrer Zeit, im Parterre mit Gartenanschluss wir, im ersten Stock der junge, aufstrebende konservative Gelehrte Meinhard Miegel, der später Karriere bei Kurt Biedenkopf machen sollte. Meine Mutter sagte: »Die Miegels haben Niveau«, und heute sagt sie, wenn sie Meinhard Miegel mal im Fernsehen sieht: »Der Miegel hat Niveau. Die Miegels hatten immer Niveau.« Das Dasein mit Niveau ist das höchste Sein, das steht also schon mal fest, Meinhard Miegel, Miles Davis, Ralf Dahrendorf, panierte Tintenfischringe.

Büderich hatte noch vereinzelt seine Bauern, es hatte uns, die Mittelschichtigen, und es hatte zwei Attraktionen. Zum einen die alte Villensiedlung *Meererbusch,* und dass die Villensiedlung von Meerbusch tatsächlich *Meererbusch* heißt, ist wirklich peinlich lächerlich in seinem Andeutungsreichtum, wie mir sonderbarerweise erst heute klar wird. Hier wohnte die rheinische Großindustrie samt ihrem Personal, am Wochenende spazierte sie in Seidenpyjamas und schmalen Hausschuhen aus Krokodilleder durch endlose Gärten mit Bäumen, deren Stämme Hunderte Jahre alt sein mussten, die Hamptons am Niederrhein, lange, dünne Witwen soffen sich aus dem Edel-Kristall des Glas- und Porzellanmoguls Franzen von der Königsallee glamourös zu Tode, und so drehte sich die ausgespielte Schallplatte »Sinatra at the Sands« noch so lange auf dem Teller der alten Stereoanlage in der Hindenburgstraße, bis die alte Witwe Puhvogel vom Bankhaus Puhvogel & Söhne von der kreischenden Zugehfrau endlich tot im knöcheltiefen Teppich neben dem drei mal vier Meter großen Glastisch entdeckt worden war.

Diese Menschen waren noch reicher als die heimlich reichen Bauern, sie waren sowieso reicher als wir, die wir unser Geld allerdings mit mehr Freude aus dem Fenster warfen als sie, die Superreichen aus Meererbusch. Ihnen gehörten Metallfabriken, Großgießereien, Banken, Kanzleien, Privatkliniken, noch mehr Banken. Sah man sie mal im Dorf in einem ihrer bildschönen Jaguars mit den durchgesessenen beigen Ledersitzen über den Markplatz gleiten, schauten sie durch die Windschutzscheiben wie pompöse Tiere, die einen Platz zum Sterben suchen, verbittert, dass also auch sie sterben müssen, es ist so ungerecht, all das Geld, und jetzt müssen sie trotzdem sterben und es der

Brut vererben, die kiffend in ihren Zimmerfluchten unterm Dach sitzt, Pink Floyd hört, Andreas Baader verehrt und *hasst.*

Eine ätherische, bildschöne Milliardärstochter saß auf dem Fensterbrett ihres Mädchenzimmers, um sich in den Tod zu stürzen, es wird nicht reichen, 1. Stock. Pink Floyd. Echoes. »Overhead the albatros hangs motionless upon the air …« Im Garten kreischt die Mutter, sie weint bitterlich und schlägt sich auf die Frisur: »Vanessa, die Mama liebt dich, spring nicht, mein Engel, die Mama liebt dich!«

Die andere Attraktion lag nur wenige Kilometer entfernt, auf der anderen Rheinseite, es war der Flughafen Düsseldorf-Lohausen, ein Champion unter den deutschen Flughäfen, wie die lokale Presse Mal um Mal vermeldete.

Lohausen pumpte Blut durch den Kreislauf Nordrhein-Westfalens, und die Fracht für die Industrie wie auch der Nordrhein-Westfale an sich startete und landete spektakulärerweise: über Büderich. Der Lärm war infernalisch. Heute ist dieser Lärm ein relativer. Damals aber knallte, wie erwähnt, die Caravelle übers Haus, während Herr Schnarres vor dem Haus seinen roten rasselnden VW anwarf und erst mal im Leerlauf den Keilriemen des Boxers anzwirbelte, damit das Auto auch wusste, dass es jetzt losging.

Im Jahre 1967 waren meine Eltern mittelalt, ihre Jugend war keine gewesen, sie hatten keine Vergangenheit zum Verklären, sie hatten nur die Gegenwart. Meine Schwester war mittelklein und heiter, sieben Jahre alt, der liebe Gott, der alles fügt und regelt, hatte ihr einen schweren Herzfehler verpasst und wenn er es nicht getan hat, so litt sie an diesem kranken

Herzen, weil er gerade nicht aufgepasst hatte oder eben doch nicht existiert. Die Ärzte sagten meiner Mutter seit der Geburt meiner Schwester im Januar 1960 und also seit dem Tag, als sie endlich *eine Familie* waren, dass das kleine Mädchen mit diesem Herzen leider nicht lange leben würde.

Wie lange wird sie denn leben?, fragte meine Mutter die Ärzte. Nun, ein Jahr vielleicht, Frau Gorkow …

Jedes Jahr wunderten sich meine Eltern von da an (und später auch ich), dass meine Schwester *weiterlebte,* die Herzklappen waren da, wo sie nicht sein sollten, und da, wo welche sein sollten, waren keine. Da sie also 1967 immer noch lebte, bekam sie von den Ärzten ein neues Ultimatum: Die Pubertät, die schafft sie leider nicht. Meine Mutter schaute auf ihr Kind und dachte: Das werden wir sehen.

Als meine Schwester die Pubertät überlebte, stellten die Ärzte fest, dass sie, da sie die Pubertät *unlogischerweise* überlebt hatte, theoretisch jede Sekunde tot umfallen könne. Noch später, da studierte das groteskerweise immer noch lebende Kind auf Lehramt, gaben die Ärzte sich, nachdem sie meiner Mutter seit einem Vierteljahrhundert täglich den baldigen Tod ihres Kindes angekündigt hatten, geschlagen: Interessanterweise hebe bei meiner Schwester wohl eine Reihe von Herzfehlern eine Reihe von anderen Herzfehlern auf, so neutralisierten all diese Fehler sich gegenseitig – ein Phänomen.

Meine Schwester hatte bis dahin, vor allem in der bedrohlichen Pubertät, viel Zeit in der Düsseldorfer Universitätsklinik verbracht, mitunter mehrere Monate am Stück, sie hatte neue Freundinnen dort gewonnen, teils behalten, teils waren sie plötzlich gestorben und am nächsten Morgen nicht mehr da. Nur meine Schwester, die schon. Lachend lag sie am Tropf und schaute aus dem Fenster, winkte, mal mit dem von Blutergüssen gezeichneten Arm, an dem der Tropf hing, mal mit dem anderen von Blutergüssen gezeichneten Arm, der sich gerade vom Tropf erholte. Mit einem Kettcar fuhr ich auf dem Klinikgelände vor der Glasfront des Bungalows auf und ab und winkte all den Jungen und Mädchen zu, die etwas riefen, das ich durch die Scheibe nicht verstand, andere schliefen neben ihren lieb schauenden Stofftieren. Mal kam ein neues Kind, mal fehlte ein anderes. Eine junge Krankenschwester mit einem schwarzen Zopf liebte das Lied »I never promised you a rosegarden«, sie legte die Platte wieder und wieder auf den Dual-Plattenspieler im Klinik-Bungalow. Das Lied hörte ich, als ich mit dem Kettcar rauf und runter raste, so wurde es zum ersten Lieblingslied meiner Schwester und da meine Schwester mein Idol war, war es auch mein erstes Lieblingslied. Dies waren die Sommernachmittage im Düsseldorfer Universitätsklinikum auf der großen Wiese vor dem Kinder-Bungalow. Heiter, dunkelgrün, dazwischen das Licht.

Und so, in diesem Licht, wurde meine Schwester zu dem Kind, das lebt.

Als ich 1966 auf die Welt kam, und zwar exakt aus dem Grund, um ein Jahr später nach Canyamel zu fahren, waren mein Vater einundvierzig und meine Mutter achtunddreißig Jahre alt. In diesem Alter bekamen die Leute, vor allem die Frauen, keine Kinder mehr damals, das war steinalt, in diesem Alter bekam man bald Enkel. Ich war überraschenderweise gesund und nach allgemeiner Einschätzung auf überragende Art und Weise *süß*. Alle bekamen sich nicht mehr ein, sie zupften, kitzelten, sie hielten das neue Kind hoch und zur Seite, sie legten es über ihre Schultern und klopften, sodass es rülpste. Unser Hund, der Boxer Moritz, fletschte die Zähne. Mein erster Feind. Hunde wurden damals noch nicht in Fernsehsendungen oder Internetportalen weitervermittelt. Meine Eltern entschieden sich für mich und gegen den Hund, sie erzählten meiner Schwester, dass der Moritz auf eine große Reise geht. Das tat er auch, denn er wurde eingeschläfert. So lebte ich weiter.

Die Welt, heißt es heute, sei damals übersichtlicher gewesen. Im Jahr 1967 und den Jahren darauf waren neben mir auf deutschen Straßen Kriegsversehrte unterwegs mit halben Beinen, Armen in Schlaufen und kaputten Köpfen, die man nach Granatsplittereinschlag im Rahmen der Möglichkeiten eines Kriegslazaretts wieder zusammengesetzt hatte. Es musste nicht perfekt sein, Hauptsache, es hielt. Ich starrte, auf dem Arm meiner Mutter sitzend, beim Metzger Sevenich auf der Dorfstraße in den Krater innerhalb der Schädeldecke des Mannes, der wiederum vor uns in die Wurstauslage starrte. Dann legte ich meine Hand in den Krater. Meine Mutter hob die Hand vorsichtig wieder heraus, und besonders befremdlich war, dass der Mann nicht reagierte.

Die Amerikaner verbrannten Vietnam, was uns direkt nicht tangierte, da wir weder Amerikaner waren noch in Vietnam lebten. Vom Massaker in My Lai, das die US-Soldaten am 16. März 1968 unter Frauen und Kindern anrichteten, kurz bevor wir in den Osterferien nach Palma flogen, erfuhr die Menschheit erst durch den Bericht Seymour Hershs – im Herbst 1969, eineinhalb Jahre später.

Es entstand die beste Popmusik, die je eingespielt werden würde, und die Mehrzahl der Deutschen hörte derweil Heintje, Peter Alexander und Roy Black. Nazis saßen in Behörden und Parteien, sie wendeten ihr in Konzentrationslagern an Juden, Behinderten, Sinti, Roma, Schwulen, Sozialdemokraten, Kommunisten sowie an dem Pfarrer Dietrich Bonhoeffer, nach dem unsere liebe Gartenstadt-Wohnstraße benannt war, erprobtes Wissen nun praktischerweise in Meldebehörden, Justizvollzugsanstalten sowie in den neuen Krankenhäusern an. Die Beatles zankten sich in London dem Ende entgegen, Miles Davis litt in Hollywood unter Drogen, unter der sich nur noch dahinschleppenden Ehe mit Betty Davis, unter den schlechten Verkaufszahlen seiner Schallplatten, er mochte auch keinen Bebop mehr spielen, sondern verehrte Jimi Hendrix. Während wir am Niederrhein auf die metallisch glänzenden Bäuche startender und landender Flugzeuge starrten und Seymour Hersh immer noch, Tag für Tag, Nacht für Nacht, an seinem Bericht zu My Lai recherchierte, rührte Miles mit ein paar anderen Musikern eine Langspielplatte an, die 1970 nicht erschien, sondern explodierte.

Als »Bitches Brew« nach Deutschland ausgeliefert war, bekam mein Vater den obligatorischen Anruf aus dem Funkhaus Evertz, Königsallee, denn »dort sind sie gut sortiert« und dort wachte ein freundlicher, leiser, aus Liebe zur Musik *surrender* Mann über die Jazz-Sammlung: Er war der »Jazz-Mann«. Gab es etwas aus *Amerika,* eine neue Lieferung von Ella, Duke, Bill, Gil, John, Oscar, Joe und Miles, durfte, *musste* der Jazz-Mann anrufen (02105/4425, Gorkow, Rudolf, Kaufmann, Dietrich-Bonhoeffer-Straße 1), gerne in diesem besonderen Fall auch zur Mittagszeit, dies würde in diesem

Fall kein Problem darstellen, so hatte mein Vater es dem Jazz-Mann nicht gesagt, sondern *eingetrichtert.*

Ergriffen, letztlich erschüttert belauschten mein Vater und der Jazz-Mann die neue Musik, dies bei einer gemeinsamen Zigarette und einem Kaffee, an Samstagvormittagen auf der Königsallee in sonnendurchfluteten, in mildem Blau vernebelten Verkaufsräumen im Funkhaus Evertz. Die Musik wurde vom Jazz-Mann nicht verkauft, sondern vermacht. Die Schallplatten waren Dokumente, es waren Schriftplatten, Essenzen, die nicht zerbrechen, zerkratzen oder verfliegen durften, sie wurden in die grüne Evertz-Tüte nicht gesteckt, sondern die Evertz-Tüte wurde vom Jazz-Mann auf den Tresen gelegt wie ein Schriftstück aus der Reformation, die Tüte wurde behutsam glatt gestrichen, schon dies ein handwerklicher Akt, dann wurde der Schlitz der Evertz-Tüte mit den Spitzen von Daumen und Zeigefinger der linken Hand des Jazz-Manns nur leicht gespalten. Mit der weit aufgetellerten rechten Hand wurde dann die von Mati Klarwein in rasender Pop Art bemalte »Bitches Brew«-Hülle samt dem *Datenschatz* in die Evertz-Tüte nicht gesteckt, sondern die Schallplatte wurde unter dem bangen Blick meines Vaters, seiner Tochter und seines Sohnes in die empfangsbereite Evertz-Tüte *eingeführt.*

Der Jazz-Mann im Funkhaus Evertz war neben seiner Familie, Canyamel, den Rosen im Garten und seinen Zigaretten das Trostreichste im Leben meines Vaters, und als er »Bitches Brew« daheim aus der Innenhülle gleiten ließ, auf den Thorens 125 legte, machte es erst Umpf, dann Knack, es rauschte für einige Sekunden und als es dann losging, stand mein Vater ins Nichts glotzend im Wohnzimmer und sprach an diesem Tag kaum mehr ein Wort. Offenbar war etwas vorgefallen mit diesem Miles Davis, den er doch so verehrte. Musste der geniale Trompeter denn überlaufen wie ein Topf Milch auf dem Herd? Was war los? Mein Vater hasste so was. Es sei denn, er lief *selbst* über wie ein Topf Milch. Dann hatte es zuvor nun mal einen Grund gegeben und ihm, meinem Vater, war leider nichts anderes übrig geblieben. Aber Miles? Was für einen Grund sollte er haben, der Meister? Ausgerechnet der Formgeber und Disziplinierer, seine »Flamenco Sketches«, in denen die Tonleiter des Südens in einer Hypnose-Qualität einfließt wie das Heroin in die Adern des Süchtigen, dies war doch zarte, formvollendete Musik.

»Bitches Brew« setzte ihn unter Schock. Soeben hatte er, Rudolf Gorkow, der Geburt des bis heute umstrittenen Fusion Jazz beigewohnt. Und dies war, zunächst, nicht die Musik, die er ersehnte, sondern die Musik, die ihn spiegelte, und zwar nicht so, wie er sich gerne gesehen hätte, sondern so, wie er war: erschüttert, erschütternd, ringend, ausufernd, irre. Jeder Existenz wohnt eine Katastrophe inne und die Katastrophe meines Vaters war es, dass er das Distinguierte verehrte und gerne auch selbst distinguiert gewesen wäre, was er auch war, vor allem äußerlich und in Kleidungsfragen: ein Signalregen wunderbarer Geschmackssicherheit. Sonst aber war er immer nur so lange distinguiert, bis ihm die Sicherungen durchbrannten, was ihn sogleich selbst verbitterte, da er doch eben eigentlich distinguiert war oder eben immerhin als Modell distinguiert *gedacht* und also so entworfen war: Die Dialektik der Verzweiflung des mit sich selbst nicht identischen und ebendeshalb heldenhaften Mannes.

Um diese Musik doch noch zu verstehen, setzte er sich Kopfhörer auf. Der Kopf steckte in der modernen, eigens für diese zwei Quadratmeter an der lichtreichen Gartenfensterfront hingeschreinerten Plattenspieler- und Fernsehschrankwand von »Möbel Schweidtmann«. Im Schrank steckte der Kopf meines Vaters wie ein weiterer Tonarm über dem Plattenteller des Thorens, als erscheine im Fluss der rotierenden »Bitches Brew«-Rillen eine zusätzliche Botschaft zur Weltenträtselung, auf seinen Ohren die *PRO 4aa*-Kopfhörer von Koss, graubeige Eierkocher mit extrabreitem Bügel, und so erinnerte dieser eh schon bedeutende Mann das Kind jetzt an den Piloten eines Düsenjägers. Verkabelt, verdrahtet, bemuschelt raste der Held Rudolf Gorkow durch die Verhältnisse, konzentriert behielt er den Überblick, im Zweifel würde er die irre Schallplatte *niederstarren* – und so, in der Schrankwand die Rillen des Vinyls fixierend, wurde mein Vater zum größten Fan von »Bitches Brew« auf deutschem Boden, vor allem des Titelstücks. Erst der signalgebende Elektrobass, dann Miles' alarmistische Supertrompete, die man in immerhin Transistorradiolautstärke durch die massiven Wände des Koss-Kopfhörers bis ins Wohnzimmer hörte, wo meine Schwester und ich entsetzt herumsaßen. Mein Vater machte einen Satz nach hinten aus der Schrankwand heraus, verzweifelt und glücklich guckte er ins Wohnzimmer, auf den Ohren die riesigen Becher, der Zeigefinger fuhr an die Decke, er brüllte: »Anneliese!«

Und: »ZACK!!«

Er hechelte, winselte, sang irgendwie mit. Er hörte sich selbst nicht, aber wir hörten ihn, er klang, als werde er ganz langsam überfahren, winselte, jammerte, er knurrte plötzlich »Ouu!« unter seinen Kopfhörern, dann: »DUMM! ZACK!!«

Er kreischte: »Anneliese! Komm!«

Sollte ich weinen?

»Dummdumm, dummdumm!«, Röcheln, Winseln, wieder »Zack!«, »ZACK!!«, dann »UNWEIGERLICH!«.

Ich rief: »Mama! … Mama?«

Sie eilte herbei.

»Rudi, mein Gott!«

Er sah sie nicht, schaute in den Garten, er drohte dem Garten mit erhobenem Zeigefinger, er erschrak, als meine Mutter hinter ihm stand.

»Was?«, kreischte er.

Sie winkte und ruderte. Kopfhörer runter.

»Was ist denn los?«

»Rudi, du kannst hier nicht so herumschreien. Die Kinder haben Angst.«

»Anneliese, hör dir das an!«

»Es geht jetzt nicht.«

Seine Verbitterung, als er die Kopfhörer wieder aufsetzte und still und alleine in der Schrankwand stecken blieb.

Musik. Ich lernte zu verstehen.

Meine Mutter vermisste im ersten Canyamelsommer 1967 ihre Mutter, die fünf Wochen nach meiner Geburt im Spätsommer 1966 gestorben war, und sie vermisste seit mehr als zwanzig Jahren ihren Vater, der überlegt hatte zu desertieren nach dem letzten Fronturlaub 1944, daheim in Solingen-Wald, und dann doch wieder eingerückt war, weil er gesehen hatte, wie Deserteure in Solingen aufgehängt wurden. Ihr Vater zog wieder in den Krieg, meine Mutter war sechzehn, und er kehrte nicht zurück. Zuletzt am 21. Juni 1974 schrieb das Rote Kreuz meiner Mutter, dass sämtliche Nachforschungen nur noch den Schluss zuließen, dass ihr Vater im Frühjahr 1945 bei Kämpfen im Raum Danzig gefallen sei: »Viele haben in dem unübersichtlichen, hügeligen und stark bewaldeten Gelände den Tod gefunden, ohne daß es von überlebenden Kameraden bemerkt wurde.« Die letzte Mitteilung (Feldpostnummer 36122) meines Großvaters trägt das Datum 31. Januar 1945, da schreibt er heim nach Solingen: »Schwere Panzerkämpfe 18 Kilometer östlich von uns. Wolle Gott, daß wir uns gesund wiedersehen.«

Mein Vater wurde 1925 in Danzig unehelich geboren, seine Mutter, Tochter einer bis zu seiner Geburt angesehenen Hoteliersfamilie, verschob das ungebetene Kind zur Verwandtschaft und Bekanntschaft, von Danzig nach Graudenz nach Dresden, Berlin, schließlich zog sie mit ihrem Sohn nach München, wo er auf der Bogenhausener Schumannstraße im Jahre 1968 ihre Wohnung auflöste, nachdem seine exzentrische Mama auf einer Kreuzfahrt nach Brasilien gestorben und dort praktischerweise gleich beerdigt worden war.

In einem Tresor auf der Schumannstraße fand er Briefe, die sein polnischer Vater in gebrochenem Deutsch seiner Mutter geschrieben hatte nach dem Krieg. Von seinen in den Lagern eingesperrten und ermordeten Verwandten war hier die Rede, so in einem Brief aus dem Juni 1946: »Der Neffe war in Lublin und mein Cousin ist in Auschwitz ermordet.« Davon, dass es ihm nicht gut geht, dass er seinen Sohn vermisst: »Ich habe keinen Rudi, obgleich ich ihn haben konnte.« Über den jüdischen Vater meines Vaters, der früh starb und dessen Spur sich bald verlor, wurde in der Familie *geraunt* statt geredet, nur nicht von meinem Vater selbst, der darüber, wie über alles, was nicht mit der Gegenwart, sondern mit der Vergangenheit zu tun hat: nicht sprach, nicht einmal raunte, keinesfalls, bitte nicht, nein.

Bis ins Jahr 1960 war er ein offenbar beliebter junger Schauspieler. Ich finde alte Rezensionen, verfasst im verstörenden, lächerlichen, bebenden Amts-, Lehrer- und Beurteilungsdeutsch des Philisterfeuilletons: »Übrigens meistert der junge Gorkow als Einziger in etwa die Synthese von körperlicher Bewegung und Akzentuierung, ja gelegentlicher Abstrahierung des Wortes. Der Clou des Abends. Lebhafter Beifall, beim Auftauchen Gorkows sich sichtlich verstärkend.« Fazit: »Vierzehn Vorhänge. Zahlreiche Blumengebinde.«

Na also. Er war eben noch die Schande und wurde nun der Stolz seiner alleinerziehenden Mama, die die Kunst liebte und das Theater, die die Nazis gehasst hatte in den dreckigen Jahren und mit Frau Prag in Bogenhausen auch in jenen Bogenhausener Lebensmittelgeschäften nahe dem Hitler'schen Refugium am Prinzregentenplatz zum Einkaufen gegangen war, die schon keine Juden mehr bedienten: »Dann geben Sie mir bitte alles doppelt.«

Seine Mutter war eine Frau mit Haltung, immerhin dieser Satz fiel immer wieder aus ihm und seiner geschwärzten Vergangenheit heraus, »meine Mutter war ein Besen, aber sie hatte Format«, oder eben, je nach Laune, andersrum, »meine Mutter hatte Format, aber sie war ein Besen«, und wenn meine Schwester wieder eine Diskussion über die »Bonzen« am Niederrhein vom Zaun brach und dann so lange insistierte, bis, sie eingeschlossen, die ganze Familie samt Freundeskreis (Hütt, Schmalenbach, Gewaltig) blutüberströmt dasaß in rauchenden Trümmern unter dem Quittenbaum, da sollte er, rot und erschöpft und leer geschrien, heiser flüstern: »Wie meine Mutter.«

Als meine Schwester im Januar 1960 krank auf die Welt kam, gab mein Vater zur Verzweiflung meiner Mutter, die gedacht hatte, sie habe in die Welt *der Bühne* hineingeheiratet, sofort das Theater auf. Offizielle Begründung: Er wollte einen geregelten Tagesablauf, keine Proben, keine Premieren, er wollte für sein todkrankes Kind und seine Frau da sein, vor allem aber, also noch vor diesen sehr ehrenwerten Gründen, wollte er »die Arschlöcher vom Theater« nicht mehr sehen (was ja auch ein ehrenwerter Grund sein kann, je nachdem). Er übernahm eine kleine Firma, die der Vater meiner Mutter hinterlassen hatte, wenn auch nur als Eintrag im Handelsregister. Die Firma handelte bald mit Präzisionswerkzeugen aus Cleveland, Ohio, und mein Vater, der über seinen Vater nicht sprechen wollte, hieß in den politischen Wohnzimmer- und Gartengefechten in verdächtiger Grundsätzlichkeit alles, was der Staat Israel seit Ben Gurion unternommen hatte, gegen den teils heftigen Widerstand meiner Schwester sowie ihrer noch linksradikaleren Freunde, für vernünftig, notwendig und überlebenswichtig. Wer ihm widersprach, wurde eingekocht, und zwar am Ende mit dem Argument, dass man, als Deutscher in einer Gartenstadt sitzend, beim Thema Israel »am besten mal die Klappe hält«, statt immer noch weitere Vorschläge zur Lösung der Palästinafrage zu unterbreiten in den Pausen zwischen den startenden oder je nach Windrichtung eben landenden Flugzeugen.

Es muss doch erlaubt sein, Israel zu kritisieren?

Gegenfrage des Vaters: Wieso sollte das erlaubt sein, wenn man vor *fünf Minuten* noch sechs Millionen Juden in die Gaskammern geschickt hat, also nicht aus Versehen, aufgrund eines kurzfristigen Irrtums, einer Spiegelung, die so sonderbar blendete, sodass alles wieder gut und der Fehler eingesehen war, nachdem man sich die Augen gerieben hatte. Sondern im Rahmen eines jahrelangen, gut geölten, industriell gesteuerten Prozesses: Männer, Frauen, junge Menschen, Kleinkinder, Babys. Wieso sollte man, nachdem man das *durchgezogen* hat mit der Routine eines logistisch weltweit erstklassig eingespielten Konzerns, heitere Volkslieder singend, dem Land der Juden selbstbewusste Ratschläge erteilen?

Aber zu einer selbstbewussten Demokratie wie der Deutschen muss gehören, dass …

Er wird rot. Die Adern an seinem Hals. Zigarette. Noch ein Wort dazu und er verlässt: den Garten, den Wagen, den Mittagstisch.

Im Sommer 1952 lernte er am Strand auf Elba den Juden Edmondo Lanzmann kennen, einen Architekten und Casanova aus Mailand, Sohn eines Hutmachers aus Budapest. Edmondo sah so derartig gut aus, dass die Freundinnen meiner Mutter wie läufige Hündinnen auf der Bonhoefferstraße auf und ab spazierten, wenn er uns, bepackt mit Schachteln voller Stoffe, Liköre und Essen aus Mailand, am Niederrhein besuchte. Beharrlich war »Onkel Jondo« im Sommer '52 hinter der damaligen Freundin meines Vaters durch das Mittelmeer rund um Elba hergeschwommen, die Freundin war bald weg, aber mein Vater und Onkel Jondo waren ab diesem Sommer Freunde.

Im Sommer 1959 lernte mein Vater am Strand von Zandvoort gemeinsam mit meiner Mutter die Jüdin René Hennis und ihren Mann kennen, deren Eltern keine fünfzehn Jahre zuvor vergast worden waren, sie wurden Freunde.

Im Sommer 1970 lernte er – schon wieder am Strand, diesmal auf dem der Insel Vlieland – den 1. Violinisten und Leiter des Amsterdamer Concertgebouw-Orchesters kennen, Jo Juda, dessen Vater und Bruder vergast worden waren. »Onkel Jo« hatte Buchenwald überlebt, da er so schön Violine spielen konnte, während die Menschen in die Kammern liefen, und wer so schön Musik machen konnte wie Häftling »2613«, den ließen die kunstsinnigen Deutschen je nach Lust und Laune mitunter am Leben. Mein Vater und Jo wurden, wie man ahnt, Freunde.

Ich erinnere mich an einen pergamentzarten, winzigen Mann, der in einem dicken schwarzen Anzug und schweren Budapestern während unserer Vlielandaufenthalte mit wenigen, vertikal durch die Nordseeluft wehenden Haaren auf der Veranda unseres Hauses in den Dünen sitzt und schläft, mich, als er erwacht, anlächelt. Einmal weint er auch, alleine, für sich, als ich die Holztreppe hochlaufe, vom Meer kommend und außer Atem. Onkel Jo laufen Tränen über die Wangen, und er sieht mich erstaunt an, was ich als Kind nicht verstehe und auch niemanden danach frage. Onkel Jo war nebenbei, was man ihm nicht vorwerfen darf, der Geigenlehrer von André Rieu. Außerdem war er zerstreut. Einmal legte er nach einer Probe in Amsterdam den Geigenkasten mit seiner Stradivari auf das Dach des Saabs, um in Ruhe in seinen Anzugtaschen nach dem Autoschlüssel zu suchen. Dann stieg er ein, fuhr aus Versehen aber ruckartig vorwärts statt rückwärts los, bremste scharf, legte erst dann den Rückwärtsgang ein und überfuhr den inzwischen hinter dem Saab auf der Straße liegenden Geigenkasten, den er zuvor auf dem Dach vergessen hatte. Die Stradivari blieb unbeschädigt, nicht nur die Geige war ein Meisterwerk, wie Jo ein ums andere Mal mit dünner Stimme und ganz leise versicherte, sondern eben auch der Geigenkasten.

Eine Versammlung abgebrochener Geschichten, als hätte man Romananfänge, Fußnoten, halbe Sätze und Spiegelverkehrtes zusammengekehrt, all den Salat aus alten Briefen, ergebnislosen Anfragen und letzten Briefen in eine Kiste geworfen und dann sich selbst überlassen. Mein Vater nahm sich das Recht, dies alles mit sich alleine auszumachen, nicht mit anderen darüber zu reden, warum er nicht mehr Schauspieler war, was es mit seinem Vater auf sich hatte, all dies. Er wollte über das Leben und Sterben seines Vaters, den er nicht gekannt hatte und den er vermutlich nicht kennen durfte, nichts mehr erfahren, nichts mehr finden, dessen Biografie nicht entschlüsseln, in Archiven nicht blättern, nicht darüber reden. Das ist heute schwer zu verstehen. Und gleichzeitig war es sein gutes, feinstes Recht und es kann sein, dass er uns, seine Kinder, schlicht verschonen wollte von all dem Gepäck.

An einem weichen, leicht pfeifenden Brummen erkannten wir seinen Citroën DS, es unterschied sich von den klirrenden VWs, dem tief rülpsenden Benz von Schwertfeger zwei Häuser weiter und sowieso von all den höher rülpsenden Fords und Opels auf der Bonhoefferstraße. Am ehesten gesellte sich zu diesem Brummen noch der Peugeot der Pfarrfamilie Hütt am Ende der Straße, der Peugeot machte ein einsaugendes Geräusch, wie ein Riese, der Luft holt. Deutsche Autos machten Marschmusik, französische arbeiteten luftiger, egaler. Wir saßen im Wohnzimmer, von der Straße kam das saugende Geräusch, meine Mutter rief: »Die Hütts sind zurück aus Frankreich.«

Mittags flog der Wohnungsschlüssel in den Zinnteller auf der kleinen Anrichte über der Heizung im Flur. Rasselte der Schlüssel laut in den Teller, war Vorsicht geboten. Im Büro würde es Ärger gegeben haben, Herr Geibisch und Herr Golombowski würden während des Mittagessens das Thema sein, die beiden Idioten, und wer jetzt während der Mittagszeit anrief, konnte sich gehackt legen.

Klimperte der Schlüssel weich und leise, war der Vater guter Dinge, mit einem angriffslustigen Lächeln würde er das Wohnzimmer betreten, er würde einen Vers aufsagen und dann sofort, bis das Essen fertig war, über die Terrasse in den Garten laufen, um an den Sträuchern herumzuzupfen, die letzte Dunhill vor dem Mittagessen zu rauchen und die halb verglühte Zigarette schließlich in die Hecke zu werfen, wo sie noch lange herumqualmte.

»Heißa, rufet Sauerbrot / Heißa, meine Frau ist tot!«, kreischte er aus dem Garten.

Mutter rief: »Zum Nachtisch gibt es Flug-Ananas von Feinkost Adams!«

Vater und seine Lieblingszote aus der Theaterkantine: »Schon als ich ins Zimmer kam / war Anna nass!« Sein blödes Grinsen durch den Garten, hoch zur Terrasse. Hatten wir es gehört? Fanden wir es lustig?

»Mein Gott, Rudi! Vor den Kindern!«

»Was gibt es denn vorher zu essen?«

»Wieso vorher?«

»Vor der Flug-Ananas von Feinkost Adams!«

»Hähnchenbrust von Münstermann.«

»Ist sie trocken?«

»Bitte?«

»Ist sie trocken?«

»Wer ist trocken?«

»Anneliese, ist die Hähnchenbrust trocken?«

»Wieso sollte sie trocken sein, Rudi?«

»Wenn sie trocken ist, werde ich sie nicht essen. Huhn ist oft trocken.«

»Was soll ich dazu sagen?«

»Wie bitte?«

»Was soll ich dazu sagen?«

»Wieso reagierst du denn so gereizt, Anneliese?«

»Wieso sollte ich die Hähnchenbrust besonders trocken zubereiten?«

»Huhn ist oft trocken.«

»Rudi.«

»Ist die Brust mit Haut und Knochen oder nicht? Hast du sie mit genug Butter und Wein zubereitet?«

»Die Hähnchenbrust ist von *Münstermann.* Sie könnte besser nicht sein. Sie ist von Münstermann!«

»Ohne Butter wird sie trocken, Anneliese. Unweigerlich. Ich mache dir doch gar keinen Vorwurf.«

»Sie ist von Münstermann.«

»Das war gar nicht die Frage!«

(Es ist erstaunlich, was man sich als Mann damals herausnehmen konnte.)

Ich vergegenwärtige mir die früh zerschossenen Leben meiner Eltern, die so typisch sind für ihre Generation. Sie sitzen schon in jungen Jahren auf ihren Biografien wie mit dem Arsch in der Glut. Von der Schauspielkarriere meines Vaters erzählen immerhin die erwähnten Rezensionen, dann gibt es einen Ordner mit alten Bühnenfotos, ein junger Liebhaber, sportlich, Tänzer und Charakterdarsteller, gerne gebucht für das »schwierige Fach« und diesem Fach, muss man sagen, wird er ja dann im *richtigen* Leben treu bleiben und sozusagen weiterhin *vierzehn Vorhänge und zahlreiche Blumengebinde* abräumen. Spricht man ihn auf all das Papier an, die Rezensionen, die Fotos, wird er kurz draufschauen und knurren »Hauptmann, Sommernachtstraum«. Keinesfalls wird er bereuen, mit dem Theater gebrochen zu haben. Mindestens wird er es nicht zugeben. Und so wird aus meinem Vater ein Kaufmann. Er wird ab 1960 für meine Mutter da sein, für meine herzkranke Schwester und für mich. Wir sehen »Raumpatrouille Orion«, »Tatort«, »Derrick«, »Der Alte«, er knurrt: »Lowitz. Guter Mann. Immer gewesen.« Oder: »Lingen. Großer Komödiant. Unterschätzt.« Freue ich mich als Kind über meinen (bis heute) geliebten Louis de Funès, höre ich von hinten das Verdikt: »Eben war er noch gut.« Pause. »Aber jetzt outriert er.« Pause. »Leider.«

Im Sommer 2015 sitze ich in der Bucht von Canyamel an der kleinen Anlegestelle, dem Embarcador del Rei. König Alfonso XIII, ein Unglücksrabe, legte 1913 hier an, um sich die Höhlen von Artà anzusehen, und viele Spanier wünschten sich danach, er hätte aus diesen Höhlen nicht wieder herausgefunden oder er wäre eben in den Höhlen von einem herabstürzenden Stalagtiten erschlagen worden. Ich schaue ins blaue Wasser und überlege, sentimental zu werden, das wäre doch jetzt eine feine Gelegenheit, zumal niemand in der Nähe ist. Für meinen Vater war die Sentimentalität grundsätzlich die Vorstufe zum Faschismus. (Ja, Adorno.) Als kleiner Junge sah er in München an der Prinzregentenstraße, wie die Leute weinten, weil der Führer um den Friedensengel herum- und dann an der Schumannstraße vorbeigefahren kam in seinem Mercedes, und einige Frauen weinten erst, dann sackten sie ein und lagen auf der Straße. *Fick mich, mein Führer,* rief mein Vater einmal, als er die Geschichte erzählte, die ohnmächtigen *Naziweiber von der Prinzregenten,* wo weiter hinten raus auch die ganzen Funktionäre wohnten mit jeweils eigenem Bunker links und rechts, da hatte er mit dem Pfarrer Hütt nun mal auch schon

Wein getrunken im Garten. Und der alte Hütt rief mit rotem Kopf, hoch das Glas: *Ficke er sich selbst, der Führer, nicht wahr.* Dann kam ein Flugzeug. *Rudi, Obacht, Fliegeralarm!*

Die Lehren, die meine Eltern aus den kaputten Ereignissen zogen, die ihre Kindheits- und Jugendtage und das Leben von fünfzig Millionen Menschen zerstört hatten, waren übersichtlich. Aus *Lebenserfahrung* zogen sie folgende Lehren: Gesund ist es, wenn es schmeckt. Genug ist es, wenn man gesättigt ist. Krank ist man, wenn es wehtut.

Und man stirbt, wenn man stirbt, nicht, wenn die Ärzte sagen, dass man stirbt.

Die Telefonzelle

Kommunikation und Alltag in der mittleren Epoche Westdeutschlands: Mein Vater, der furchterregende Golombowski und die Ferkel in der Porxada de Sa Torre

Als ich im Juni 2015 nach drei Jahrzehnten in die Bucht von Canyamel einbiege, habe ich eine einstündige Fahrt in einem Nissan mit Linksdrall hinter mir, den mir am Flughafen Palma de Mallorca die flinke Mitarbeiterin einer Billigautovermietung mit dem Satz »Viel Spaß, Señor« und einem wölfischen Grinsen überlassen hat.

Zum ersten (und letzten) Mal habe ich einen Wagen nicht bei der schicken Münchner Firma Sixt gemietet, schon hat das Auto Linksdrall, die Kofferraumabdeckung liegt mit erschlafften Gummihalterungen auf dem Rücksitz, im Kofferraum selbst befindet sich eine Art Strand, dazu ein Ball mit einem Minion drauf. Dort, wo sonst der Ersatzreifen ist, im Unterboden, liegt eine zerlesene Ausgabe des Bestsellers »Darm mit Charme« von Giulia Enders und eine zerlesene Ausgabe von »Pride and Prejudice« von Jane Austen (das Original, nicht die Übersetzung).

»Alleinerziehende Akademikerin mit Kind«, denke ich.

Da ich schon eine aufregende Auseinandersetzung mit der Fluglinie Air Berlin am Münchner Flughafen hinter mir habe, beschließe ich, dass mir der Zustand des Nissan egal ist, und fahre los, statt wieder zur Autovermietung zurückzulaufen, mich in die Schlange zu stellen und dann darüber zu beschweren, dass Sand im Kofferraum ist. Dies war der Süden, hier war das Abenteuer und Sand und Giulia Enders sind nicht sicherheitsrelevant. Die junge, allein reisende Akademikerin mit Kind, die mit dem Nissan gerne Naturstrände besuchte, an denen sie und ihr kleiner Minionfan nicht duschen konnten, sie hatte die Tage mit dem lustigen roten Auto auch überlebt.

Ich überlegte auf meiner Fahrt Richtung Canyamel, dass der Nissan so etwas werden könnte wie ein Gegenstand der neuen Tourismusforschung. Wenn wir alle etwas von uns in ihm und an ihm zurücklassen, so ließe sich an dem Nissan die Geschichte seiner preisbewussten Mieterinnen und Mieter erzählen. Nach der alleinerziehenden oder immerhin allein reisenden Mutter (womöglich ist sie nicht allein, sondern es gab nur eine Krise mit *Jörg*, sodass sie mit dem Kind mal rausmusste) komme ich, ebenfalls allein reisend, wenn auch zunächst nur kurz und trotz meiner persönlichen Vorgeschichte in eine ansatzweise Objektivität gekleidet, nämlich *als Journalist*, also jahrzehntelang darin geschult, desillusionierende, unangreifbare Texte zu verfassen.

Was ich zurücklassen werde im Nissan nach nur ein paar Tagen? Erinnerungen, so deutlich, als seien es gerahmte Bilder an einer Wand. Dazu das Übliche: Sand und Schweiß und Kiefernnadeln, auch in der Sonne getrocknetes Salzwasser auf dem Fahrersitz, denn so duften Mietwagensommer, nach in siedenden Autos getrocknetem Meerwasser noch feuchter Badeshorts, warm und schwer und mineralisch, wie eine Saline, oder als ob man die Nase in die vertrockneten Algen am Strand schiebt und inhaliert. Es ist der weltweit einzige angenehme Modergeruch: getrocknetes Meerwasser in Mietwagen.

Jede zielführende Psychoanalyse erweckt verschüttete Bilder aus der Vergangenheit zum Leben. Der Patient ist nach Abschluss der Analyse, so es einen Abschluss der Analyse vor seinem Tod geben wird und der Analytiker die Behandlung nicht ein wenig (oder zum Beispiel sehr lange) streckt, entweder mit diesen Bildern *im Reinen* oder eben erst recht nicht. Wenn nicht, macht er, wenn er noch kann und nicht im Baumarkt nach einem Seil und einer Leiter Ausschau hält, die nächste Analyse.

Als ich zum ersten Mal nach vierunddreißig Jahren mit dem roten Nissan, dem Minionball, Giulia Enders und Jane Austen in die Bucht von Canyamel fahre, habe ich keinen Analytiker dabei, sondern ich passiere diese Bilder mit meinem Auto, ich fahre auch auf sie zu. Noch bevor ich in die Bucht abbiege, sehe ich linker Hand den Torre de Canyamel, also den Wehrturm von 1288, den ich oft mit meinem Vater besuchte, um die dort nebenan in der Porxada von einem einzahnigen Spanier mit Augenklappe über dem offenen Feuer um die eigene Achse gedrehten Spanferkel zu verputzen, und zwar in einem Ausmaß, dass in der Finca der Familie Morell extra für meine Familie eine hauseigene Ferkel-Zuchtlinie gegründet und die Feuerstelle vergrößert werden musste. (Alles, was in diesem Buch steht, stimmt.)

Heute drehen sich hier in der Hauptsaison bis zu sechs Ferkel gleichzeitig, denn die Porxada de Sa Torre ist auf Mallorca unter Freunden des robusten Feinschmeckertums eine große Sache geworden, und zwar wesentlich deshalb, weil man hier bis auf die Anzahl der täglich ermordeten Ferkel nie viel verändert hat. Rafael und seine umherwieselnden Kellner sind ein schnurrendes Getriebe, andererseits besucht man sozusagen seine Familie von früher im Stall.

Die Legende besagt, dass der Torre de Canyamel niemals eingenommen wurde. Der Wehrturm ist rund dreißig Meter hoch und von Klarheit und Kraft. Ich gestehe, dass ich auf der Welt keinen schöneren Platz kenne und mich hier im Tal mitunter auf einen Stein setze, den in der Ebene schon von Weitem sichtbaren Turm anschaue, meine Hände dann an seine meterdicken, im Sommer warmen Mauern lege.

Ist der Flusslauf des Torrent de Canyamel in der Bucht ein Paradies für Naturfreunde, so ist die Porxada de Sa Torre im Hinterland ein Paradies für Menschen, die mit Eseln und Ziegen reden und Ferkel essen. Das Restaurant kommt, wie ich, im Sommer 1966 zur Welt, das Restaurant im Juni, ich im August. Von 1967 an werden wir Freunde: In diesem Jahr esse ich mutmaßlich noch kein Spanferkel, sondern hocke, einjährig, mit noch nicht ausgebildeten Rückenmuskeln auf einem Schoß und esse die auch heute noch auf ebendiese Weise zubereiteten Grillkartoffeln, liebevoll zermatscht von meiner Mutter, der ich sogar zutraue, dass sie eskimostyle auch Spanferkel für mich vorkaut und mir den Brei liebevoll *überträgt.* Klar geht es um die frühzeitige Gewöhnung des Jüngsten an Rippen, Hochrippen, Filets, Nacken- und Halsstücke, Gebratenes, Gegrilltes, Gebackenes, durch den Wolf Gedrehtes, Geräuchertes sowie Fein- wie auch Grobmarmoriertes, Hauptsache, all dies ist ausreichend verbrannt und gesalzen. Wenn ich meine Mutter also heute danach frage, ob sie damals *eventuell* Fleisch für mich vorgekaut haben *könnte*, eskimostyle, so schaut sie böse und fragt, ob ich den Verstand verloren hätte. Immerhin fügt sie an: »Allerdings war das Spanferkel im Torre unglaublich gut. Ich kann es jetzt, wo ich dran denke, förmlich schmecken. Schade, dass du damals noch warten musstest, bis auch du es essen konntest, Schätzchen!«

Seit der Eröffnung drehen sich die Ferkel vor den Augen der Restaurantgäste über dem Kiefern- und Buchenholz der Finca, eine barbarische Zurschaustellung tierischen Schicksals, an der ich als Kleinkind zum Entsetzen meiner Mutter ebenso Freude hatte, wie heute meine kleine, liebliche Tochter zum Entsetzen wiederum ihrer Mutter das Todesschauspiel liebt. Als das federzarte Kind zum ersten Mal auf die sich über dem Feuer drehenden Schweinchen schaut, sagt es erst »Oh weia«, dann nach alter Sitte meiner Sippe tonlos »Ich habe Hunger«. Mir kommen die Tränen. Ich umarme sie und sage: »Opa und Oma wären stolz auf dich, mein Engelchen.«

Es hat sich viel verändert in Canyamel und an der Art, wie wir Deutsche Urlaub machen. Und dann wieder so wenig. Ich bin noch gar nicht in Canyamel zurück nach drei Jahrzehnten, noch immer befinde ich mich wenige Autominuten entfernt vom Ortseingang Canyamels, da umarme ich schon den ersten Einheimischen: Ein netter Mann, in meinem Alter und mit ebenso ratlosem Gesicht, stellt sich als der *Wirt vom Torre* vor, der mich in meinen Urlauben von nun an mit Hauswein abfüllen wird. Er heiße Rafael, und seit er denken könne, arbeite er hier, als Kind sei er hier schon herumgelaufen. Ich ernenne ihn auf der Stelle zu meinem »alten Freund«, lasse ihn anlässlich unseres Wiedersehens lange nicht mehr los und fahre dann weiter. Durch den Rückspiegel sehe ich, dass er eine Weile noch meinem Wagen hinterherschaut.

Dann erst fahre ich die paar Minuten weiter die Landstraße entlang und bin schließlich, nach drei Jahrzehnten, zurück in Canyamel. Die Menschen, die im Juni 2015 vor dem Laguna mit Motto-Handtüchern vom Strand kommen und durch die Sonne zurück in den Ort schlurfen, machen sich sofort Sorgen um mich (und sich), nachdem ich den Wagen verlassen habe. In dem Moment, als ich den linken Fuß aus dem Nissan hebe und auf den warmen Teer der Straße stelle, denke ich: *Hier stand mein Vater.* Mit mir. Ich denke, dass er an vielen Orten dieser Welt mit mir stand, und nehme mir vor, nicht jetzt schon wehleidig zu werden, besser erst später, denn ich würde nun noch eine Woche hier verbringen müssen. Dann sehe ich die Telefonzelle. Zwischen dem Laguna und dem angrenzenden kleinen Kiefernwald steht die Zelle, beziehungsweise stand sie hier. Was heute hier steht, ist eine dieser nie genutzten Telefon*hauben,* die aussehen, als würde man mit glatten Haaren jemanden anzuwählen versuchen und nach dem Gespräch mit Locken den Hörer wieder auf die Gabel legen. Wann und wo hat je ein Mensch zuletzt einen Hörer auf eine Gabel gelegt? Wird die Haube noch genutzt? Wirft jemand Geld hinein? Die alte Zelle war der Star unter den Gadgets in Canyamel, sie ermöglichte es, dass man mit Menschen in Düsseldorf, also am anderen Ende der gekrümmten Weltoberfläche, sprechen konnte, mit Menschen, die man einen Tag zuvor noch, bevor man in zehntausend Meter Höhe davongerast war, daheim gesehen hatte, und nun brüllten dicke Frauen 1972 hinter dem Fenster der Zelle: »Irmgard? Hörsse misch? Hömma, wir hatten einen *sehr guten Piloten,* eine Landung wie Butter, es geht uns … Irmgard? Watt is datt dann? Sach ma, datt die Peseten jetz hier so reinrutschen in die Büchs, sind die bekloppt, datt is Betruch, watt?«

Diese Zelle wurde abgeräumt und durch die je neueste Generation von Hauben ersetzt. Aber die Moderne braucht weder Zellen noch Hauben. Wir brauchen keine Orte mehr, an die wir zum Kommunizieren laufen. Wir sind diese Orte.

Ich habe mich in all den Jahren, die ich weg war, an so viel erinnert aus Canyamel, ich habe in diesen (und anderen) Erinnerungen vermutlich so viel verbogen und erfunden und beschönigt und begradigt und überzuckert und dann umgerührt und in dem gut vorgeheizten Ofen meiner Einbildungen vor sich hin backen lassen, dass all das, was war und von dem ich behaupte, dass es sehr sicher so und nicht anders war, genauso gut erfunden sein könnte.

Ich kann seit meiner Rückkehr nach Canyamel vieles verifizieren, ich finde Menschen wieder, die mir das eine bestätigen und das andere nicht. Den öffentlichen Münzfernsprecher neben dem Laguna hingegen hatte ich schlicht vergessen. Kein Psychologe hat ihn während der Jahre meiner Abwesenheit in mir *hervorgerufen* und einen Nervenzusammenbruch provoziert, indem er mir während einer Lebenskrise Bilder von einem Geldschlitz oder von einem Telefon mit Wählscheibe zeigte: »Na, Herr Gorkow, erinnern Sie sich? … Ja! Geil! Weinen Sie! Hier steht die Box mit den Kleenex und wenn die leer ist, ich habe im Keller noch weitere fünfhundert Boxen davon, ich hole sie immer aus der Metro!«

Dies ist bemerkenswert, da nun alleine der Anblick des vor sich hin gammelnden Telefonzellen-Nachfolgers in der Sekunde meiner Rückkehr einen *Strom an Erinnerungen* provoziert: Die Telefonleitung, die immer noch unterm heißen starren Teer vergraben liegt, war die einzige Verbindung aus der die Zeit, das Meer und die Menschen umarmenden Bucht heraus. Jetzt, in diesem Moment, nachdem ich den Nissan verriegelt habe und noch gar nicht zum ersten Mal im Leben an der Rezeption des Laguna stehe und in das Gesicht des Chefrezeptionisten Francisco »Xisco« Pico schaue, jetzt ist das öffentliche Telefon zugleich eine Verbindung zu meinem Vater, habe ich doch als Kind täglich mit ihm erst vor, dann, nach hier und da endloser Wartezeit in einer Schlange vor sich hin siedender, rheinischer Touristen (»Isch werd bekloppt, Elsbett, is datt heiß!«) *in* der Zelle gestanden und ihm dabei zugehört, wie er mit *wem* telefonierte? Mit der *Firma*.

Es gab bis Anfang der 1970er keine Telefone in Canyamel, es gab für die Öffentlichkeit fast nur dieses eine Telefon. Im Laguna selbst konnten sich die Gäste aus einer hoteleigenen Zelle hinaus verbinden lassen, dazu rief die Rezeptionistin des Laguna die Nummer 51 in Capdepera an und verlangte eine *Leitung*, diese wurde in Capdepera zunächst im Fall der Fälle genehmigt, mitunter nämlich ruppigerweise auch *nicht* genehmigt aus unerfindlichen Gründen, dann, wenn sie also genehmigt worden war, wurde sie angewählt, dann schließlich in die Zelle im Laguna verbunden.

Aber wir wohnten nicht im Laguna. Im Laguna wohnten die Schweizer, es war in Schweizer Hand.

Die meisten der in den paar anderen Hotels und Apartmenthäusern, zum Beispiel in Miguels Mi Vaca Y Yo, untergebrachten Urlauber Canyamels, die Kontakt *nach draußen* haben wollten, fanden sich also zwangsläufig vor diesem einzigen öffentlichen Telefon ein, vor dem ich im Juni 2015 mit meiner Tasche stehe und es vor verunsicherten Zeugen anstarre, als sei es ein Kunstwerk, als erwartete ich eine Reaktion von ihm, als sei ausgerechnet hier die Aussicht besonders schön, als sei ich verrückt, gefährlich.

Ich habe in den Jahren, die ich nicht hier war, in der Atacamawüste in Chile gestanden, in Patagonien habe ich aus einem See einen Lachs geangelt, ich bin mit dem Zug durch Indien gefahren und habe dort Prozessionen Hunderttausender beobachtet, die Bärte hatten bis zum Boden und nur ein Tuch trugen, in Rishikesh hat mich eine Kuh angegriffen, der ich schon von Weitem angesehen hatte, dass sie es auf mich abgesehen hat, auf den Azoren lebte ich wochenlang in einem Holzhaus an der Steilküste, das, als ich glücklicherweise abgereist war, mit Hühnerstall, Garten und Garage beim berühmten *Erdbeben von Faial* in den Atlantik rauschte und seither schlicht komplett weg ist, in Vancouver war ich auch fischen, im südchinesischen Guilin verfuhr ich mich mit dem Fahrrad und aß Schlange, in Peking aus Versehen Teile eines in einem Dumpling verarbeiteten Hundes (Beagle), in Downtown Los Angeles rettete mich ein Taxifahrer um ein Uhr nachts aus dem Nichts einer Autobahnzufahrt, aus den wahrhaftigen Slums von Buenos Aires nach einer albernerweise auch noch berauschenden Tangonacht (geht es dümmer?) ebenfalls ein Taxifahrer, dem ich, damit er hielt, schon von draußen Dollars ins Fenster warf. Ich war in Rio, São Paulo, Brasilia und in der argentinischen Pampa, in Anaheim, San Antonio, Denver, Dallas und Phoenix, sämtlichen Teilen von Los Angeles einschließlich Burbank, in New York, meine tapfere Frau habe ich absolut planmäßig und mit Bedacht in Las Vegas geheiratet, alles keine Sache mehr, für keinen. Und weil das alles keine Sache mehr ist, für keinen von uns, keinen Vorstandschef, keinen Busfahrer, niemanden: Keine dieser Reisen, keine dieser Erfahrungen an keinem dieser Orte, die ein Leben in der modernen Reisegesellschaft nun mal mit sich bringt, verstörte mich so nachhaltig, wie mich jetzt gerade, bei meiner Rückkehr auf die als wenig mysteriös beschriebene Insel Mallorca: Der Anblick des öffentlichen Münzfernsprechers im Ferienort Canyamel verstört.

Es waren die Sommer der frühen 70er, als ich mich, jeden Tag einmal, mit meinem Vater aufmachte durch die trockenen Felder, Richtung Laguna und Strand und Wäldchen, »zum Telefon«.

Diese Ausflüge sind aufregend, denn mein Vater *ist* aufregend, und die Zeit, die ich damals mit ihm alleine verbringe und zum Beispiel ohne meine mich zu Recht (zurück-)quälende große Schwester, ist eine besondere Zeit, heute würde man von *quality time* sprechen. Es umgibt den Vater ein Stromfeld, wo er ist, wird es brizzelig, schon von Weitem ist seine schneidend erzählende Stimme zu hören, und ist er nicht zu hören, so erzählt es mir sein mallorquinischer Freund Teo viele Jahrzehnte später, so ist er zu ahnen: »Man hat gespürt, der Papa ist auf dem Weg, gleich ist er da, so wie Vögel ein Gewitter spüren, so hat man den Papa gespürt. Wo er war, war die Mitte.«

Die Guardia Civil der spätfaschistischen, zumal hier auf

der Insel in der Sonne schon ranzig gewordenen Diktatur, die mit ihren windfangartigen Tricornio-Hüten durch den Ort stolzierten wie Chargen aus einem Westend-Musical, sie grüßen ihn, als wäre er der General selbst.

Auf dem rund hundert Meter langen Weg von der Vaca zum Telefon, der für mich das Ausmaß eines Siedlertrecks hat, zeigt mein Vater mir eine der vielen im Gras kreischenden Grillen, die ich immer nur höre und ohne ihn nie zu sehen kriege. In der Schlange vor der Telefonzelle imitiert er Vogelstimmen, um dann, wie die anderen Urlauber, entsetzt in die Kiefernkronen zu schauen. Er lässt mich den schweren, rasselnden Lederbeutel mit der Aufschrift »Canyamel Country Club CCC« tragen, in dem wir tagein, tagaus Peseten sammeln, um *mit Deutschland* telefonieren zu können.

Der Höhepunkt schließlich ist sein Gespräch am Telefonhörer selbst, mit *der Firma* – die für mich ungeheure Ausmaße hat. Wenn *die Firma* nicht läuft, denke ich, werden wir sterben, aber wir werden nicht sterben, denn um *die Firma* kümmert sich mein o-beiniger, muskulöser, fettfreier, ja sehniger, täglich die *Rheinische Post* und die *Frankfurter Allgemeine Zeitung*, wöchentlich die *Zeit* weniger lesender als wie Logbücher *auswertender* und mit Filzstiftkringeln versehender, sekündlich auf Draht seiender Vater: seine Majestät, der Chef.

Die Firma, um die sich täglich alles dreht, auch in den langen Gesprächen zwischen meinem Vater und meiner Mutter selbst im Urlaub (»Kannst du mich nicht *einmal* mit der Firma in Ruhe lassen?« – »*Du* hast doch davon angefangen, dass Cleveland, Ohio, nicht liefert!«), ist die mitteleuropäische Generalvertretung eines Präzisionswerkzeugherstellers aus Cleveland, Ohio, was ja schon nach was klingt, vor allem, wenn man jedes Mal »Cleveland, Ohio« sagt statt einfach nur Cleveland, weil irgendwann schon der eine oder andere begriffen haben müsste, dass Cleveland in Ohio liegt.

Das Büro in Düsseldorf-Heerdt, in das mein Vater von Meerbusch-Büderich aus täglich vier Kilometer weit in seinem schwarzen Citroën DS mit der Geschmeidigkeit eines französischen Weltstars gleitet (Sonnenbrille, Zigarette, die Agfa-Chrome-Kassetten mit Wagner oder Duke Ellington), ist so groß nicht. In meinem kindlichen Verständnis ist sie eine jamesbondartige, halbfuturistische Befehlszentrale. In Wahrheit residiert sie in einem tatsächlich nierenförmigen, nur zweistöckigen Bürogebäude aus den 50ern in einem Flur aus vier oder fünf Zimmern. Die Firma besteht lediglich aus meinem Vater, seinem tapferen, klugen, umsichtigen Angestellten Herrn Schult (der sämtliche unangenehmen Arbeiten zu bewältigen hatte, sodass mein Vater sich um *das Wichtige* kümmern konnte. Heute überlege ich manchmal, ob Herr Schult nicht schlicht *alle Arbeiten* erledigte, um ehrlich zu sein), den beiden Sekretärinnen Frau Tomassek und Frau Schaarschmidt sowie einem alten, schwerhörigen Lageristen, der rechtzeitig, bevor mein Vater *aus Spanien* anzurufen droht, bei Herrn Schult zu hinterlassen hat, was wieder alles fehlt im Lager und dass die *Spiralbohrer* und die *Schlitten* und die *Drillinge* aus Cleveland, Ohio, immer noch nicht eingetroffen seien in den nach Schmieröl duftenden Kartons, weswegen sich der Kunde Peddinghaus aus Neuss schon beschwert hat, dann kaufe er seine Spiralbohrer eben woanders (»Jaaa, Herr Peddinghaus, aber eben nicht zu dieser Qualitäääät!«).

Mein Vater weist in diesen Telefonzellen-Telefonaten, während ich mich strecke und Peseten nachwerfe, Herrn Schult in Düsseldorf-Heerdt darauf hin, dass heute noch ein letztgültiges Telex nach Cleveland, Ohio, rausmuss, außerdem muss ein weiteres Telex raus Richtung Peddinghaus, Neuss, in dem die baldige Lieferung der Spiralbohrer angekündigt wird.

»Grund, Herr Schult: Lieferengpass aus Cleveland, Ohio, wegen, hmm, hoher Nachfrage! Hallo? Herr …? Ja, Herrgott, dann wiederholen Sie das doch bitte! Wieso muss ich Ihnen das eigentlich extra sagen? Wiederholen Sie das bitte, was Sie da stenografiert haben, was der Grund für den Lieferengpass aus Cleveland, Ohio, ist, Herr Schult … Wieso stenografieren *Sie* eigentlich und nicht die Frau Schaarschmidt? Wo ist denn die Frau Schaar… Aha. Ihr wusstet doch, dass ich aus Spanien anrufe! Dann lassen wir es eben!«

Ich bin beeindruckt, wie mein Vater die Sache von Spanien aus im Griff hat. In der heißer werdenden Zelle schaue ich grimmig auf die Gestalten, die draußen warten und durch die Scheibe starren, bis mein Vater fertig ist mit seinen Befehlen. Einem schimpfenden Mann, den ich, während mein Vater Herrn Schult demütigt und die Peseten durch den Apparat klirren, sowieso nicht höre, strecke ich meine Faust entgegen: Hereinspaziert, Komantsche, mein Vater hat schon die Idioten aus Cleveland, Ohio, am Wickel, mit dir wird er auch noch fertig!

Ich höre das arme Quaken des braven Schult in Düsseldorf-Heerdt aus der Muschel und bin fasziniert, dass der nette bärtige Herr an seinem Tisch mit dem Stempelkarussell so weit entfernt, also physisch, herumsitzt und etwas sagt und dass ich es hier in Canyamel *hören kann,* und dies, obwohl ich nicht einmal den Hörer am Ohr habe.

Es fallen ungeheuerliche Namen, die Namen von Prokuristen anderer Firmen, von Kunden, von Bankmenschen, und wie ich bald begreife, sind die meisten von ihnen langsame und begriffsstutzige Menschen. Es sind Menschen, die nicht tun, was mein Vater will, entweder, weil sie es nicht wollen oder weil sie es nicht *können.* Eine gigantische, meinen Vater quälende Ansammlung von Menschen, die *nicht verstehen,* Unbelehrbare, die, je länger ich meinem Vater dabei zuhöre, wie er an ihnen verzweifelt, für mich zu einer eigenen Bevölkerungsgruppe werden, zu einem eigenen Planeten – dem *Planeten der Dummen.*

Mein Vater umklammert den Hörer wie eine Hantel. Er braucht viel Kraft für dieses Gespräch. Wieso tun die Menschen daheim nicht, was er ihnen aufgetragen hat? Würde er heimreisen und nach dem Rechten sehen müssen? Panik in Heerdt: »Nein, Chef, wirklich nicht! Sagt die Frau Schaarschmidt, die jetzt wieder neben mir steht, auch das können wir hier ohne alle Umstände regeln, *da müssen Sie doch nicht Ihren Urlaub unterbrechen, Chef!*«

Mein Vater ist rot. In der Telefonzelle sind siebzig Grad. Er holt eine Zigarette aus der Box in der Brusttasche seines blauen Sommerhemdes mit den weißen Streifen, zündet sie an, inhaliert, stößt den Rauch aus der Nase hinein in die Hitze der Zelle.

Faulheit und Dummheit, erklärt mein Vater, hätten Hitler an die Macht gebracht. Keineswegs sei es so gewesen, dass die Deutschen eine ursprünglich hasserfüllte Nation gewesen seien. Auch wer das behaupte, verfolge die Rassentheorie und glaube an die *Vererbung durch das Blut.* Aber wehleidig und aus *eigener Verantwortung dumm,* da kleingärtnerisch, das waren sie, die Deutschen, das waren sie schon vor Hitler, natürlich, und sie seien es immer noch, man müsse sich nur die dummen Gesichter vor der Telefonzelle anschauen und die *ständige Angst der Leute, zu kurz zu kommen, diese Wehleidigkeit.* Wenn es mal eng werde im Land oder wenn sie auch nur glauben, dass es eng werde im Land, in dem es im Grunde nie eng werde, nur *in der Rübe* werde es schnell eng, sonst nirgendwo, da packe den Deutschen die Angst, diese würge dann an ihm und in ihm, es sei wesentlich diese alte Angst: im Wald überfallen zu werden. Sie riegeln dann alles ab, die Deutschen, ihre Kutschen, Burgen, Kammern und Katen, und dann suchen sie einen Schuldigen, den sie verdreschen oder eben vergasen und dann verbrennen können.

Er hielt große Stücke auf die damals schon in den Werken von Alwin Toffler und anderen Zukunftsforschern in die Gegenwart linsende Globalisierung, außerdem auf die *Europäische Gemeinschaft.* Je mehr Welt in Deutschland, desto weniger Deutschland in der Welt – das sei immer gut, von den deutschen Exportprodukten abgesehen, von denen könne es nicht genug geben in der Welt. Fazit: Export von Sachen: ja. Export von Ideologien: nein.

So und nicht anders sei es gut bei einem zu Sentimentalität und Faschismus (ein kurzer Weg von A nach B, vergiss das nie, Junge) neigenden, sentimentalen, kleingärtnerischen, gefährlichen *Waldvolk.* Da für ihn das Große im Kleinen aufschien, auch jetzt, in der Telefonzelle von Canyamel, machte er keine halben Sachen, es galt in jeder Sekunde auf der Hut zu sein, jetzt gerade ging es *eigentlich* nur um die Firma, aber hatte er nicht selbst in fünf Jahren Russland erlebt, wie Phlegma *grundsätzlich* endet? Draußen die bösen Gesichter der Landsleute, die auch anrufen wollen, der Chor. Drinnen mein Vater und ich.

»Herr Schult, zum letzten Mal: Teilen Sie Golombowski mit, dass meine Geduld am Ende ist … Aha … Aha … Hat Golombowski das gesagt? Was sagt denn Geibisch dazu? Haben Sie das bei John Stiefel in Cleveland, Ohio, nachgeprüft? Ich glaube, dass Stiefel das nicht bestätigen würde und Golombowski sich das ausgedacht hat, weil ihm in der Schnelle keine andere Begründung eingefallen ist! Bitte? … Aha. Wieso hat Geibisch die Zahlen dann nicht an Sie und Golombowski getelext, sondern an den Herrn Stecher in Löffingen? Kein Wunder, dass ich nichts von Golombowski gehört habe bis zu *meinem Abflug nach Palma.* Sie haben sicher kein Telex von Geibisch bekommen? Schauen Sie bitte noch mal in die Ablage, Herr Schult! Natürlich *jetzt*! Glauben Sie, ich stelle mich wieder ans Ende der Schlange und rufe noch mal an? Und rufen Sie Stiefel in Cleveland, Ohio, an! Von diesem Rabatt war nie die Rede. Geibisch ist eh ein Idiot … Wie entwickelt sich die Sache mit der Firma Knurrhahn in Höxter? Bitte? … Wieso das denn? … Gleich bin ich weg, ja? Haben Sie mit Rehfuß von Knurrhahn gesprochen? Reh*bein*? … Aber drum hatte ich Ihnen gesagt, dass Sie Rehbein den Rabatt anbieten. Höre ich dahinten die Frau Schaarschmidt, ja? Was quakt jetzt die Frau Schaarschm… Aha. Gleich bin ich weg.«

Ich sehe während meiner teils langen Aufenthalte in Canyamel in den Jahren 2015 und 2016 nicht ein einziges Mal einen Menschen von dem *öffentlichen Fernsprecher* aus telefonieren. Menschen, die den Fernsprecher heute benutzen würden, müssten in anderer Not sein: Ihr Smartphone liegt im Pool, sie haben kein Hotelzimmer, und sie sehen dazu noch derart furchterregend aus, also noch furchterregender als fast nackte, mit Förmchen und Farben und Monstern volltätowierte Touristen ohnehin mitunter aussehen, dass sie von keinem Hotel aus und von keinem anderen Smartphone um Hilfe rufen können. Niemand leiht ihnen für ein paar Minuten sein Smartphone, denen nicht.

Mein Vater brauchte das Telefon, wie mir heute klar ist, um sich selbst zu vergewissern, dass er *auf Draht ist* und *lebt.* Seine Anweisungen nach Deutschland waren insofern überflüssig, als dass der fleißige Schult eh wusste, was zu tun war. Auch *seine, Schults* Geduld mit Golombowski war zu Ende, er hatte John Stiefel in Cleveland, Ohio, wirklich nicht erreicht, er wusste, dass Geibisch der dümmste Mensch von Nordrhein-Westfalen ist, er wusste sogar, dass der Prokurist nicht Rehfuß hieß, sondern Rehbein.

Womöglich bin ich meinem Vater als Kind nie näher als zu exakt zwei Gelegenheiten. Sie spielen beide in der Bucht von Canyamel und sie würden beide heute nicht mehr stattfinden können, kein Kind wird das mehr mit seinem Vater erleben. Andere schöne Sachen können Kinder heute mit ihren Vätern erleben, aber diese beiden eben nicht. Da ist die Telefonzelle, in der ich mit meinem Vater zu *einem* Chef verschmolz, hier, auf einem heißen, balearischen Quadratmeter, wurden wir *eine Instanz,* und diese Instanz hatte in Deutschland nach dem Rechten zu sehen. Die andere Gelegenheit: Immer wieder schwammen wir gemeinsam, und zwar schon, als ich noch gar nicht schwimmen konnte. Ich lag auf dem Rücken meines Vaters, umklammerte seine Schultern. Zunächst ging es vom Strand aus eine Weile geradeaus Richtung Tunesien, dann machten wir eine scharfe Linkskurve und kurz vor den Höhlen von Artà bogen wir ab in Richtung der kleinen Anlegestelle, an der bis heute das Ausflugsboot *Coral Boat* von und nach Cala Ratjada haltmacht. Das gleichmäßige Atmen des Schwimmers, die kräftige Schulter des Mannes, das Türkis des Wassers, in dem sich weit unten, in einer anderen Welt als der unseren, weiß der Sand riffelte; der Duft aus Zitrone und Leder seines Dunhill-Parfüms aus der kleinen gelben Flasche verschwamm mit dem Salz des Meeres und am Nachmittag, wenn die Sonne lange genug das Harz der Kiefern erweicht hatte, drehten sich die Moleküle in den Honigduft des braun aus den Kiefern quellenden Harzes, denn diese Kiefern beugten sich aus den Felsen des Cap Vermell heraus über das Blau des Wassers, durch das wir unter ihnen hindurchschwammen.

Ich war vier Jahre alt und kannte Begriffe wie Freiheit, Geborgenheit, Schönheit und Liebe nicht, aber als ich diese Begriffe kennenlernte, wusste ich, zu welcher Geschichte sie gehörten.

Ich trat diese Reise pro Urlaub mehrfach an, mein Vater legte ab, ich hing auf seinem Rücken und laberte ihn voll, und als wir uns den Felsen näherten, kreischte ich, während ich hier und da etwas Wasser schluckte: »Komantschen! Sie blbblb zielen auf uns! Wo bleibt Winnetou, hat unser roter Bruder uns blblblb verraten?«, und diesmal, da wir schon eine Weile *auf hoher See* waren und die Anlegestelle langsam sichtbar wurde, hörte ich meinen Vater, unterteilt in zwei Atemstöße gegen das Wasser sprechen: »Jetzt halt mal die Klappe.« Wir klammerten uns am Schiffstau der Anlegestelle fest, dann ging es zurück, ich versprach ihm, nicht mehr zu reden, und fragte ihn (und vor allem mich), warum ich nicht mehr reden sollte, da es doch eigentlich interessant war, was ich erzählte.

Mit seiner nun still, verliebt und stolz in die Bucht schauenden Fracht auf dem Rücken schwamm er an den Strand zurück, an dem seine Frau mit einer Zigarette und einem Campari auf ihn wartete und mit einem Handtuch auf mich.

Hier nun beginnt das Wunder von Zeit und Veränderung hell zu leuchten, denn sonderbarerweise wurden Väter, die mit ihren ohne Schwimmflügel ausgestatteten Kleinkindern auf dem Rücken eine Stunde lang weit hinaus und durch die Bucht schwammen, bei der Rückkehr nicht von ihren vor Hass und Panik weinenden Frauen verprügelt, noch filmten andere Strandbesucher den lebensmüden Wahnsinn, noch gab es damals den aufmerksamen Bademeister der Gemeinde Capdepera, der aussieht wie Vin Diesel und sogar Urlauber, die ohne Kinderfracht über die Markierungsbojen hinaus schwimmen, mit einer Trillerpfeife zur Umkehr bewegt und sie dann in den Sand rammt.

Meine Mutter war dankbar, dass sie eine Stunde lang ihre Ruhe hatte. So konnte sie auf ihrem Handtuch mit Urlaubsfreunden oder Teo oder seiner Frau María oder meiner pubertierenden, ihr von The Sweet vorschwärmenden Schwester herumschwatzen. Oder, noch besser, sie musste mit niemandem reden, stattdessen tauchte sie mit ihrem Campari in einen würdigen, leicht flirrenden, nachmittäglichen Sommerrausch ab, bis Boot und Kapitän zurück waren. Klar ist, würde ich die Tour heute mit meiner kleinen Tochter auf dem Rücken unternehmen, wäre der Urlaub beendet. Noch vor meiner Rückkehr an den Strand mit einem (noch) glücklichen Kind wäre ich *in Deutschland* erledigt. Die Filme, die andere Urlauber gemacht hätten, wie meine Tochter und ich von Vin Diesel auf hoher See ins Rettungsboot geworfen werden, sie befänden sich schon auf meinem Smartphone, bevor ich mit einer schwarzen Wolke über meinem nassen Kopf wieder anlandete.

Wo beginnt Sicherheit, wo endet Freiheit? Gurt anlegen, Helm aufsetzen, Seil spannen, das Kind am Strand mit GPS, Sicherheitsweste, Kinderbecken mit Stahlzaun und Sonderbewachung; im Übrigen gilt für die Mama, den Papa in einer runden, aromatischen, gut abgehangenen Westwelt, die nun gerade vom Baum fällt wie eine vergorene, an sich selbst müde gewordene, *total fertige* Orange auf die Ladenstraße von Canyamel: nicht trinken, nicht rauchen, kein Fleisch, kein Fisch, nicht verkeimen, nicht verarschen lassen vom Veranstalter.

Misstrauisch stapft der Mensch durch Städte und Feriengebiete. Er baut in Weiß und sichert, was zu sichern ist. Krieg und Hunger klopfen von draußen an, das Meer kommt auch hier an Land, aber Krieg und Hunger sind doch eine Erzählung von früher, oder etwa nicht? Angst. Hätte mein leider kettenrauchender, nie kranker Vater (es gab in allen Jahren nicht die Andeutung eines Schnupfens) auf See einen Infarkt bekommen, wir wären ersoffen wie Hund und Hündchen. Dass sich die Frage nicht stellte, könnte daran liegen, dass meine Eltern zuvor andere Sachen überlebt hatten als eine kleine Wasserreise durchs Mittelmeer mit einem Kind auf dem Rücken. Meine Mutter hatte schon lange keinen Vater mehr, mein Vater war mit dreiundzwanzig Jahren so gut wie tot nach München zurückgekommen nach den Jahren in Russland. »Mach dir eine schöne Zeit, Junge, denn viel davon hast du nicht mehr«, sagte der Arzt am Münchner Hauptbahnhof, der ihn und die anderen *Jungen,* die zurückkamen aus Gefangenschaft in einem makabren Transport, untersucht hatte. Es ist vermessen und pathetisch im englischen Sinne von *erbärmlich* anzunehmen, dass er keinen Schnupfen mehr bekam, *weil* er in Russland *Sand gefressen hatte* (und, wie Millionen andere seiner Generation im Krieg auch, Rinde, Sträucher und gegrillte Ratten). Aber was das Paradies ist, wusste er, nämlich das Gegenteil. Das Paradies war Canyamel, Mallorca. Und das hier, der Ausflug durch das Meer, mit seinem Kind auf dem Rücken, das war kein Urlaub, sondern es war das Ziel von allem: Dies war das Leben. Dies war die Weite, das Blau, dies waren die Felsen der Bucht, die sich wie Arme rechts und links um uns legten.

Ich wusste nicht, dass man das Freiheit nennt, dazu war ich zu klein. Er wusste es sicher und heute denke ich, dass er auch wusste, dass ich mich eines Tages an diese Ausflüge über das Meer erinnern würde, alleine mit ihm.

Keine Angst, Junge.

Teo

Ich treffe den alten Freund meines Vaters wieder,
wir bleiben beide cool, ich erinnere mich daran,
wie er wilde Kaninchen mit dem Auto erlegte

Nach vierunddreißig Jahren mache ich im Juni 2015 den besten und für meine Familie legendären Urlaubsfreund meines Vaters, Teo aus Artà, nicht nur ausfindig, sondern ich treffe ihn auch wieder. Er war damals so alt wie ich jetzt gerade.

In Canyamel, als ich mit Juan auf dem Sand vor dem Chiringuito stand und wir eine Weile nichts sagten, fragte ich Juan, ob er eine Ahnung hätte, was aus Teo geworden wäre. Immerhin hätten Teo und María in diesem Strandcafé von Juan und seinem Vater Tomeu eine Weile gearbeitet vor langer Zeit, wie ja immer der oder die eine hier auf der Insel bei der oder dem anderen gearbeitet hat, gerade arbeitet oder noch arbeiten wird. Es gibt eine immense Arbeitslosigkeit in Spanien, aber ich kenne keinen Spanier, der nicht arbeitet.

Natürlich hat Juan eine Ahnung, was aus Teo geworden ist, denn wie hier die eine oder der andere bei diesem oder jenem gerade arbeitet (etwas ausbessert, jemanden ersetzt, ein

Klo repariert, einen neuen Grill einbaut, streicht, spachtelt und leimt) – so weiß hier auch jeder zu jeder Sekunde, was aus der oder dem anderen gerade wird oder geworden ist.

Teo?

Juan schaut ausdruckslos auf das Meer: »Er sitzt jeden Tag in Artà im Café Trial und frühstückt mit seinen Freunden.«

Das Trial ist eine Art Wohnstube für einheimische Rentner und ein paar Handwerker und Sozialisten aus der Kooperative um die Ecke. Wenn man hier als Deutscher ein Bier trinkt, trifft man nie im Leben Landsleute, die Gäste des Trial sehen aus, als hätten sie die Stadtgrenze von Artà noch nie verlassen, sie trinken Bier, rauchen und husten. Touristen, die in Artà vor den Schaufenstern der Immobilienbüros stehen, auf Traumhäuser starren und sich dabei verträumt am Po kratzen, finden hier nicht hin. Die Carretera Santa Margarita liegt etwas abseits.

Gleichwohl geriet das Trial 2014 in die spanischen Hauptnachrichten und auf die Titel der großen überregionalen Blätter. Teo, erfahre ich, hatte daheim eine Coca Mallorquina zubereitet und sie am exakt 14. Februar 2014 mit zu seinen Freunden ins Trial gebracht. Bei der Coca Mallorquina handelt es sich laut des alten Polyglott-Reiseführers meiner Eltern um ein »schmackhaftes und erfrischendes Gemüsegericht«, ähnlich der Pizza. Kochen konnte Teo immer schon ausgezeichnet, und in diesem Fall hatte er gemeinsam mit einem Kumpel in weit mehr als ausreichender Menge Cannabis unter das Gemüse gemischt, um der Sache zusätzlich Pfiff zu verleihen.

Die »Cannabis-Rentner von Artà« sind seither ein eingetragener Begriff in Spanien. Etliche der steinalten Gäste mussten ärztlich versorgt werden, sie umarmten Bäume, verwechselten ihre Frauen mit Ziegen und sprachen daheim mit Möbeln, die sie für lange verstorbene Verwandte hielten, zwei mussten mit Blaulicht nach Manacor ins Krankenhaus gebracht werden. Teo beteuerte vor Gericht in wenigen, unbeeindruckten Worten, dass Cannabis Schmerzen lindere. Jeder Mensch über achtzig hat Schmerzen. Sämtliche seiner Freunde sind über achtzig. Er ist kein Hippie, er ist ein Problemlöser. In Spanien befeuerte der Vorfall aus dem kleinen Trial die Debatte über die Legalisierung von Cannabis. Teo zahlte 700 Euro Strafe und sagte, alle sollten ihn mal am Arsch lecken.

Ich beschließe, dass ich Teo wiedertreffen muss und dass ich ihn, so mir das gelingt, nicht auf die Geschichte ansprechen werde: Was gäbe es da zu fragen? In dieser Sache, finde ich, können ihn wirklich mal alle am Arsch lecken.

An Juans linker Hand ist sein Smartphone festgewachsen, er hat es immer in der Handinnenfläche liegen, es ist sein Funkgerät. Er wischt rum, hält das riesige Smartphone an sein riesiges Ohr, macht große Augen und dröhnt dann los: »Sssssíííííííííí!« Und so weiter. Dann wieder rumwischen, riesiges Smartphone, riesiges Ohr, Zigarre ausdrücken, Krawatte glatt streichen, rumdröhnen.

Ich verstehe die Namen Patricia und Teo und María. Er winkt die Kellnerin herbei, fordert einen Zettel und einen Kugelschreiber, wischt, dröhnt, schließlich schreibt er eine Nummer auf einen Zettel: »*Mira!* Das ist die Nummer von Patricia.«

Meine Freundin vom Strand, die Freundin meiner Schwester. Ich schaue auf die Nummer. Die kleine Patricia. Sie hat uns mal in der Einflugschneise besucht, irgendwann in den frühen 70ern. Sie wurde von Teo und María in Palma in die Iberia gesetzt, flog über unser Haus, landete hinten in Düsseldorf-Lohausen, hörte eine Woche lang mit meiner Schwester The Sweet und flog dann mit der Iberia wieder zurück. Jeden Abend blieb sie zur Verzweiflung meiner Mutter bis Mitternacht auf, weil das so üblich war bei ihr daheim in Canyamel. Ich lag im Bett und verfolgte ratlos, wie meine Mutter, während meine Schwester sich nun ebenfalls weigerte, ins Bett zu gehen, auf Patricia einredete, die den stoisch lächelnden Stolz ihres Vaters geerbt hatte: »Kind, du musst jetzt schlafen!« Das Lächeln des mallorquinischen Mädchens, die total klare und schöne Antwort: »Nein, liebe Tante Anneliese, später, okay?«

»Was wird sie sagen, wenn ich sie jetzt anrufe, Juan? Wird sie sich erinnern?«

»Ruf sie an!«, knurrt er. »Und wenn sie sich nicht erinnert, was hast du verloren?«

»Hat sie diesen stoischen Stolz ihres Vaters?«

»Ich glaube schon. Ruf sie an. Wenn sie einfach auflegt, hast du Pech gehabt. Dann trinken wir noch einen *Dalwhinnie,* und alles ist gut.«

»Nein, Juan, dann ist im Grunde genommen nicht alles gut.«

»Ruf sie an.«

Es ist später Abend, ich laufe auf das Meer und den Mond zu, klappe eine der hochgestellten Strandliegen herunter, setze mich auf die Kante, wähle die Nummer.

»Síííí?«

»Patricia?«

»Síííí?«

»Hier ist Alexander aus Düsseldorf. Kannst du dich erinnern?«

(Keine gute Eröffnung, denke ich. *Hier ist Alexander aus*

Düsseldorf, das klingt nach einer miserablen Liebesnacht mit einem dümmlichen Urlauber, vor langer Zeit, sagen wir 1980. Und jetzt meldet er sich wieder? Oh. Oh. Oh.)

»Äh, nein. Ich …«

»Störe ich, äh, gerade?«

»Ja. Nein. … *Wer* ist da?«

»Erinnerst du dich an Rudi, Anneliese und an Katja?«

Sie sagt nichts. Ich schaue auf die aus der Dunkelheit anrollenden Wellen, Schaum, Schaumteppich, Sand, neue Welle. Hat sie aufgelegt?

»Patricia?«

»Mein Gott. Rudi …?«

»Ja, also hallo Patricia. Tut mir leid.«

»Mein Gott.«

»Du erinnerst dich, ja? Im Grunde wollte ich nämlich nicht stören …«

»Wie geht es Katja? Leben deine Eltern? Wie geht es ihnen? Bist du hier?«

Wir verabreden uns an einem der kommenden Tage an einem Kreisverkehr vor Artà. Sie sitzt in einem Audi und ist die Patricia von 1972 im Körper nicht eines Mädchens, sondern einer Frau. Sie hat riesige Söhne, seit Ewigkeiten erwachsen, der eine beim Militär, ihr Mann leitet das Chiringuito in Cala Torta und mein kleiner Freund Pedro arbeitet in einem Hotel in Cala Ratjada.

»Alles gut?«, frage ich durchs Autofenster. »Alles gut«, sagt sie: »Komm, wir fahren zu meinen Eltern. Teo weiß, dass du kommst. Er ist etwas nervös.«

Der junge, rund dreißigjährige Teo war ein nicht übermäßig hastiger Mann aus Artà, der sich wie alle Lebewesen auf

Mallorca, also auch die Fische, Vögel, Bienen, Ziegen und Spanferkel, ab den 60er-Jahren und also seit der grundsätzlichen Eroberung der Insel durch *uns,* auf Dienstleistungen aller Art spezialisiert hatte. Teo zur Seite stand seine engelsgleiche blonde Frau María. Teo hatte Koteletten wie Briketts, einen Schnurrbart, der in langen Bahnen rechts und links seiner großen, breiten Lippen bis zum Hals hinunterlief, und schon früh schütteres Haar, das er wachsen ließ und sich morgens als schwarze Seidendecke über den Kopf legte.

Wie alle einheimischen Dienstleister, so trugen auch Teo und María leichte, aber lange Kleidung in gedeckten Farben und nichts, wo »Camp David«, »Diesel« oder »Urban Warrior« draufgestanden hätte. Ausschließlich weil es heiß war und er nicht ersticken durfte, nicht, um seine fantastischen Brusthaare vorzuführen, musste Teo sein fein gestreiftes Anzughemd vom mächtigen Kragen an abwärts bis zum Zwerchfell aufknöpfen. María erledigte alle Arbeiten schneller als Teo, einige sagen, dass sie *überhaupt alle Arbeiten* erledigte, sie war womöglich in Teos Ehe das, was Herr Schult in der Firma meines Vaters war: tapfer, in der zweiten Reihe. Allerdings war Teos Gravitas »eine Schau«, wie mein Vater bewunderte, der Teo sehr verehrte, womöglich auf nahezu transzendentale Art und Weise sogar liebte. Gebannt verfolgten wir Teos elegisch ausgeführte Bewegungen und Tätigkeiten, auch dann, wenn er nur in seinen Ford stieg, den Motor anließ, als Abschiedsgruß den Zeigefinger kurz anhob, um dann davonzugleiten und *etwas zu besorgen.* Meine Mutter klagte hier und da, einen Cortado bestelle sie eher bei María, denn wenn sie ihn bei Teo bestelle, könne sie noch nach Cala Ratjada fahren, sich ein Kleid kaufen, zurückkommen, und dann bringe Teo auch schon den Cortado. Aber es war eben die Art, *wie* er ihn brachte, mit einem Gesicht, als habe er eben jemanden erschossen, und leiernd fragte er meine Mutter dann nach dem Verbleib meines nicht nur von ihr, sondern eben auch von ihm vermissten Vaters, den er seit einer halben Stunde nicht mehr gesehen hatte: »Anneliessse – wooo isse där Rudi? Siesta?«

Es gibt unterschiedliche Angaben darüber, wie viele wilde Kaninchen auf Mallorca existieren, aber es sind immer schon viele gewesen und es wären noch bedeutend mehr, wenn Teo die Bestände auf seinen vielen Wegen zwischen Canyamel, Artà und Palma nicht dezimiert hätte, mitunter unabsichtlich, aber meistens eben absichtlich. Wenn man Nahrung nicht auf Feldern und in Wäldern jagen muss, sondern sich Tiere selbst als Nahrung anbieten, so ist es den Nachfahren hungernder Insulaner nicht klarzumachen, dass man die Nahrung wieder abhauen lässt. Ein Kaninchen, das wieder abhaut, ist ein Misserfolg. Zwei Kaninchen, die abhauen, sind ein schlechter Tag.

Rumpel.

»Ein Kaninchen?«, fragte meine Schwester routiniert.

»Sí.«

»Hurra, lecker! Wie letztes Jahr, als wir angekommen sind!«, rief ich. Ich war sechs und hatte Hunger. »Ich habe Hunger«, rief ich, »ich hole das Kaninchen!«

»Rudi, du kommst mit? Anneliessse und niños bleiben in Auto, okay? Nicht raus auf der Straße.«

»*Die* Straße, Teo«, rief ich vergnügt. Teo schaute mich kurz an und nuschelte dann etwas auf Mallorquín, so konnten wir es nicht verstehen. Durch das verstaubte Rückfenster sahen wir, wie die beiden ein wenig gingen, langsam, mein Vater hatte sich Teos *lifestyle* angepasst, er war jetzt genauso langsam, denn hier war Teo der Chef, und als Teo sich auf halbem Wege an den Rand stellte und seine Hose öffnete, stellte mein Vater sich daneben und öffnete auch seine Hose, sodass zwei strahlende Bögen zu sehen waren.

»Die machen Pipi«, sagte ich.

Meine Mutter rauchte auf dem Beifahrersitz. Dann: »Müsst ihr auch?«

»Nein.«

»Du also auch nicht?«, fragte sie mich.

»Ich glaube nicht.«

»Was heißt *du glaubst?*«

»Ich muss nicht.«

»Wir halten nicht noch mal.«

»Was?«

»Bitte heißt das, nicht was!«

»Bitte?«

»Wir halten nicht noch mal.«

»Warum?«

»Wir halten nicht noch mal, damit du Pipi machen kannst. Hörst du mir zu?«

»Ja.«

»Du musst also nicht?«

»Was?«

»Musst du mal?«

»Nein.«

»Du bist so bescheuert«, sagte meine Schwester, »ich schwöre, du musst und sagst es nicht.«

Als sie beide ihre Hosen wieder verschlossen hatten dahinten, die Straße rauf, klopfte Teo auf seine Brusttasche, holte Zigaretten raus, mein Vater nahm sich auch eine, die beiden steckten die Zigaretten an, sodass endlich wieder alle rauchten, die beiden Männer draußen im Geröll und meine Mutter hier im Auto. Lange war es still, dann und wann wimmerten Lastwagen an unserem Ford vorbei den Berg hoch. Es wurde viel gebaut auf der Insel, oh ja. Dann erst machten sich die beiden Männer auf den Weg, bis wir sie durch das eh verstaubte Heckfenster nur noch undeutlich sahen. Schließlich bückte sich der schemenhafte Teo, hob etwas langes Beiges hoch, dann kamen beide zurück, und je näher sie kamen, desto sichtbarer wurde das Kaninchen, das Teo an den Hinterläufen trug.

»Ihr bleibt im Auto«, sagte meine Mutter.

Meine Schwester und ich zappelten durch den Wagen. Ein Kaninchen, ein Kaninchen, wie klein es ist, das wird nicht reichen, Teo muss noch eins überfahren!

Teo musste die Kaninchen exakt so erwischen, dass mit ihnen noch etwas anzufangen war. Noch frustrierender als ein entwischtes Kaninchen war eines, das man nicht mehr essen konnte, weil es nur noch ein Brei aus Fell, Knochen und Organen war. Man musste sie so erwischen, dass sie einen Kinnhaken bekamen und dann durch die Luft flogen. Dann musste man sie finden. Lagen sie nicht im Geröll, sondern auf den damals noch schmalen Straßen, musste man sie finden, bevor andere Autos, zum Beispiel die Lastwagen mit dem Zement für die neuen Hotelbaustellen oder die Reisebusse, sie endgültig zermalmten.

Teo hat das Kaninchen in Canyamel aus dem Kofferraum geholt, er hat es langsam in die Küche der Vaca getragen, gehäutet, es gewaschen. Da wir auf dem Weg von Palma nach Canyamel eine weitere Pause eingelegt hatten (ich musste mal), war das Kaninchen länger im Kofferraum gelegen als geplant. Also hat Teo an ihm gerochen und dann geknurrt: »Gut.« Teo würde heute von anderen Hotelgästen fotografiert werden, die Bilder stünden Minuten später auf Instagram, möglicherweise, nein, sicher würde er in einem Hotelbewertungsportal denunziert werden.

Im Sommer des Jahres 2015 sitzt Teo neben seiner immer noch so schönen hellhäutigen blonden María im Garten. Ein Häuschen im Hinterland, im Dreieck zwischen Canyamel, Son Servera und Artà. Mandelbäume, Olivenbäume, Zitronenbäume, irgendeine Bewässerungsanlage rülpst alle paar Minuten automatisch los. Das sind Geräusche, die Bewohner nicht mehr hören, nur Gäste hören so etwas, und ich denke: Die hat er selbst eingebaut, und zwar vor langer Zeit, und ganz langsam und gründlich.

Er erwartet mich und sitzt aufrecht da. Jeanshemd, kurze Hose, ein Gehstock, mächtiger Bauch, endgültig keine Haare mehr auf dem Kopf, aber noch die beiden Schnurrbartlandebahnen. Wie man alt werden kann: Der Rahmen dieses Menschen hat sich verändert, aber das Bild in der Mitte, sein Gesicht mit den wissenden, durchtriebenen Augen, ist halt sein Gesicht. Wäre ich ihm in Artà in seinem Stammcafé (beziehungsweise in seinem »Coffee Shop«) begegnet, ich hätte ihn erst nicht beachtet. Dann hätte ich ihn sofort wiedererkannt. Er kann sich nicht gut bewegen, bleibt sitzen, umklammert den Stock, letztes Jahr war etwas, womöglich ein Schlaganfall, er war in Manacor im Krankenhaus. Schon als ich parkte vor dem Garten, schaute er aufgeregt in Richtung meines behämmerten Nissan, versuchte, mich durch die spiegelnde Windschutzscheibe des Wagens zu erkennen, linste herum und schob den Kopf hin und her, um mich zu *kriegen*, unruhig ging der Blick, und wenn es irgendetwas in all den Jahren früher nie gegeben hatte an ihm und um ihn herum, war es ja genau das gewesen: Aufregung, Unruhe.

Wir sitzen da knapp neunzig Minuten und ich denke nachher, dass das normalerweise die Länge eines guten, nicht zu langen Konzerts ist. María eilt hin und her, holt Bier, eine Muschelschale zum Reinaschen, neues Bier, leert wieder die Muschelschale. Patricia sitzt neben ihrem Vater und hält seine Hand. Teo sagt, ich soll ihm Bilder zeigen von meinen Kindern, ich zeige ihm Bilder von meinen Kindern. Als er meine erwachsenen Söhne sieht, knurrt er »hombre«, als er meine kleine Tochter und meine Frau sieht, zoomt er auf dem iPhone (Profi, offenbar) flink das Bild größer und betrachtet es lange, nuschelt »hmmm« und »linnnnnda«. Dann gibt er mir das Smartphone zurück und hat feuchte Augen.

Patricia streicht ihm über die Hand und sagt robust etwas Mallorquinisches, er entgegnet etwas noch Mallorquinischeres, offenbar geht es darum, sich zusammenzureißen. Er fragt nicht: »Wieso meldet ihr euch eigentlich nicht drei Jahrzehnte lang?« Wäre das nicht eine beschämend naheliegende Frage? Plötzlich sagt er stattdessen: »Rudi! Sein blaues Hemd mit den weißen Streifen.« Pause. Er schaut. Dann: »Papa tot?«

So geht das Gespräch. Ein paar Bilder aus der Vergangenheit, dazu je ein paar Sätze, zwischendurch verlangt er nach meiner Hand, um draufzuhauen. Ich denke, dass er deswegen so cool ist und immer schon war, weil er sich auf Wesentliches konzentriert, also auf die wesentlichen Fragen, aber ebenso wesentlichen Beobachtungen. Ich bin erstaunt, dass er sich an das auf zig Urlaubsfotos dokumentierte Lieblingshemd meines Vaters erinnert, und zwar an das aus den Jahren 1967 f. und nicht an das von 1981. Wie ist das möglich? Es sind seit damals fast fünf Jahrzehnte vergangen. Mein exzessiv reinlicher Vater wird mehrere Hemden dieses Modells dabeigehabt haben *müssen*, denn er trägt es auf wirklich sehr vielen Fotos, eigentlich auf allen. Tagsüber das blaue mit den weißen Streifen, abends in der Bar zum Anzug: das weiße.

Es gibt Wichtigeres als Kleidung. Aber es gibt auch Wichtigeres als Essen und Trinken. Nämlich zunächst mal weiteratmen. Mein Vater hat die Auswahl seiner Kleidung mit leisem, beharrlichem Ernst verfolgt. Betraten er und meine Mutter die Boutique Ritterskamp nahe der Düsseldorfer Königsallee, eilte der Chef (»Herr Gorkow, ich bin eeeeben aus Paris zurück!«) sogleich mit dem großen Aschenbecher herbei und während mein Vater erst in die Ferré-Hemden hineinrauchte und dann in die Missoni-Kleider, sagte er: »Draußen spazieren Männer herum, Herr Ritterskamp, in kurzen Hosen.«

»Och, ach, och … Herr Gorkow!«

»Bitte?«

»Och, ach … maaanche Männer können das schon auch mal tragen im Sommer, oder? Je nach Wade halt, oder? Nein? … Achtung, Herr Gorkow, Asche!«

Er aschte ab, dann: »Wenn Sie das auch finden, Herr Ritterskamp, dann ist es halt wohl jetzt so. Eine neue Zeit.« So wichtig nahm er das. Und weil er es so wichtig nahm, erinnert sich Teo an sein blaues Hemd mit den weißen Streifen. Knapp. Gut gemacht, Teo. Unsere Zeit ist nicht besser oder schlechter als seine. Aber unsere Zeit wäre halt nicht die seine gewesen. Von Bewertungsportalen und dergleichen ist er verschont geblieben. Teo würde heute nach nur einer Feriensaison rausgeschmissen werden.

Zum Abschied steht er dann doch vor seinem Haus. Während ich zum Wagen gehe, hat er sich aufgemacht von seinem Stuhl, den kleinen Weg, Schritt für Schritt, nun steht er da, mit der rechten Hand auf den Stock gestützt, die andere erst an sein Herz gepresst und dann zu mir und dem Nissan einmal knapp herüberwinkend. Er ruft: »Hombre!« Ich lasse das Fenster runter und rufe: »Teo, ich komme zurück, auf bald!« Im Rückspiegel sehe ich ihn winken.

Ich halte an auf dem Schotter, lasse das Fenster runter, strecke die Faust raus, er reckt seine Faust in die Höhe, ruft was. Dann, als Teo nicht mehr zu sehen ist, fahre ich rechts ran. Eine aus groben, hellen mallorquinischen Steinen zusammengeschichtete archetypische Mauer, über die, da auf der kleinen Landstraße sonst nicht viel passiert, eine interessierte Ziege schaut.

Das Gespräch mit dem Mond

1981: Susanne aus Remscheid,
meine Gefühle für sie und die Entdeckung
von Erlösung und Untergang

»Seien Sie ein braves Mädchen und
gehen Sie auf Automatik!«

ROGER MOORE,
James Bond, Im Angesicht des Todes

Die vier Juliwochen unseres letzten gemeisamen Canyamelfamiliensommers 1981 starrte ich am Strand auf ein Paar apfelgroßer bronzefarbener Brüste. Susanne hatte gelbblondes Haar, angereist war sie mit ihrem patenten Vater und ihrer lieben Mutter aus Remscheid. Ihre Eltern ahnten nicht, was ihre gut gelaunte Tochter am Strand anrichtete, und zwar *in meinem Kopf*, sonst wären sie schnell wieder abgereist, diese netten Menschen aus dem Bergischen Land, um ihr Kind in Sicherheit zu bringen.

Es war die Zeit des Übergangs. Dass hier etwas zu Ende ging, lag in der Luft, alles war durchweht und angemalt von der *Farbe des Abschieds*. Meine Schwester und ich waren aus Canyamel herausgewachsen, wir lagen in der

Bucht herum, als hätten wir einen Flug verpasst. Mein fünfzehnjähriges Gehirn war ein vor sich hin seufzender vielfarbiger Schwamm, der nach innen, in mich hinein, wimmernde Klagelaute von sich gab, wenn die Signale von der Schädeldecke abprallten und rückwärts wieder ins Stammhirn zurückschossen, wo sie sich so lange mit den anderen, schwer verletzten Signalen erholten und salbten, bis ein paar von ihnen wieder tapfer losrasten. Die *konkret mögliche* Susanne war der Beginn einer neuen Epoche, mit dem Bountyduft ihrer Sonnencreme wehte die Ahnung von Erlösung wie auch Untergang herüber.

Weder über die Erlösung noch über den Untergang hatte ich mir bis dahin Gedanken gemacht, wieso auch, das Leben war ja schön gewesen. Ich verzweifelte nicht an meinem Vater wie der arme Franz Kafka. Ich hasste nicht meine Mutter wie Thomas Bernhard. Von mir würde es also keine erträumten, erdachten, erlebten Tagebucheinträge geben wie jenen Kafkas vom Januar 1914, den ich wieder und wieder las und der in meinem fünfzehnjährigen Kopf die Gestalt eines Beitrags für die wöchentliche ZDF-Stummfilmsammlung Väter der Klamotte annahm, also zu einer Szene wurde mit Klavieruntermalung und mit der Stimme von Hanns Dieter Hüsch. Der achtzehnjährige Kafka notierte: »Die Eltern und ihre erwachsenen Kinder, ein Sohn und eine Tochter, saßen sonntags Mittag bei Tisch. Die Mutter war gerade aufgestanden und tauchte den Schöpflöffel in den gebauchten Suppentopf, um die Suppe auszuteilen, da hob sich plötzlich der ganze Tisch, das Tischtuch wehte, die aufliegenden Hände glitten herab, die Suppe floß mit rollenden Speckknödeln dem Vater in den Schoß.«

Ich hingegen hatte meine Eltern schlicht gern, es würde

nichts werden mit großer Literatur, ich fand sie schön, warm, heldenhaft, klug, und meinen Vater zum Beispiel liebte ich fast noch mehr exakt dann, wenn er uns auf den Wecker ging, weil er all die alltäglichen Fragen und Probleme zu Apokalypsen aufblies (»Das geht unweigerlich schief!«) und uns dadurch signalisierte, dass es keine alltäglichen Probleme gibt, sondern nur Probleme.

Auf Susanne starrend, die im Sand lag, die Augen geschlossen und lächelnd, war ich eher traurig als glücklich. Es kamen neue Leute ins Spiel – Frauen. Die Gedanken von Erlösung und Untergang würde ich mir von nun an machen *müssen.* Von Freiwilligkeit konnte keine Rede sein. Es war ungeheuerlich.

Susanne war, glaube ich, sechzehn statt fünfzehn, und sicher bin ich, dass ihr Gehirn kein wimmernder Schwamm war wie meines, sondern ein gut ausgebildeter Muskel, der sich fit machte fürs Leben. Sie war ungefähr vier- bis fünfmal so intelligent wie ich. Sie sah aus wie eine Statue, ich wie eine Zeichnung von Gary Larson.

Abends, wenn Sand und Haut von der Tagessonne glühten, holte sich Susanne eine Cola aus dem Café Pirata, die Zitronenscheibe saugte sie aus, dann legte sie sich wieder auf den Rücken in den Sand. Versonnen, als sei sie eine zufällig auf dem Set von Bilitis herumliegende Komparsin, ließ sie einen Eiswürfel über den Bauch gleiten, ihr Nabel wurde zu einem funkenschlagenden See, langsam, so langsam fuhr der Eiswürfel zwischen den demütigenden Brüsten hindurch, hinterließ dort eine glänzende Spur und blieb in der schweiß- und meersalzigen Kuhle unter dem Kehlkopf liegen. Dort schmolz er in Sekunden dahin und hinterließ einen weiteren See. Wie konnte ich ihr klarmachen, dass es jetzt bald vor allem in *ihrem* Interesse lag, *mich* zu betrachten? Ahnte sie nicht, dass *ich* vor allem *sie* glücklich machen würde? Wollten Frauen es denn nicht auch? Hatten sie ein anderes Gehirn?

Als der Mond am Ende des Wassers aufging, war er orange, er hing in der Finsternis wie eine Sankt-Martins-Laterne und schüttete flüssiges, blendendes Kristall auf das Schwarz des eben noch hellblauen, dann matt petrolblauen Wassers. Während Susanne einschlief, ihr seidiger Bauch sich fein gleichmäßig hob und senkte, lächelte der Mond lieb und sagte: »Was ist los?«

»Haben Frauen ein anderes Gehirn?«

»Absolut.«

Er schwieg, dann fragte er:

»Ist es wegen Susanne? Tut es weh?«

»Ja.«

»Das wird es von jetzt an öfter. Du bist jetzt ein Mann. Aus dir, dem kleinen Idioten von früher, ist ein großer Idiot geworden. Dein bisheriges Leben ist mit diesem Urlaub vorbei. Susanne hat es beendet. Armer Kerl.«

»Ich will es zurück. Was muss ich tun?«

»Vergiss es. Sie sind überall. Sie haben euch am Sack, kleiner Freund in der Bucht von Canyamel.«

»Was sind denn das für Aussichten? Gibt es einen Ort, wo ich alldem entkomme?«

»Hm, mal nachdenken«, sagte der Mond, dann grinste er fahl: »Auf der dunklen Seite des Mondes! Hier entkommst du alldem!« Er wieherte los, sodass sich das Meer unter ihm wegduckte, Wellen krachten an Land. »Keine Frauen! Aber lauter Typen wie du, nur älter und wirklich *völlig* hinüber. Musst du dir überlegen.« Der Mond lachte und lachte.

»Leck mich«, zischte ich.

Susanne erwachte. »Hast du was gesagt?«, fragte sie leise. Dann schlief sie wieder ein, und da es jetzt frisch wurde, deckte ich sie mit meinem Handtuch zu.

Der Mond nahm sich zusammen, er kicherte noch eine Weile vor sich hin, dann sagte er gravitätisch: »Alexander, ich kenne dich jetzt seit fünfzehn Jahren. Ich habe gesehen, wie du hier am Strand nach Sonnenuntergang dem schlafenden Professor aus England auf den Rücken gepinkelt hast, damals, als du zwei Jahre alt warst. Er wurde wach und dachte, es sei eine Biene, denn er wischte, auf seinem Bauch liegend, unwirsch durch deinen Urin und schreckte dann hoch. Dein Vater musste ihn zu einem Gin Tonic nach dem anderen einladen, im Restaurant Cuevas, der Engländer schrie ständig *We will never surrender* und dein Vater jedes Mal *Genau, Sergeant,* dann sind die beiden in die Lagune gefallen.«

»Ja, das war lustig.«

»Allerdings ... Ich habe später deine tapfere Schwester beleuchtet, die dich nachts suchen gehen musste zwischen Kiefern und Steinen, weil du dich mit Pedro und Patricia hinten an der Anlegestelle vor den Komantschen versteckt hattest.«

»Worauf willst du hinaus, bleicher Ball?«

»Diese Sommer sind *vorbei*!«

»Bitte?«

»Ich will dir nur helfen. Versuch's nächstes Jahr mit Interrail! Das machen jetzt alle, es ist furchtbar, aber es bedeutet Freiheit. Nächstes Jahr haben wir 1982. Du bist dann sechzehn, du musst nicht mehr mit deinen Eltern Urlaub machen. Such dir einen netten Kumpel, dann geht's los. Du wirst auf deiner ersten Interrailreise mit neunundddreißig

Fieber um drei Uhr früh auf einer Bank im Bahnhof von Quimper erwachen, du wirst rascheln und zittern, wie es die Blätter an den Bäumen tun, wenn ein Sommergewitter aufkommt, Morricones Musik aus dem Belmondo-Film Der Profi wird dazu durch den Bahnhof säuseln.«

»Woher willst du das wissen?«

»Ich weiß alles. Du wirst im Bahnhof von Quimper auf die Schwänze französischer Soldaten starren. Sie pissen auf dich, die Franzosen, denn sie haben gelernt, dass Deutsche Arschlöcher sind oder eben die Nachfahren von Arschlöchern. Fast hatten sie es vergessen. Aber gerade haben sie es nun mal wieder gelernt, denn wieso schlagen deutsche Torhüter französischen Stürmern sämtliche Zähne aus? Weil sie Tiere sind, die Deutschen. *Es gehört auf sie uriniert.* Dafür wirst du später, wenn das Fieber nachgelassen hat, auf dem Campingplatz von Les Sables d'Olonnes an die bleiche, schöne Gwyneth aus Surrey rankommen!«

»Wirklich?« Ich grinste blöd.

»I promise.«

Pleasuredome erect

Ich wünsche Schüler Hansjörg und Lehrer Würmling den Tod, vergeige alles und lass es krachen: mein Leben in der Hölle nach dem Abschied meiner Familie aus Canyamel

Mehr als drei Jahrzehnte lang habe ich die Bucht nicht besucht, die Kiefern nicht, die ich, wie alle Deutsche, immer für Pinien gehalten hatte, die Steine nicht, das Meer nicht, meine, unsere mallorquinischen Freunde nicht. Ich habe an die Bucht nur gedacht, oft sogar, und zwar während anderer Urlaube oder wirklichkeitsfremder beruflicher Auslandsreisen. In Frankreich am Atlantik und am Mittelmeer, in Italien, Portugal, Indien, Chile, Brasilien, Argentinien, China, Kanada, den USA habe ich an Canyamel gedacht und von Canyamel auch, wie sagt man, konkret geträumt. Das Problem ist: Es stimmt nicht, dass ich 1981 zum letzten Mal dort war und erst 2015 zurückkehrte.

Ich hatte mir 1981 den Rat des Mondes zu Herzen genommen: 1982 fuhr ich nicht mehr nach Canyamel und unternahm stattdessen zum ersten Mal eine transeuropäische Zugreise per Interrail. (Europa war damals eine große Sache, das ist etwas, was man vielen Menschen in dem vulgären Jahr 2016 immer noch mal ganz langsam erklären muss.) Der Mond hatte mir Gwyneth aus Surrey versprochen, und da war sie auch schon. Während Hekatomben von Regen in der Bretagne den Campingplatz fluteten, fummelte ich an dem schneeweißen und baumlangen Mädchen aus dem grünen Hügelland britischer Popmillionäre herum. Gwyneth wohnte daheim in Surrey, nicht weit entfernt von Chiddingfold, wo Genesis in einer umgebauten Farm ihre zentnerschweren, kristallinen Musikmonster aufnahmen, sie selbst hörte jeden Tag Joy Division, einsam eierten die schwarzen Hymnen aus dem gigantischen Kassettenrekorder neben ihrem schwarzen Handtuch am Strand, als stünde Ian Curtis auf dem Mars in der Kälte und wir hörten ihn nur von Weitem und konnten ihn nicht retten. Hier und da erlitt Gwyneth plötzlich Weinkrämpfe und trommelte dabei in den Sand von Les Sables d'Olonnes, weil Ian Curtis sich erhängt hatte. Zwar vor zwei Jahren, inzwischen waren auch schon John Lennon und Bob Marley tot, aber sie liebte nun mal Ian Curtis. Und mich. Als sie mich anbrüllte, dass ich der Vater ihres Kindes werden *muss*, reiste ich weiter, statt mich, was sie verlangte, ihren steinreichen Eltern vorzustellen, die kurz vor Les Sables d'Olonnes kein Ferienhaus gemietet hatten, sondern ein Ferienschloss. Schon mit siebzehn wäre ich Vater geworden, wer weiß, womöglich würde ich heute in Surrey Bio-Schafe züchten und Bryan Ferry zuwinken. Der Mond über dem Meer von Canyamel jedenfalls hatte so oder so recht behalten.

Im Jahr 1986 war ich dann aber eben noch einmal für ein paar Tage in Canyamel, ohne meine Familie, alleine mit einem Kumpel, aber diese Reise zählt eigentlich nicht. Diese Reise war nicht mehr (und immerhin nicht weniger) als ein Trost nach Jahren, an die ich mich erinnere, wie andere sich an Auffahrunfälle mit vielen Toten erinnern, und zwar solche, die sie selbst verursacht haben – es sind dies die *Schuljahre bis zur Erlangung der allgemeinen Hochschulreife.* In diesen Jahren lernte ich etwas, was mir vorher, in den Kindheitsjahren der Sommer von Canyamel, bis auf gelegentliche Ausraster eher fremd gewesen war, und es war etwas zartbittrig Faszinierendes: Ich lernte zu hassen.

1986 war ich endlich durch das Abitur gefallen. Jahrelang war es vor den großen Sommerferien und nach jeweils langen Sonderkonferenzen des Lehrkörpers so gewesen, dass man den Schüler noch *ein letztes Mal* durchwinkte. Im Garten hinter der Terrasse zwitscherten die lieben Meisen, über den Garten kreischten die Flugzeuge von oder nach Düsseldorf-Lohausen, wir starrten im Wohnzimmer auf das Telefon neben dem vollgerauchten italienischen Ledersofa. Das Telefon hatte ein Leben, es fügte sich in den Dienst an der Familie, denn es läutete mal so oder so. Rief meine bezaubernde Schulfreundin Esther aus Meererbusch an, um zu fragen, was wir *in Erde* aufhatten, läutete es schmeichlerisch, nun aber plärrte es nach Stunden der Warterei wütend los, um einen entscheidenden Anruf aus der Schule anzukündigen: Ein Lehrer, der das Jahr über Tag für Tag in derselben braunen Cordhose und einem Holzfällerhemd zum Unterricht erschienen war, hielt einen sonoren Vortrag, in dem er darlegte, wie schwer *dem Kollegium* die Entscheidung gefallen sei. Um seine insgesamt geringe, über mich aber ungeheure Macht auszuspielen und mich zu quälen, zählte er zunächst noch einmal alle Gründe auf, die dafür- und vor allem aber dagegensprachen, mich zu versetzen. Lobenswert: Mein freiwilliges Engagement in der Friedens-AG, die sich gegen das nukleare Wettrüsten der beiden Großmächte

USA und Sowjetunion engagierte, vor allem natürlich gegen das der schändlichen USA unter Ronald Reagan. Ich war wie alle in der Friedens-AG sicher, dass wir alle bald sterben werden, ebenso sicher war ich, dass die Friedens-AG aus Schleimern und Schleimerinnen bestand, die ihre Zeugnisse um eine soziale Bemerkung bereichern wollten. Zu diesen Schleimern gehörte, wie mir klar war, ich. Zweifellos hatte ich *einen* Bonuspunkt auf meinem Zeugnis nötig (»Anfangs tatkräftig, später leider nachlassend engagierte sich Alexander im Schuljahr 1983/84 in der Friedens-AG«). Gegen die Versetzung sprach der Rest.

Kurz vor Ablauf des desaströsen Schuljahres 1984/85 hatte ich die vier Hartgummibeschläge unter meinem Klassenstuhl abgefummelt und feuerte sie während des Sozialkundeunterrichts bei Frau Hahn auf Hansjörg. Am Tag zuvor hatte Hansjörg während der sechsstündigen Mathematikklausur nach fünfzehn Minuten wehleidig aufgezeigt, um die Aufmerksamkeit des winzigen rothaarigen gewalttätigen Mathematik-Lehrers Würmling zu erregen, der, was man erst mal schaffen musste, mich noch mehr hasste als ich ihn.

»Sie haben eine Frage, Hansjörg?«

»Herr Würmling, ich kann mich nicht konzentrieren, *wenn hier ständig versucht wird, bei mir abzuschreiben.*«

Ich flüsterte: »Hansjörg, was bist du doch für ein unvorsichtiger Mensch.«

»Sei mal leise, Mann. Ich muss mich konzentrieren.«

»Ich werde dich töten, Hansjörg.«

»Sei leise, okay, Alexander?«

Nervös fummelte er an seinem leberwurstfarbenen Ledermäppchen herum, aus dem ein paar trostlose Bleistifte ragten, mit denen er auf ein Schmierpapier *vorschrieb*, bevor er seine richtigen Lösungen für wahnsinnige Zahlenkolonnen, Winkel, Kreise und Räume *ins Reine* übertrug.

Ich hatte auch ein Schmierpapier und ein Blatt fürs Reine, beides war leer und sollte es auch bleiben für immer, lediglich oben stand: *12. März 1985, 2. Klausur 10/2, Mathematik, Herr Würmling, Klasse 10c, Alexander Gorkow.* All dies war sorgsam mit Lineal unterstrichen und überhaupt sauber ausgeführt, niemand sollte mir vorwerfen, ich hätte es nicht versucht.

Auf sein Ledermäppchen hatte Hansjörg mit Edding *Harz* geschrieben. Das war keine Band oder Fluxusgruppe oder so etwas, sondern im Harz wanderte Hansjörg in den Ferien mit seinen Eltern. Darunter stand, kleiner, in abfallender Idiotenschrift, *Biggetalsperre,* die gefiel Hansjörg offenbar auch, aber noch besser nun mal der Harz. Andere liebten die Pet Shop Boys, er liebte den Harz.

Aus den Taschen mieften die Wurstbrote, hinzu waberte der übliche nach Sperma, feuchten Socken und grellen Mädchenparfüms umherstromernde Pubertätsdunst. Ich starrte mal auf die Hinterköpfe der anderen Opfer, mal zum eifrigen Hansjörg. Würmling spazierte durch die Reihen, und wenn er plötzlich losklaffte (»Ich sehe alles, Freunde der Sonne, euch grinst der Irrsinn vom Dache an!«) und wenn man falsch saß, nämlich im Windkanal Würmlings, so drängte sich in das eh schon erschütternde Bouquet einer Schulklasse voller Sechzehnjähriger etwas in seinem Schrecken Einmaliges: Würmlings *Lehrermundgeruch.* Würmlings Mundgeruch war ein Monument. Es war ein Mundgeruch, wie ihn nur wirklich böse, niederträchtige Menschen in der Lage sind *zu kultivieren,* und sicher war ich mir damals, dass

Würmling diesen buttersäurehaften *Sound von einem Mundgeruch* nicht aus Versehen und aufgrund einer tragischen bakteriellen Sache in die arme Welt atmete, weil sich halt keiner traute, *es ihm zu sagen.* Sondern dass er ihn *absichtlich züchtete* und einsetzte, als Privat-Neutronenbombe, als letzte, todbringende Waffe des kleinen, hässlichen Mannes, um alles Leben außer seins in danach auch weiterhin intakten Räumen auszulöschen.

Würmling liebte Räume, Winkel, die exakte Anordnung von Tischen, Taschen, Mäppchen, er liebte frisch geputzte Tafeln (»In geraden Linien, habe ich gesagt, hallo? Wieso hören Sie denn nicht? Sind Sie noch bei Trost? In geraaaaden Linien! Wie putzen Sie denn da 'rum? Hahaha! Setzen! Sechs!«).

Mit einem Kreidestummel stand er vor der Tafel, auf der die nassen Streifen trockneten, dann krakelte er los wie von Sinnen, Zahlen, Klammern, Buchstaben, zunächst auf der nassen Tafel unsichtbar, schließlich wurde all das trocken und sichtbar, eine Geheimschrift tat sich auf, beginnend ganz links oben außen auf der aufgeklappten Tafel, endend rechts unten, denn hier stand ein Gleichzeichen, und dahinter war noch etwas Raum. Vor diesem Raum stand das Opfer, also zum Beispiel ich, das Opfer kratzte sich am Kopf und starrte auf den kleinen leeren Raum für das Ergebnis dieser ostchinesischen Gleichung, als ob auch dort womöglich erst noch etwas trocknen müsse und gleich sichtbar werde, irgendwas Sinnloses wie 32 zum Quadrat, was auch immer, der Weg dahin war ja ebenso sinnlos …

Mein Kamerad von Übelacker hatte sich vor der Tafel gestern vor Nervosität an den Hoden gekratzt, lange, wie in Trance, dabei voller Todesangst, dann wurde er von Würmling der Klasse verwiesen, danach stand der lange Elsenbrecher dort herum und kratzte sich immerhin, wie ich später, nur am Kopf, zitternd knibbelte er an einem Pickel herum.

»Jetzt habe ich es zum Leidwesen der gesamten Klasse auch für die *Lahmen* und *Beladenen* rauf und runter erklärt, und nun stehen Sie da baumlang herum, Elsenbrecher!«, kreischte Würmling von unten den großen Elsenbrecher an. »Elsenbrecher, hallo? Ich habe für heute Abend Karten für das Konzert. Tonhalle. Bruckner. Da würde ich schon gerne hin. Wollen wir heute alle hierbleiben und warten, bis Sie fertig sind mit dumm gucken, nun?« Triumphaler Blick in die teils sich wegduckende, teils hämisch grinsende Klasse aus Menschen wie mir und Hansjörg und den auf wirklich *flashende* Art und Weise total gelangweilten Popper-Mädchen mit den Duran-Duran-Mäppchen. »Und so starren Sie nun also weiterhin auf das nicht vorhandene Ergebnis statt auf die Hinführung! Was *denken Sie,* Elsenbrecher? Denken Sie, hmmmm, dass das Ergebnis sich von selbst dort hineinschreibt? Denken Sie *überhaupt*? Was habe ich über den Nenner gesagt? Wieso sagen Sie nichts? Dann nehmen Sie doch bitte Platz, dann beenden wir dieses Schauspiel. Schade, Elsenbrecher, und bitte grüßen Sie Ihre Eltern, und dass sie sich nicht herzubemühen brauchen, das Jahr ist ja bald um, nicht wahr, ja?«

Würmling liebte statt Menschen auch Licht und frische Luft, besonders im Winter riss er weit die Fenster auf. Er kam jahrelang täglich mit derselben Plastiktüte aus dem Reformhaus in die Klasse gerast, unten also die Tüte mit seinen Kreidestummeln und den *Heften,* unter dem Arm das große Tafel-Geodreieck, der ganze Würmling sah auf diese Art so geometrisch aus, als sei er aus einer Bauhaus-Inszenierung von Oskar Schlemmer davongelaufen. Er liebte Schrot, Korn, Anwendungen von Kneipp, Jahr für Jahr ging es zur Stärkung seines ärmlichen, wendigen Körpers nach Bad Füssing, und gemeinsam mit seinem Mundgeruch kehrte er nach den Ferien aufgekratzt zurück, statt an einem Pudding aus rohem Spinat zu ersticken und seine Opfer, also Elsenbrecher und mich, zu erlösen. Wieso konnte er nicht sterben?

Würmling hasste die Menschen, und unter all den Menschen auf der Erde hasste er am meisten erstens mich, zweitens von Übelacker, drittens den langen Elsenbrecher, der schon einmal sitzen geblieben war und den es in diesem Jahr endgültig erwischen würde: »Sie werden es wohl nicht schaffen, Elsenbrecher, aber was *machen* wir denn dann mit Ihnen? In der Realschule stehen Sie doch genauso an der Tafel herum, da werden die Naturwissenschaften, die Sie sich weigern anzueignen, doch großgeschrieben! Na, nun nehmen Sie, wie gesagt, erst einmal Platz bitte … Alexander, kommen Sie einmal vor?«

Wie konnte der Würmling so hassen? Damals konnte ich es mir nicht erklären, denn ich konnte mir *nichts* erklären. Dinge geschahen einfach, und sie waren immer überwältigend, schön oder grauenvoll. Dies ist ein Pink-Floyd-Konzert? Fantastisch. Dies ist ein Rausch mit dem Düsseldorfer Kräuterlikör Killepitsch? Lustig. Dies ist ein Mädchen, das mich nicht liebt? Ich bringe mich um.

Dumm, jung, *beeindruckbar,* vorlaut, zwei Köpfe größer als er, Würmling, Spaß mit Mädchen, Musik hören, die Spaß macht, Rauchen aus Spaß, zweimal aus Spaß betrunken in den Unterricht kommen, den Würmling aus Spaß fragen, ob er noch wächst: All den Spaß hatte ich, obwohl ich nicht in der Lage war, auch nur eine Zahl, einen Winkel, ein xy und ein Zumquadrat irgendwas oder irgendwem zuzuordnen da vorne an der Tafel, obwohl ich also nicht kalkulierend, sondern ausschließlich diskalkulierend war.

Hass, Hass, Hass, sang Würmlings Mundgeruch, und *Gorkow töten, den toten Gorkow zum toten Elsenbrecher legen, dann den toten von Übelacker und die anderen beiden Toten einbalsamieren und schön verzieren …*

»Ssst«, zischte ich. Hansjörg schaute gequält zur Seite.

Unter dem fluffigen roten Haarhelm stellten sich Würmlings Segelohren auf. Wie bei einem sehr kleinen Hund. *Fressi, fressi?* Er hatte doch wen zischen gehört? *Happihappi?*

»Ssst!«

»Mann, was denn?«, jammerte Hansjörg. »Ich muss mich konzentrieren.«

Ich hielt die Hand vor den Mund, tat, als ob ich auf mein Blatt schaute, flüsterte: »Die Lösungen 1 bis 3 samt Rechenwege weiter rüber nach links auf den Tisch, mein Freund.«

Hansjörg kritzelte auf seinem Schmierblatt herum, dann spitzte er wie von Sinnen seinen Faber-Castell, der Geruch von Spänen und Blei wehte herüber, der Zirkel wurde ins Blatt gerammt, und so beschrieb Hansjörg einen Halbkreis, an den hielt er das Geodreieck, riss die Augen auf, das Ergebnis stimmte, er starrte auf das Blatt, machte eine Faust, tonlos rief er: »Jawoll! Astrein!«

»Ssst!«

Wieder nahm vorne Würmling Witterung auf. *Schnupper.*

»Ssst, Hansjörg!«

Hansjörgs eben noch leuchtendes Gesicht verfinsterte sich. Grau schaute er herüber. Dann nahm er das Blatt mit den Lösungen, schob es nicht weiter nach links in meine Richtung, sondern hob es auf und legte es rechts von sich wieder ab. Das war das Ende.

»Kennst du den Film Spiel mir das Lied vom Tod, Hansjörg? Du bist einer von den drei Idioten am Anfang. Wenn der Film richtig losgeht, liegst du schon tot im Staub. Verstehst du? Hallo? Hansjörg?«

»Was ist da los?«, kläffte Würmling.

»Hansjörg. Du Kadaver!«

»Herr Würmling, nun *wird hier versucht,* mich zu beleidigen, und …«

»Ich bring dich um, hörst du, Arschloch, du wirst keine ruhige Minute mehr im Leben haben, ich werde andererseits womöglich erst dann zuschlagen, wenn du nicht damit rechnest, erst, wenn du eine hässliche Frau hast und zwei hässliche Kinder, und während sie dir die Ohren volljammern auf euren Wanderungen durch den Scheißharz oder entlang der gestörten Biggetalsperre im Scheißsauerland, Hansjörg, werde ich dich, wenn du wirklich gar nicht mehr damit rechnest …«

»Herr Würmling, jetzt *wird hier sogar versucht,* mir zu drohen!«

Würmling lächelte maliziös, dann hatte ich mich zu verdünnisieren, indem ich den mit steinharten Kaugummis und Popeln von unten zugenagelten und oben mit Pimmeln und Mösen vollgemalten Solo-Spritzgusstisch vom *Erfolgstisch* des Hansjörg weg- und rüber zum Fenster hinzuschieben hatte.

Nun war ich ganz allein. Die Klasse saß beisammen und kratzte und zirkelte eilfertig und berauscht vom Erfolg *richtiger Lösungsansätze* auf ihren Blättern herum. Ich starrte aus dem Fenster. Draußen auf dem Sportplatz lief eine Sextanerklasse müde im Kreis. Im Bio-Teich, dem großen Prestige- und Nachhaltigkeitsprojekt der Bio-AG, in dem alljährlich die feierlich ausgesetzten Fische sofort eingingen und dann an der Wasseroberfläche trieben, schwamm eine leere Dose 7up.

Wozu wurde ich geboren? Warum hatte das Leben noch vor wenigen Jahren aus hellen Tagen im Dorf, auf den satten Wiesen am Rhein bestanden, den Luftmatratzenausflügen über den ozeangroßen Kaarster Baggersee, an dessen Ufer neben uns langhaarige Männer in Jeanswesten auf nackter Haut zur stumpfen Musik von Bachmann, Turner, Overdrive Diebels-Alt in ihre heiseren Hälse schütteten und die leeren braunen Flaschen dann rüberwarfen und sich abklatschten, wenn sie zerplatzten (»Hier, Kinder! Pfand!«).

Ä-ä-ä-ä-ä-aint seen nothin yet, b-b-b-b-b-bä-bä-baby …

Klirr!

»Ey, Gorkow, schon Haare am Sack? *Rülps.* Hol ma raus, den Prügel! Los, Badehose runter und Anflug auf Sicht, hier herüber in unsere gemütliche, kleine Ecke!«

Here's something that you never gonna forget! Ä-ä-ä-ä-ä-aint seen nothin yet.

Auch zwangen sie uns, ihre *Camel*-Zigaretten zu rauchen, wenn wir keine *Schelle* kassieren wollten, und so nahm auch dieses Unheil seinen Lauf. Einerseits machten sie mir Angst. Andererseits war dies ein begehrenswertes Leben. Gehörte man zu ihnen, würde man keine Schellen kassieren, sondern welche verteilen. Zwar waren sie schlecht erzogen, dafür waren sie frei.

Wieso hatte das Leben noch vor wenigen Jahren aus orangefarbenen bedrohungsfreien Urlauben am Meer bestanden, die warm und heiter waren, türkisblau, die Haut meiner Mutter, die Hände meiner Mutter, der Rücken meines Vaters auf dem Wasser, ich auf seinem Rücken, ständig die Hände meiner Schwester in meiner Hand, an meinem Arm, der Duft der Bucht aus Sonnenmilch und Kiefernharz, die Musik der Machucambos und Duke Ellingtons und John Coltranes in der winzigen Bar der Vaca, Miguel, Chico, der Hund, eine jährlich als unwiderlegbar erscheinende Aussicht auf ewige Geborgenheit wie, eben, Freiheit.

Wieso war das *eine* das Leben und das *andere* nur der Urlaub? War das Leben die Strafe für den Urlaub? Wird man bestraft, wenn man glücklich ist? Folgt andersrum das Glück, wenn man zuvor lange genug mit Sinnlosigkeit bestraft, wenn genug Lebenszeit durch *Absitzen* und Steineschleppen im Harz subtrahiert wurde?

Um acht Uhr fünfunddreißig verließ ich den Raum 206, latschte auf den Parkplatz der Schule und fuhr mit dem alten Ford Transit ins Café Muggel nach Oberkassel, um zu frühstücken. Von dort rief ich meine Mutter an, um ihr zu sagen, dass ich keine einzige Frage beantwortet und *Hansjörg das Arschloch* mich bei Würmling verpetzt habe, dass ich jetzt zu Ende frühstücken würde, um dann in die Schule zurückzukehren und Hansjörg eine reinzuhauen. Sie sagte, es werde alles gut, leider nicht jetzt, aber später, das Leben sei lang, sie werde in der Schule anrufen, dass es mir nicht gut gehe.

So hatte ich (und so hatte vor allem sie, statt mich grün und blau zu schlagen, auch dieses Erziehungsmodell war ja unter der niederrheinischen Landbevölkerung hier und da noch *en vogue*) schon mal etwas Druck aus der Sache genommen. Ich konnte in Ruhe deprimiert weiterfrühstücken, auf dem Walkman Rage Hard von Frankie goes to Hollywood hören und stumm und gewaltbereit aus dem Fenster auf das verregnete Oberkassel schauen. *Rage, rage against the dying of the light,* das berühmte Zitat von Dylan Thomas schmückte das Ende des Videos zum Song …

Unter die Klausur notierte Würmling im Rot seiner in dünnen Bahnen über den blassen Gummischädel gekämmten Paukerhaare wenige Wochen später: »Schüler beginnt die auf sechs Unterrichtsstunden angesetzte Arbeit im Klassenverband um 8.05 Uhr. Schüler bricht nach vergeblichem Abschreibeversuch bei dem durch diesen Vorgang irritierten Mitschüler Hansjörg Klötendonk nach 29 Minuten die Arbeit ab und verlässt den Raum, ohne sich zu verabschieden. 0 von 48 Punkten. Note: Absolut ungenügend. Heil Hitler, Würmling.« (Bei *Heil Hitler* bin ich mir nicht mehr sicher. Sonst stand aber alles so da.)

1986 hatte es endlich nicht mehr gereicht. Zum großen Finale hatten mich *Teile des Lehrkörpers* im Visier wie Jäger das angeschossene Wildschwein. Das Abitur, so die nicht einmal heimliche Auffassung im Lehrerzimmer, war *die* Gelegenheit, es dem Armleuchter heimzuzahlen. Ein kalter, mieser Tod in der Reifeprüfung: eine glatte Abiturklausur-Fehlinterpretation im Lieblingsfach Englisch. Eine Hymne auf Ronald Reagan in der *Newsweek* konnte nur Ironie sein *(the stylistic device of irony)*, so kann man sich täuschen, den Blattschuss erledigte der immer lächelnde Biologielehrer Rebenmaul durch akkurat gezielte Fangfragen in der mündlichen Prüfung.

Elsenbrecher war schon auf der Realschule, das hatte Würmling nicht nur vorhergesehen, sondern auch selbst bewerkstelligt. Stoßmeister, der im Jahr zuvor durch das Abitur gefallen war und nun das Jahr wiederholte, von Übelacker und ich hatten in der Düsseldorfer Altstadt blaugemacht, um auf dem Weg zurück nach Meerbusch-Büderich im Ford Transit Frankie singend zu begleiten und das Leben zu feiern: »In Xanadu did Kublai Khan a pleasuredome errrrect! / Moving on, keep moving on, yeeeeah!« Als wir in der Schule ankamen zur fünften und sechsten Stunde, erging durch die knarzende Tonanlage der Befehl, dass namentlich drei Schüler, Stoßmeister, von Übelacker und ich, ins fensterlose Zimmer des *Beratungslehrers und Schulchorleiters* Herrn Schnilch zu kommen hätten.

»Was denken Sie sich denn dabei?«, fragte der liebe Schnilch.

Gute Frage.

»Nichts, Herr Schnilch«, sagte Stoßmeister freundlich, »machen Sie sich keine Sorgen. Es ist einfach so passiert, wir haben uns nichts dabei gedacht. Und es gibt demnach auch keine irgendwie gearteten Gründe, die Sie beunruhigen müssten. Conclusio: Wir wollten einfach mal einen Kaffee trinken gehen.«

»Nun ja, eigentlich ist es jetzt auch schon fast egal«, sagte Schnilch deprimiert.

Erleichtert wollten wir wieder aufstehen, da sagte Schnilch: »Ich habe Ihnen nämlich etwas mitzuteilen, nachdem wir nun Ihre Ergebnisse aus dem Kollegium vorliegen haben.« Ruhig, sämig und verzweifelt schnurrte Schnilch herunter, dass die Abiturfeier in Abwesenheit der hier gemeinsam anwesenden, da praktischerweise soeben *in der Gruppe* aus der Düsseldorfer Altstadt zurückgekehrten Schüler Stoßmeister, von Übelacker und Gorkow stattfinden werde. Eine Schülerin sowie wir drei Schüler seien durch die Abiturprüfung gefallen. Die arme Schülerin sei schon informiert und traurig, sie sei inzwischen daheim in Meererbusch, ihre Mutter habe sie vom Fahrer abholen lassen, wir aber seien nun mal nicht da gewesen, als die erste Durchsage kam.

Zwei von uns dreien dürften nach den Sommerferien immerhin in die Nachprüfung. Noch sei nicht alles verloren. Ob wir wollten?

Stoßmeister rief: »Ja! Ich will!«

»Sie sind der, der nicht darf, Stoßmeister.«

»Ach so.«

»Alexander und Jörn? Wollen Sie in die Nachprüfung?«

Jörn von Übelacker machte »Pfff«. Ich sagte erst auch »Pfff« und dann, als habe Schnilch mich gebeten, den Müll runterzubringen: »Na gut.«

Die Ferien verbrachte ich damit, ein einziges Sturm-und-Drang-Gedicht Goethes zu durchleuchten, da mir die fantastische Frau Kranz, die nicht meine Deutschlehrerin war, mich aber überraschenderweise *mochte,* da mir also die göttliche Frau Kranz verbotenerweise verraten hatte, dass ebendieses eine Gedicht zur Interpretation anstehen werde – meine finale Chance, meine im Ort allseits mitleiderregende Schullaufbahn irgendwie noch würdig zu beenden. Meistgesprochener Satz in diesen Wochen: »Die Nachprüfung steht ja nicht auf dem Zeugnis, nur das Gesamtergebnis.«

Ich bestand diese Prüfung nach sechswöchiger Vorbereitung auf ausschließlich dieses eine Gedicht souverän mit einer 3+. Nachbarn und Freunde und Frau Kranz rätselten noch eine Weile, wie man nach eineinhalb Monate langer Vorbereitung auf *ein einziges* Gedicht und sogar als

Idiot statt einer 1 nur eine lächerliche 3+ schreiben konnte. Meine Familie und ich sahen es eher so: Na und? Bestanden ist bestanden. Eine 3 war zwei Noten besser als eine 5. Und eine 3+ war ja sogar mehr als befriedigend.

Ich sank auf die Knie und riss die Arme hoch. Das musste gefeiert werden. Jetzt ging die Party los. Als Erstes musste der Junge, entschieden meine Eltern, wenigstens *kurz* seine Sommerferien nachholen, die er ja nun daheim mit seinen Studien zu Goethe verbracht hatte. Mein Freund Peter und ich wohnten im Spätsommer 1986 in einem kruden Apartment im Hinterland von Canyamel, wir tranken schon mittags im Chiringuito vor dem Laguna ein Getränk namens Lumumba und lallten uns dann Richtung Abend.

Es lebe die Freiheit, wie ich sie meine. Statt erneut ein Jahr in die Schule zu gehen, meine Klassenkameraden mit dem Tode zu bedrohen und dann *noch einmal* durchs Abitur zu fallen, würde ich nach meiner Rückkehr aus Canyamel zur Musterung in Düsseldorf-Mörsenbroich erscheinen, man würde meinen Hodensack anheben, ich würde husten, dann würde ich den Wehrdienst verweigern, und zwar, das war wichtig, um nicht durch die Gewissensprüfung zu fallen: nicht, weil ich die Bundeswehr oder die gesellschaftliche Ordnung der Bundesrepublik Deutschland ablehne. Sondern weil die Gewaltfreiheit bei mir seit eh und je großgeschrieben wurde: »Alle meine Freunde, Bekannten und ehemaligen Klassenkameraden wurden immer wieder zu Zeugen, wie ich Konflikten grundsätzlich ratlos aus dem Weg ging.« Nicht einmal im Kriegsfall wäre ich zu mehr in der Lage, als mit freundlichen Worten einzuschreiten. Brav notierte ich unter Anleitung des Meerbusch-Büdericher Pfarrers und Systemkritikers Hans Hütt, des Mannes meiner Patentante Ilse Hütt, unseres Gartenfreundes von der Bonhoefferstraße, ans Ende meines Ghandipamphlets: »Ich bin zur Ausübung jeder Form von Gewalt schlicht nicht in der Lage. Meine Persönlichkeit würde durch den Zwang, Gewalt auszuüben, schwer beschädigt. Gez.: Alexander Gorkow«. Zwei Jahre lang würde ich stattdessen Todkranke vom Krankenhaus zur Strahlentherapie fahren, Erste-Hilfe-Kurse in der Justizvollzugsanstalt Düsseldorf abhalten (»Jung, bring Heftchen mit! Mir brennt der Docht!«) und, so der Jargon auf der Rettungsleitstelle in Flingern, beim »Mongotransport« mit einem halben Dutzend Mongoloider nach Essen zur Kunsttherapie und wieder zurückfahren. Das war immer der beliebteste Auftrag des Tages, denn auch wenn mir der Sinn nicht nach der Verherrlichung von Minderheiten stand (ich war ja selbst eine), so war lupenrein klar: Die *Mongos* waren *gute Menschen*. Sie waren klug, sensibel und sehr, sehr nett. Was, wenn es doch einen lieben Gott gibt und er halt in dieser Hinsicht (und fast allen anderen Hinsichten) Mist gebaut hat, wenn er also lieb ist, aber halt auch doof? Was, dachte ich, wenn die Mongos von Gott, dem Idioten, als *die Normalen* gedacht waren und wir, die Nazis und Zivis und Mathematiklehrer, als die Minderheit? Was, wenn alles schiefgelaufen war in Gottes Küche?

Auf dem Weg zur Kunsttherapie sangen wir im VW-Transporter zu Sussudio von Phil Collins, das jeden Tag morgens, mittags und abends aus dem Radio knatterte, und wenn die Phenix Horns im Mittelteil des Liedes im Stakkato gegeneinander anbliesen, fuhr ich Schlangenlinien auf dem Ruhrschnellweg und einer von ihnen, Kai, schrie von hinten »Oh ja, oh ja, das ist der Funk! Leck mich, Meister, das ist der Funk!« Ich rief: »Kai, lass gut sein, setz dich hin.«

»Hast du mich lieb, Alex?«

»Nenn mich nicht Alex, Kai.«

»Hast du mich lieb?«

»Ich liebe dich, Kai.«

Er rief: »Ich liebe dich auch!« Dann fiel er von der Rückbank nach vorne, umklammerte meinen Hals und biss mir aus Liebe ins Ohr (ich habe die Narbe noch). Ich schrie und blutete, vor Aufregung oder eben Liebe biss er noch fester, und blutverschmiert und glücklich erschienen wir alle zur Kunsttherapie. *Die Zukunft, diese Zukunft war so hell, man setzte besser eine Sonnenbrille auf.*

Noch aber schliefen wir, Peter und ich, im Lumumbarausch, auf unseren Gesichtern liegend, nebeneinander herum in unserem Apartment über dem Bonanza. Ich kann mich an diese eine Kurzreise nach Canyamel im Spätsommer 1986 kaum erinnern, allerdings haben wir wohl immerhin nicht mit stühleschwingenden Idiotenhorden die Discos und Clubs von Canyamel verwüstet, unter anderem, weil es in Canyamel Discos und Clubs noch nie gegeben hat, nur eine einzige, winzige Disco namens Pferdestall, in der ein Bo-Derek-Poster an der Wand klebte.

Auf die Idee, die paar Kilometer rüber nach Cala Ratjada zu fahren, wo es Discos und Clubs gab, um *etwas zu erleben,* kamen wir nicht, weil wir diese Idee schlicht nicht hatten. Natürlich hätten wir viel, wenn nicht alles gegeben für ein sexuelles Abenteuer mit einer Frau wie Bo Derek, die uns nass und geil von ihrem Pferd herunter anstarrte, während Simon Le Bon The Reflex! kreischte mit seiner Fistelstimme – aber zu *alles* gehörte nicht, die paar Minuten in einem Taxi ins Chocolate nach Cala Ratjada zu fahren. Sicher würde sich unter den Frauen dort von selbst herumsprechen, dass zwei geheimnisvoll schweigende Zwanzigjährige in einer nahe gelegenen Bucht am Strand saßen, Lumumba tranken und, wenn man es nur richtig mit ihnen anstellte, bereit wären, *es zu tun.* Oder würde es sich etwa nicht herumsprechen? So war es. Und so flogen wir mit der LTU wieder nach Düsseldorf zurück. Es war Peters zweiter Flug überhaupt, der Hinflug war der erste gewesen, und als wir vor einer Woche in Düsseldorf abgehoben waren, hatte er aus dem Fenster gestarrt und gerufen: »Ich werd verrückt, Alter! Wir fliegen!«

Obwohl Peter mit seiner Dave-Gahan-Frisur ein extrem feiner und lustiger Kerl war und sicher noch ist: Diese Reise war eine wichtige Kompensation für über neun Gymnasialjahre erlittene Todesangst, sie war der adäquate Abschluss gestörter Jahre, so unglaublich deprimierend wie auf dem Gymnasium würde es nie mehr werden. Aber diese Reise zählt nicht im Canyamel-Sinne. Wenn Peter und ich aus Versehen an die rumänische Schwarzmeerküste geflogen wären, nach Constanza zum Beispiel, in Ceauşescus Ferienparadies, wir hätten es nicht gemerkt und dort halt etwas anderes, noch Rumänischeres getrunken als Lumumba.

Die schwarzen Ziegen der Familie

Ein Hotel ist eine gute Investition,
es steht am Strand, und man muss es
nicht gießen: der Bau des Laguna im Jahre 1963
und der steinige Weg dorthin

Einer auf der Insel verbreiteten Theorie zufolge handelt es sich bei der Bucht von Canyamel um *das letzte Paradies Mallorcas.* Vor allem wird diese Theorie von meinem Freund Juan Massanet verbreitet.

Juan ist in einem Bungalow auf dem Dach dieses Hotels aufgewachsen. Seit 1963, dem Jahr der Eröffnung, arbeitete sein Vater Tomeu an der Rezeption, ab 1966 dann als Direktor des Hauses. Heute noch hält der alte Tomeu hier und im Chiringuito am Strand Hof. Nach Art des milde lächelnden, für seine Gegner, besonders aber Feinde nicht zu unterschätzenden Gottvaters sitzt er klein, stämmig und stundenlang etwas abseits, umsorgt und unterhalten im fliegenden Wechsel von Sohn, Schwiegertochter, Enkeltöchtern und einem stolzen kräftigen Urenkel von wenigen Jahren namens Juan Massanet Jr., der natürlich wiederum der Enkel von Juan Massanet, also von Tomeus Sohn ist.

Der Schweizer Reisepionier Alfred Erhart bereiste in den frühen 1960er-Jahren Mallorca auf der Suche nach für den

Ackerbau unbrauchbaren Grundstücken, die er den seit Jahrhunderten eingesessenen Familien sowie auch den armen Bauern abkaufen konnte, um Hotels draufzustellen. Wie es der Zufall wollte, waren vor allem die Strandgrundstücke für den Ackerbau unbrauchbar. Was die Bauern auch unternahmen, am Strand wuchsen keine Kartoffeln.

Juans Frau Catalina erzählt mir in Canyamel, die Strandgrundstücke seien im damaligen Mallorca wegen ihrer legendären Unfruchtbarkeit und der Nähe zum eigenwilligen, problematischen Meer lediglich an die »schwarzen Ziegen in der Familie« gefallen (gemeint sind natürlich die schwarzen Schafe, ihre in vielen Jahrzehnten Massentourismus geschulte *Gebrauchs-Mehrsprachigkeit* macht aus den Massanets einen umtriebigen, machtbewussten wie auch in einem besonders liebenswerten Deutsch daherredenden Stamm). Ein alter Mann aus Artà erzählte mir im Februar 2016 in einem Lokal in Capdepera, froh, dass er in dem leeren Ort einen anderen Menschen traf: Als sein Urgroßvater Anfang der 60er-Jahre in einem Café am Plaça del Conqueridor, hier in Artà, davon hörte, dass sich an den Küsten Mallorcas künftig Menschen aus Nordeuropa in den kochenden Sand legen würden, *um sich zu erholen,* sei er, der Urgroßvater, so gehe die Legende, zunächst verstummt. Dann habe er gefragt, was das sei, *sich erholen,* aha, so etwas wie eine Siesta, nur dass sie, die Deutschen, ihre tägliche Siesta ein komplettes Jahr lang *nicht* machen – und dafür dann immer *am Stück* im Sommer? Sie legen sich in den Sand? Unter die Sonne? Zur Mittagszeit? Wochenlang? Sie sind verrückt? Nun habe er geschaut für ein paar Sekunden – schließlich habe er so gelacht, dass er einen Herzinfarkt bekommen habe. Mit knapp sechzig Jahren sei er in ebendiesem Café mitten in Artà gestorben.

Keine Ahnung, ob die Geschichte stimmt, vielleicht stimmt sie bis auf den Herzinfarkt? Aber sowohl der alte Mann, der sie mir erzählt, wie auch ich finden sie zu gut, um sie nicht weiterzuerzählen. Wenn sie stimmt, markiert sie übrigens den Epochenwechsel auf Mallorca vom Ackerbau zum modernen Massentourismus.

Andererseits wären viele mallorquinische Familien heute reich, wenn sie damals besser vernetzt gewesen wären. Europäer und Russen, die sich an Strände legen, gab es schon eine Weile, auch mondäne oder weniger mondäne Strände, es gab Scott F. Fitzgeralds an der Côte vor Langeweile irre werdenden Gatsby, es gab nur kein Internet und keine RTL-II-Nachrichten, die heute auch jedem Dorfbewohner, der nicht zur Info-Elite gehört, eintrichtern, wenn er sich ein verdammtes Schnäppchen entgehen lässt. Die Bauern Mallorcas sind damals hingegen seit Jahrhunderten mit Überleben beschäftigt, sie gehören nicht zur Info-Elite, nicht einmal zur damaligen. Sie haben keinen Fernseher, kein Telefon. Sie kümmern sich um das Vieh, um die Mühsal der Bewässerung der Felder in den trockenen Sommermonaten, um ihre von den Holländern importierten wunderschönen Windmühlen, für deren Umbau von Wasser- in Energie-Windmühlen heute, ginge es nach mir, jeder einzelne Tourist zehn Euro am Flughafen Palma zusätzlich zur neuen, sehr sinnvollen *Öko-Tourismussteuer* abgeben sollte. Das ist ungefähr der Preis für nur einen einzigen 3,5-Liter-Eimer mit Sangria oder irgendeinen Pornodrink mit zehn Strohhalmen drin in Cala Ratjada, also wäre es nicht einmal eine unverschämt hohe Abgabe.

Der Schweizer Alfred Erhart kommt 1962 nur schwer nach Canyamel. Straßen gibt es nicht hier im rauen Nordosten, mitunter nicht einmal Wege. Am ehesten noch erreicht man die kleine Bucht per Boot aus dem ehemaligen Exilanten- und baldigen Proleten- und Partyparadies Cala Ratjada im Norden. Erst dreißig Jahre zuvor hatten Flüchtlinge um Kafkas Freund und Förderer Franz Blei hier eine kleine, laute, umtriebige Kolonie gebildet, und wiederum dreißig Jahre später wird das Zentrum Cala Ratjadas mehr oder weniger komplett in der Hand eines Stammes sein, den der Fernsehsender RTL im Land der Exilanten von früher gegründet haben wird. Statt den Exilanten-Partys von 1932 an der selbst gezimmerten Bambus-Bar Waikiki gibt es heute halt den Bierbrunnen.

Laguna-Gründer Alfred Erhart ist ein rastloser Mensch, ehrgeizig, von gesteinssprengendem Selbstbewusstsein, immer auf Achse, also schlägt er sich auf dem Landweg bis nach Canyamel durch. Er erwartet nichts und geboten bekommt er dann, wie er in seinen Memoiren mit dem schönen Titel »Wunder dauern etwas länger« in den 1980ern aufschreibt, »das Traumbild einer Paradieslandschaft« aus den kathedralenhohen, größten Tropfsteinhöhlen Europas, einer Bucht mit Feinsand sowie schließlich einem artenreichen Wildbach, dem Torrent de Canyamel, der Insekten durch die Bucht schickt, groß wie Tennisbälle.

Alfred Erhart steigt auf eine Anhöhe am Rande Canyamels. Dort residiert auf einem Gutshof der alte Gabriel Morell i Font dels Olors. Die Familie Morell teilt sich seit Jahrhunderten das Land der Serres de Llevant im Nordosten Mallorcas, und so auch die Küste von Cap Vermell und das noch unerschlossene Canyamel, mit der Familie Massanet. Auf den Gutshof stapft Erhart durch den Kiefernwald hinauf, mit einer mächtigen Wassermelone unter dem Arm (über die Größe der Melone streiten der alte Tomeu und einige seiner alten Freunde einen ganzen Abend lang, einige deuten den Umfang eines Medizinballes an, andere den eines Heißluftballons), die Melone teilt er, um sie mit Morell zu verspeisen. Er kauft dem Alten dann ein Stück Strand ab, bitte sehr, du lustiger Schweizer, denkt der alte Morell, wenn du dringend Sand brauchst, in dem nichts wächst, und Salzwasser, das man nicht trinken und mit dem man nichts gießen kann, bitte sehr.

Ein Hotel, denkt wiederum still für sich Alfred Erhart, während sie beide an der Melone herumschmatzen, muss man nicht gießen.

Erster Hoteldirektor wird nach zweijähriger Einarbeitungszeit Juans Vater Tomeu, ein energischer und gerissener junger Mann, der den Hof des alten Morell mit Fleiß und Umsicht, eben Bauernschläue, über die Jahre zusammengehalten hatte und in der restlichen Zeit, wie so viele junge Mallorquiner in den heißen grauen faschistischen 50er- und frühen 60er-Jahren, der Schmugglerei nachgeht.

So sitzt man im Sommer 2016 mit dem alten Tomeu im Chiringuito, während sich am Nebentisch drei apathische deutsche Teenager für gezählt vier Stunden (einundzwanzig Uhr bis ein Uhr) über ihre Smartphones beugen, fahl beleuchtet durch die *zweite Welt* reisen, die Wellen und den gigantischen Mond über dem Wasser vor ihren Nasen, was sie nicht sehen, da das Licht aus den Smartphones und die Informationen aus diesen Smartphones ihre direkte Umgebung schlicht *löschen.* Sie hängen da rum wie müde Pflanzen, die das auf sie abstrahlende Licht der Benutzeroberflächen zum Leben brauchen, als ob sie vom Stuhl und in den Sand vor dem Chiringuito fallen, wenn diese stundenlange Betankung mit Smartphone-Licht auch nur kurz unterbrochen werden würde.

Hier nun, nur wenige Meter daneben, erzählt Tomeu, wie sie, als er jung war, in der nicht zweiten, sondern *anderen* Welt, mit kleinen Booten hinausfuhren in die Nacht, unter Lebensgefahr in vielfacher Hinsicht. Weit draußen vor Canyamel lagen die aus Nordafrika angereisten Schiffe, Tomeu und seine Freunde luden Mehl, Zucker, *amerikanische* Zigaretten und Whisky von diesen Schiffen auf ihre schwankenden Fischerboote und landeten dann nach langer Rückreise noch vor Morgengrauen dort an, wo Francos gemeingefährliche Guardia Civil sie zuletzt vermutete, also an den Steilküsten des Cap Vermell, am heute beliebten Naturbadestrand Cala Torta etwa, oder eben hier in Canyamel, an der Steilküste gleich unterhalb des schönen Luxusresorts Can Simoneta oder am Embarcador del Rei auf dem steinigen Weg zu den Höhlen von Artà. Von hier aus wurde die Ware ins Land geschleppt auf Eselskarren, später auf Lastwagen umgeladen, am Tag dann machte sich Tomeu auf den Weg zum Zwischenhändler in Palma oder Manacor, und noch jetzt, sechzig Jahre später, pocht er sich auf die Brust, um von seinem *rasenden Herzschlag aus Angst* zu erzählen:

Eine Polizeistreife der Guardia Civil war entweder bestechlich – oder sie bedeutete den Tod durch Erschießen. Dass sie grundsätzlich fast immer bestechlich war, die Polizei, wird ihr heute übrigens durch die Gesamtbevölkerung Mallorcas nicht in dem Sinne gedankt, denn diese hält ihre Polizei wie auch die entsprechenden Behörden, oft zu Recht, immer noch für bestechlich: Wieso jemanden standrechtlich erschießen, wenn er einem einmal im Monat einen Single Malt vom Schiff holt oder eben sonderbar kurzfristig eine Baugenehmigung im Naturschutzgebiet verschafft?

Der Gutshof und das weit bis hinunter in die Bucht geschwungene Land gehören heute zum (wie gesagt sehr schönen) Hotel Can Simoneta, es befindet sich immer noch im Besitz der störrischen Familie Morell, die sich, wofür ihr ewige Ehre gebührt, vor Jahren beharrlich weigerte, all dies an einen arabischen Investor zu verkaufen, der so lange immer mehr Millionen auf den Tisch knallte, bis der aktuelle, alte Morell (der Sohn des damals alten Morell) drohte, ihm, dem Scheich, bei einem Spanferkelessen (!) in der berühmten Porxada de Sa Torre, die Morell natürlich auch gehört, persönlich mitzuteilen, dass er in Ruhe gelassen werden wolle und kein Geld brauche, weil er genug davon habe, nur Ruhe habe er leider nicht genug. Und so zog der Scheich von dannen, reich und beleidigt.

Zum Architekten des Laguna habe ich selbst nach meiner Rückkehr aus einer Laune heraus die Legende in die Dorfwelt Canyamels gesetzt, dass er sich erschossen hat, als er mit dem Laguna 1964 endgültig fertig war. Es wurden bis 1963 nur drei Stockwerke gebaut, dann war Erhart mal wieder zu hoch verschuldet, er musste auf Einnahmen warten und baute 1964 dann einfach die restlichen drei. Das Hotel stand da, umwerfend schön, ein schöneres würde der Architekt nicht mehr bauen, klassische Moderne eben (die damals noch nicht klassisch genannt wurde), was hatte alles dann noch für einen Sinn? Also hat er sich ans Cap Vermell gestellt, erschossen und ist von den Klippen ins Meer gefallen und verschwunden. Die Geschichte stimmt nicht, aber sie gefällt mir, und so erzähle ich sie Mal um Mal, wenn mich wer nach dem Architekten fragt.

Dies ist eine mitteleuropäische Sicht, es ist zudem eine affektierte *Künstlersicht,* und das Laguna ist dem Architekten sicher auch deshalb so glänzend gelungen, weil er sich keine Gedanken über die Reaktion des Feuilletons geschweige denn des Internets gemacht hatte. Er hat von Herrn Erhart einen Auftrag bekommen, den hat er erfüllt. Es ging bei diesem Auftrag nicht darum, dass der Architekt ein Meisterwerk entwirft, er musste sich auch keiner Ausschreibung stellen und *pitchen:* Der alte Erhart ist seine Geschäfte damals auf Schuldscheinbasis angegangen, er ahnte einerseits, dass er hier Geld verdienen konnte, er wusste andererseits, dass er jetzt gerade kein Geld hatte. In sein Hotel Bikini an anderer Stelle auf der Insel baut er damals einen Aufzug, der zunächst nicht fährt, auf Nachfrage von Gästen gibt er klipp und klar zu verstehen, im Prospekt sei von einem Aufzug die Rede, nicht aber von einem, der auch hoch- und runterfährt. Auch diese Geschichte habe ich *gehört* und ein freundlicher Nachfahre Alfred Erharts hält sie auf Nachfrage für ganz und gar nicht unwahrscheinlich. So war nun mal erstens die Zeit und zweitens fuhr der Aufzug im Hotel Bikini irgendwann doch noch, alle sollten sich mal nicht so anstellen und taten es auch nicht.

Der Architekt des Hotels Laguna, dessen elegante Architektur heute erstklassige, mir bekannte Architekturkritiker begeistert, hatte ein in erster Linie *zweckmäßiges* Hotel zu entwerfen, preiswertere Zimmer nach hinten, teurere Zimmer nach vorne, vor das niederschmetternd schöne Panorama der Bucht und des Meeres also Balkone. Unten gab es zunächst nicht einmal eine Terrasse, sondern all die Schweizer

Füße liefen aus dem Hotel heraus direkt in den Sand. Abend für Abend wollten die Gäste damals lieber draußen essen und nach dem Essen noch ein wenig tanzen, und Abend für Abend und Jahr für Jahr, erzählt der alte Tomeu, habe das Personal also Tische und Stühle mühselig hinaus- und in den Sand geschleppt und in den frühen Morgenstunden dann wieder hinein. Manchmal braucht man lange, bis man merkt, dass man etwas *grundsätzlich* ändern sollte – auch ich fuhr jahrelang mit meinem Dienstwagen von einem Stau in den nächsten, bis ich ihn endlich abgab. Tomeu hatte irgendwann eine goldene, wenn auch seit vielen Jahren fast schon zu naheliegende Idee: Wenn wir vor das Laguna eine kleine Terrasse bauen, können wir Tische und Stühle hinstellen, die den Sommer über einfach dort stehen bleiben, wir müssen dann nicht alles jeden Abend rausschleppen und verkatert am Morgen, noch bevor die ersten Frühstücksgäste kommen, wieder hinein.

Bis heute geht man von seinem Zimmer im Laguna, wenn der Aufzug pünktlich kommt und kein Kleinkind mit einer aufblasbaren Schwimminsel die Tür blockiert und im Kindersound der französischen Schweiz (»Maman? Maman??«) nach seiner Mutter ruft, über die Terrasse und den Strand bis ins Wasser: nur eine Minute. Mitunter muss man wirklich länger auf den Aufzug warten, es gibt nur einen im Laguna. Aber in der Beschreibung des Hotels Laguna ist auch nicht von einem Aufzug die Rede, der auf Knopfdruck besonders schnell erscheint.

Wie auch immer ist dem Baumeister da in der Eile beiläufig etwas besonders Schickes gelungen. Erharts Immobilie könnte mehr Gold nicht wert sein, man berücksichtige die bis heute fünfzigjährige Amortisation sowie die aktuellen Aushänge für runtergewohnte Villen oder steinige Baugrundstücke in der begehrten Costa Canyamel, die die Immobilienagenturen in Cala Ratjada und Artà nicht nur feilbieten, sondern an ratlose Golfspielerpaare auch allesamt loswerden mit jährlich neuen Rekordumsätzen. Sogar die kalifornische Monsterfirma Apple, für die sich junge chinesische Fließbandarbeiter in den Tod stürzen, sieht dagegen alt aus: Zwar hatten ihre Gründer auch gute Riecher, aber jetzt müssen sich die Apple-Leute jedes Jahr etwas Neues ausdenken, um die *Fantasie der Anleger* nicht zu enttäuschen, ein Stress, dem sie etwas krampfhaft nachkommen, unter dem hämischen Beifall der *Netzgemeinde* für Erfindungen wie die alberne Apple-Watch. Derweil renoviert die Familie Erhart inzwischen in der dritten Generation behutsam ihre erzkonservativen Familienhotels, die Fantasie von Anlegern ist ihr egal.

Juan ist ein großer, kräftiger Mann mit einem großen Gesicht, großen Augen, großen Händen und tiefer Stimme. Er ist ein zugleich stolzer wie auch sensibler Mann, als solcher ein alten Schriften von Reisenden, Historikern und Landvermessern zufolge typischer Mallorquiner, denn Mallorquiner wirken auf Fremde oft erst einmal so mürrisch und morsch wie alte Schranktüren, nur verbergen die Menschen, die seit rund tausend Jahren wellengleich zunächst von Piraten und nordafrikanischen Islamisten überrollt wurden und anschließend von deutschen und englischen Touristen, auf diese Art und Weise nun mal ihre zarten Seelen. Wenn also Juan sagt, dass Canyamel das »letzte Paradies Mallorcas« ist, dann im nämlichen Stil des eher knarzenden als sprechenden Steilküstenbewohners. Ein so gelassener und selbstsicherer Satz klingt dann wie eine Drohung, so haben Juans Vorfahren um das

Jahr 1300 herum mit den Piraten aus Nordafrika gesprochen, bevor sie sie vom Dach des verrammelten Torre de Canyamel vollpinkelten (und das haben sie wirklich getan).

Gegen zehn Uhr, wenn die Gäste des Laguna gefrühstückt haben, sitzen viele von ihnen zunächst auf der weiten Terrasse herum, ratlos schauen sie umher, Ines fährt die Markisen aus, da die Sonne schon die Kacheln backt, eben aus Deutschland angereiste Väter wackeln nervös mit blassen Zehen in Sandalen, in Tücher gewandete Mütter führen ihre Kleinkinder mit Gravitas um den Pool herum. Sehr berührt die Sehnsucht nach Verlangsamung der aus dem deutschen oder eben schweizerischen Stadtwahnsinn Ankommenden, gleichzeitig ihre Nervosität, da mentale Unfertigkeit: Halb steckt ihre Motorik noch im nordeuropäischen, strindberghaften Grau, jetzt diese Sonne hier, das Fehlen von öffentlichem Nahverkehr, umherrasenden Autos und Hip-Hop. Ein eben eingetroffener Vater steht wie einzementiert auf der Terrasse, seinen kleinen Sohn an der Hand, der sich unsicher an die Seite vom Papa schmiegt, ein zärtlicher Moment, auch: großer Hilflosigkeit. Juan erscheint um diese Uhrzeit, indem er in gestärktem weißem Hemd und Krawatte aus seinem Bungalow oben auf dem Dach hinunter zu den Normalsterblichen herabfährt mit dem Personalaufzug (er ist nicht blöd und nimmt den Aufzug für die Gäste, da könnte er lange warten). Die Nacht im Chiringuito mit den anderen Vertretern des mallorquinischen Hoteldirektorenverbandes, dessen Vizechef Juan ist, war lang. Seine müden wie aufmerksamen Augen mustern die Terrasse, über die seine Leute kehren, wischen und in jeder Art eilen. Er fährt sich mit den Pranken durch das grauschwarze Lockenhaar. Sogleich hängt an jeder Hand ein Kind.

Um den zeitlosen Rahmen für all dies zu schaffen, brauchte es damals einen Architekten und keinen Künstler. Danke, auf Wiedersehen, Herr Architekt. Dass es in den ersten Jahren mitunter reingeregnet hat ins Hotel in den stürmischen Wintern, mag daran gelegen haben, dass das Laguna schnell fertig werden und bewohnt werden musste, es musste ja dringend Geld rein. Über die Jahrzehnte wird mal hier gespachtelt, mal dort gespachtelt. In Anlehnung an den benachbarten Wildbach nennt Alfred Erhart das fertige Hotel schlicht »Laguna«. Gesamtkosten für das dem alten Morell abgekaufte Strandgrundstück im Paradies und das endlich fertige sechsstöckige Hotel im Sommer 1964: achtundzwanzig Millionen Peseten, das sind nach damaliger Umrechnung rund dreihundertdreißigtausend DM. Für Alfred Erhart ist das ein Haufen Geld, das er noch gar nicht besitzt, sondern das nun wieder reingewohnt gehört. Dass niemand heute anzweifeln würde, dass Alfred Erhart hier in historischem Ausmaß gut investiert hat: keine Frage.

Fast könnte man auf die Idee kommen, dass die Welt in Canyamel sogar im Rekordsommer der großen Touristenschwemme 2016 noch in Ordnung ist. Mindestens ist sie es für mich, auch ist sie es für Juan, der in jenem Sommer nicht zuletzt in seinem eigenen Strand-Chiringuito vor dem Laguna gute Umsätze einfährt. Den einen oder anderen Abend steht er bis jeweils tief nachts selbst in der saunaheißen Küche seiner Strandbar, er fährt nach Cala Ratjada, kauft im Hafen vierzehn Kilo frischen Fisch zusätzlich, schmiert sich beim Filetieren in der Küche Hemd und Krawatte voll mit Schuppen und Innereien, trinkt gegen ein Uhr früh noch die üblichen zwei Gläser Dalwhinnie Highland Single Malt, schimpft über die zehnmonatige Unfähigkeit der Idioten in Madrid, eine Regierung zu bilden. Auch während meiner drei Monate in Canyamel im Sommer 2016 befinde ich mich in einem Land ohne Regierung, es interessiert hier nur keinen wirklich. Keine Regierung? Na und? Auch das Gemaule Juans folgt eher einer Gewohnheit. In dem Sinne braucht der Spanier keine Regierung. Er braucht eine Verwaltung. Der beschuppte Juan fährt dann mit dem Aufzug nach oben, legt sich neben Catalina ins Bett und riecht dort nach Fisch. So muss er, nach allem und im Alter von sechsundfünfzig Jahren, das Bett wieder verlassen. Hoteldirektor. Besser geht's nicht. Analoger Einsatz. Analoge Ergebnisse.

»Ich wäre auch gerne ein Hoteldirektor, Juan.«

»Du bist ein Idiot.«

»Du hast ein schönes Leben, Juan.«

»Du weißt nicht, was du redest. So redet ein Mann, der nicht weiß, wovon er redet. Journalist. Wann reist du wieder ab?«

»Aber du sagst selbst, dass du im Paradies lebst.«

Er trinkt. Dann: »Stimmt, schreib das in deinem Buch: Canyamel ist das letzte Paradies. Nein, schreib es nicht. Sonst kommen alle anderen auch noch.«

Der Untergang Mallorcas

Die Menschen sind extrem unzufrieden
und kommen trotzdem immer wieder.
Die Alltagskultur der Klage –
und die Zärtlichkeit von Twitter

Als wir 1967 zum ersten Mal nach Mallorca reisten, machten dort außer uns noch ein paar Hunderttausend andere Menschen pro Jahr Urlaub, die meisten davon Deutsche. Die Insel galt schon damals als *Magnet*, und meine Eltern waren deshalb unsicher, ob sie nun auch noch dort hinfliegen sollen, als man es ihnen in einem kleinen Reisebüro in Meerbusch-Büderich vorschlug. Sie hielten viel von einsamen Stränden und Bildungsreisen in Länder, die man eben noch überfallen hatte (vor allem nach Frankreich), dazu gesellte sich die Gesamtmisanthropie meines Vaters, seine Aversion gegen Menschen grundsätzlich, mindestens gegen die meisten von ihnen. Im Kaufhof an der Kö hatte er einen unserer Nachbarn, den segelohrigen Herrn Schnarres, Hausmeister von gegenüber, dabei beobachtet, wie der ein Ölgemälde mit dem Porträt Peter Alexanders erwarb. Das infame Abbild des österreichischen Universalentertainers, der Abend für Abend nach der Eurovisionsfanfare aus einer anderen Mehrzweckhalle heraus Menschen beglückte, die nach Ansicht meines Vaters »schwachsinnig« waren (und zwar ernsthaft, für ihn waren diese Menschen wirklich pathologisch nicht in Ordnung), es war in dicken Ölschichten aufgetragen worden, es gab im Kaufhof ungefähr zwanzig oder dreißig Gemälde davon, immer nur Peter Alexander, Themenwoche Peter Alexander, andere Themenwochen boten Roy Black oder Heino, ein Schild in dem Kaufhaus wies dann stets darauf hin, dass die Porträts von »echten Kunstmalern angefertigt« worden seien. Heute wird derartige Prosa für Lebensmittel verwendet, zum Beispiel für die Milch von *ausgesuchten Bauernhöfen* – ein *echter Kunstmaler* ist ja ebenso wenig eine geschützte Bezeichnung wie ein Bauernhof, der vorher zwangsläufig, nach welchen Kriterien auch immer, *ausgesucht* wurde.

Mein Vater sah Herrn Schnarres von Weitem schon aus dem Kaufhaus stolzieren mit seinem Bild und seinen Segelohren, er zog an meiner Hand, zischte »Komm, Junge, wenn der uns sieht, sitzen wir unweigerlich in der Sch…«, aber da war es schon zu spät. Herr Schnarres winkte und hielt uns an der Kreuzung Königsallee / Heinrich-Heine-Allee die Fratze des *Sinatras aus Wien* vor die Augen. »Von Meisterhand gemalt!«, schrie er. »Was sagen Sie jetzt, Herr Gorkow, und was würde wohl Ihr Kunstfreund Schmalenbach sagen, hm? Da würde er aber staunen, nicht wahr? Herr Alexander tritt nächste Woche übrigens in der Philipshalle auf!« Leute wie Herr Schnarres, Peter-Alexander-Fans, Schwachsinnige, Proleten fuhren nach ursprünglicher Ansicht meines Vaters sicherlich nach Mallorca, *niedere Lebensformen,* wie Schmalenbach sie nannte, und so musste auf meinen Vater und meine Mutter in dem Reisebüro auf der Büdericher Dorfstraße offenbar, wie meine Mutter heute noch erzählt, *sehr* eingeredet werden Mitte der 60er-Jahre, vor allem in der Hinsicht, dass zwar die Strände im Süden Mallorcas gut besucht seien, dass es da aber eben diese kleine Bucht im Nordosten der Insel gebe, die sich dem großen Ansturm völlig …

Alleine in den Sommermonaten sind es heute zehnmal so viele Urlauber auf Mallorca wie damals im ganzen Jahr. Als wir 2015 wieder daheim in München ankommen nach einem Sommerurlaub, der trotz aller Alarmmeldungen über die zu neunzig Prozent ausgelastete Insel aus nach Heu duftender Einsamkeit auf weiten Feldern und in stillen Buchten bestand wie auch aus der unschuldigen Lebensfreude eines alten Familienhotels in der kleinen Bucht von Canyamel – da lasen wir einen großen Bericht in der Zeitung. Demzufolge stand Mallorca nach der unter anderem durch uns besucherstärksten Saison seiner Geschichte im Spätsommer 2015 endgültig vor dem Kollaps (da war die große Trockenheit, ausgelöst durch den regenlosen Winter 2015/2016, noch gar nicht über die Insel gekommen). Die Mehrheit der Touristen sei nun auch final *unzufrieden* gewesen mit ihrem Urlaub, so das Fazit einer balearischen Stiftung namens Gadeso – nur 4,6 von 10 Punkten gaben die unzufriedenen Urlauber von 2015 ihrem Urlaub auf Mallorca auf einer *Zufriedenheitsskala.* Fazit der Zeitungsgeschichte, ganz am Ende: »Sieht so aus, als würden sich auch viele Touristen ein anderes Mallorca wünschen. Eines, das günstiger, gepflegter, schöner ist.«

Meine Frau und ich sind, als wir das im September 2015 lesen, ratlos. Noch günstiger und gepflegter, noch schöner? Wo waren wir gerade gewesen? Hatten wir nicht unseren schönsten Urlaub seit langer Zeit erlebt? Oder eben schon, aber vor allem, weil wir inzwischen alt und verblödet und anspruchslos waren?

Objektiv war Mallorca voll. Auch subjektiv war zum Beispiel der Flughafen von Palma voll. Trotzdem lief alles erstaunlich reibungslos ab in der einen, logistischen Hinsicht – und dazu waren es in der anderen, wichtigeren, poetischeren Hinsicht Wochen gewesen, in denen wir sogar als Bewohner eines Ferienhotels mit Teilzeitbetreuung durch einen tapferen Animateur aus Nürnberg die Ruhe genossen, die Farben, den Duft, nicht zuletzt den vielen Platz, die endlosen Täler und Wälder und Wege des Llevant.

In Italien, in Frankreich hatten wir die Jahre zuvor halbe Tage in Staus verbracht, die berühmte Staustraße Richtung Saint Tropez, so dachte ich an einem dramatischen Sommertag vor einigen Jahren, werde ich nie wieder verlassen, ich werde in meinem Auto auf dieser Straße kurz vor Saint Tropez sterben und *gefunden* werden. Vor und hinter mir werden andere Münchner Besserverdiener, Medienmogule, Schauspieler und die zahlreichen Führungspersönlichkeiten und Abteilungsleiter des öffentlich-rechtlichen Rundfunks wie ich als Skelette in ihren Wagen sitzen, noch ihre (veralteten) Smartphones in den Handknochen und jeder mit einem Sommerhut obendrauf. Für Menschen, die regelmäßig zum Beispiel auch in München einen Parkplatz suchen, hat Mallorca offenbar ein anderes Problem: Es ist *gefühlt* oft nicht voll. Wir sind auf Mallorca im vorläufigen Rekordjahr 2015 (und auch im anschließenden Rekordjahr 2016) über freie Straßen gefahren. Wir bekamen immer bequem ein schönes Liegenensemble in der Bucht von Canyamel. Wenn man nicht gerade an einem der seltenen Wolkentage einen Ausflug zu einer zwangsläufig verheerenden Touristenattraktion macht (den berüchtigten Drachenhöhlen etwa, dazu später mehr), erlebt man auf der sogenannten Kollaps-Insel Stille, Tage und Wochen reizender Einsamkeit, Luft und Wind. Man hat freie Sicht und trotz sechzigtausend umherfahrender Mietautos sogar freie Parkplätze an der Hafenpromenade von Portocolom oder in Canyamel, sogar in der mir so lieben Weltmetropole der tätowierten, deutschen, sexbesessenen Blondinen und ihrer Rammler: in Cala Ratjada. Nicht einmal in Palma, einer der herrlichsten, welthaltigsten Städte des europäischen Südens, haben wir zur Hauptsaison das venedig- oder florenztypische Überfüllungsgefühl. Aus Venedig rief mich in Canyamel eine Freundin an, die Rialtobrücke sei gesperrt, die Touristen kommen nicht mehr rauf und nicht mehr runter, Panik. In den Uffizien in Florenz fotografierten sich Pulks von Touristen vor der Venus von Botticelli, Teleskopstangen pendelten über den Massen in der böse verdichteten Luft des Raums, oben ein Smartphone, unten eine junge Frau in Shorts vor der Venus, deren Geste, sich die Hand vor den Busen haltend und also gleichsam auch in einer Muschelschale stehend, imitierend, gemeinsam mit ihrer ebenfalls fast nackten Freundin.

In Palma gibt es viele Touristen. Sie kommen vom Flughafen. Dazu gleiten Kreuzfahrtschiffe in den Hafen, sie sind selbst Städte, diese Schiffe. Angelockt durch Themenreisen mit deutschen Schauspielern, die Ringelnatz-Abende abhalten und dafür umsonst mitfahren dürfen, Heavy-Metal-Bands, David Garrett oder Udo Lindenberg stapfen die Menschen auf die Schiffe, in ihre Kabinen, sie trinken, essen, vögeln, schlafen, lachen und kotzen auf diesen Schiffen, sie lassen sich wochenlang gemeingefährlich volldieseln aus den Schornsteinen dieser Schiffe, in Palma steigen sie alle aus für einen *Stadtrundgang* und *Shopping*. Aber die Stadt, in die zusätzlich zu den anderen Mallorcaurlaubern pro

Tag also bis zu fünfundzwanzigtausend Kreuzfahrer einfallen, *um einzukaufen,* wirkt, als nehme sie all dies, wenn auch irgendwie diffus zunehmend gereizt innerhalb der angestammten Bevölkerung, grundsätzlich immer noch eher achselzuckend zur Kenntnis. Die Stoa.

Im Jahr 2016 meldet Mallorca ein weiteres Rekordjahr: 12,8 Millionen Urlauber alleine bis Oktober. Insgesamt bis Jahresende mehr als sechsundzwanzig Millionen startende und landende Menschen, im Unzufriedenheitsjahr 2015 waren es erst vierundzwanzig Millionen gewesen.

Offenbar buchten also die in der Zeitung zitierten sehr unzufriedenen Besucher von 2015 (vergleiche oben: Nur 4,6 von 10 Punkten in der Zufriedenheitsskala) sofort nach ihrer Rückkehr aus Mallorca den Urlaub auf der Hölleninsel für das Jahr 2016 *erneut,* denn da die Bettenzahl auf Mallorca nicht mehr steigen darf, ist schon bald alles wieder ausgebucht. (In Wahrheit steigt die Bettenzahl natürlich durch die Mallorquiner und deutsche Residenten, die ihre Häuser via *Airbnb* an weitere Touristen vermieten, die nicht nur schwer zu zählen sind, sondern auch die neue Ökosteuer pro Gast nicht abführen.)

Niedergeschlagen kehren also alle Unzufriedenen aus dem Katastrophenjahr 2015 im Jahr 2016 zurück. Dazu kommen im Jahr 2016 dann noch die Touristen auf die Insel, die sich *aufgrund der Sicherheitslage* und ihres *subjektiven Sicherheitsgefühls* nicht mehr trauen, in die Türkei oder nach Ägypten zu fahren. Die Insel ist somit im Sommer 2016 überbucht. Im Herbst 2016 häufen sich die Berichte in den *klassischen Medien* Deutschlands, dass viele Besucher in diesem Jahr mit ihrem Urlaub auf Mallorca sehr unzufrieden gewesen seien. Zu voll. Zu trocken. Der Service überfordert, das Essen zu schlecht …

Um die Jahreswende 2016/2017 melden die Reiseveranstalter dann neue Rekordbuchungszahlen für den Sommer 2017, alleine bis zum Oktober rechnet der Flughafen Palma mit rund achtundzwanzig Millionen Ankommenden wie Abfliegenden. Vor allem rechnen Behörden wie Veranstalter, wie trocken angemerkt wird, mit der Rückkehr der üblichen (und laut Statistik sehr unzufriedenen) Stammgäste.

Die Menschen sind sonderbar, oder?

Da der Urlaub alltäglicher wurde, ist er auch Teil unserer Alltagskultur geworden, und die ist eine des *Verdrusses* und der *Klage.* Ich tauche mit meiner Rückkehr nach Mallorca ein in die Welt der übellaunigen, erpresserischen Bewertungsportale, kalt über die *Überfüllungskatastrophe* lächelnden Zeitungsberichte, apokalyptischen Magazinberichte, hämischen Fernsehberichte. Wenn schon die Welt, die alte Apfelsine, nicht so schnell vom Baum fällt, wie ständig angekündigt, so muss immerhin Mallorca sterben, das *Hauptquartier der Überfüllung,* deren Hotspots sich gut eignen zur Bebilderung eines Babylons der sich selbst hassenden, westlichen, endzeitlichen Gegenwart: Überfüllung, Sex und Kotze auf einer Insel ohne Wasser. Immer geht es um eine Welt am Limit, die sich an sich selbst überfressen hat, um deutsche B-Promis, Neureiche, dazu all die durchtriebenen Sparfüchse, die sich ihr Geld jetzt, wo sie keine Zinsen mehr kriegen, beim Veranstalter zurückholen für den Lärm der Queen-Revival-Band abends vor ihrem Hotelfenster.

Meine Frau und ich überlegen, ob wir und die anderen Gäste des braven Mittelklassehotels Laguna dazugehören, und beschließen: Nein. Wir saufen nicht mit Michael Michalsky und Heidi Klum und Micky Krause zur Saisoneröffnung an der Playa de Palma, wir reihern nicht in Cala Ratjada auf die Straße, wir fahren nicht mit Kokain in den Nebenhöhlen auf einer Jacht um die Insel herum, wir vögeln nicht nach der Disco um sechs Uhr früh am Strand, wir kaufen keines der perlweißen sonderbar faschistisch aussehenden *Traumobjekte* in der Bucht von Andratx, die mit sagenhaften Gewinnspannen für die meist deutschen und einschlägigen Immobilienbüros an die Kundschaft zu bringen sind. Wir gehören nicht einmal zu den wenigen Ausnahmegästen des bei seinen Stammgästen legendär beliebten Laguna, die mit einer Scheißlaune anreisen, mit einer Scheißlaune bleiben und mit einer Scheißlaune wieder abreisen. Wir erlebten einen Gast, der sich nach dem einmal pro Woche für Transparenzsüchtige wie ihn vom Hotel organisierten »Besuch in der Küche« bei Juan darüber beschwerte, dass in der Küche ein Mülleimer stehe, in dem sich Müll befinde, Müll habe in einer sauberen Küche nichts verloren.

»Darum ist der Müll aber doch im Mülleimer, mein Herr«, sagte freundlich Juan.

Und der Gast zischte: »Unverschämtheit!«

Das Laguna wird am Ende der Saison 2016 mit achtundneunzig Prozent Superzufriedenheit seiner Gäste auf dem Scharfrichterportal Holidaycheck zu den überragenden Hotels Mallorcas gehören, zumal in seiner Preisklasse. Im September randaliert auf dem Portal allerdings »Jürgen, 61–65 Jahre alt«, der offenbar früher oft in volkseigenen Kantinen essen musste. Auf Holidaycheck bringt Jürgen mal etwas Schwung, er ist ein Laguna-Wutbürger: »Die Verpflegung hatte das Niveau einer DDR-Kantine. Jeden Morgen trockenes Graubrot zum Frühstück. Rührei aus Fertigeimasse, anscheinend in Altöl gebraten. Ungenießbar! Und abends Fisch, der aussah wie Huhn, Hühnerabfall in undefinierbarer Brühe, giftgrün lackierte Erbsen, Linseneintopf (typ. Sommergericht!) und warmer Weißwein. Auf Reklamationen wurde nicht eingegangen.« Fisch, der aussieht wie Huhn? Die alten Erbsen werden umlackiert? Hühnerabfall? Ich bin begeistert.

Dann kommt Jürgen mit der Wahrheit um die Ecke, denn wie man weiß, gibt es für derartige Gewitter auf der Unzufriedenheitsskala meist tiefer sitzende Ursachen. Jürgen, lass es raus! Und, siehe da: »Die Terrasse war immer reserviert, von wem, für wen auch immer. Meist für die Kunden der Schweizer Hotelkette. Wir wurden an Tisch neun im Speisesaal platziert. Und dort mussten wir bleiben bis zum Ende unserer Tage.«

Zwar ist Jürgen im Laguna nicht gestorben, wie er behauptet, aber ersichtlich ist, dass er in seinem Urlaub zu kurz kam, wie er glaubt, ein Gefühl, das 2016 en vogue ist, wie man weiß. Politiker aller Parteien fordern deshalb, man müsse *die Sorgen der Menschen* ernst nehmen, und wie es aussieht, hat Juan Massanet das getan, es hat aber leider nichts gebracht, denn Jürgen war in seinem Urlaub, wie sich herausstellt, außer Rand und Band. Ich bin bei Holidaycheck ein Fan der Rubrik »Antwort des Hoteliers«, bei »Jürgen, 61–65 Jahre« werde ich nun Zeuge, wie mein wunderbarer Freund Juan Massanet in seiner »Antwort des Hoteliers« alles gibt. Ich sehe Juan dabei vor meinem inneren Auge, wie er in seinem kleinen, mit Papierbergen, Zigarrenkisten und Kram vollgestellten Laguna-Büro sitzt mit blutunterlaufenen Augen vor Erschöpfung. Und wie er zunächst einmal dies hier tippt, denn so verlangt es die Etikette, und er ist nicht Donald Trump, der nur zwei Monate später Präsident Amerikas wird und allen, die ihm dumm kommen, per Twitter einfach auf die Hose kotzt. Also gurrt Juan zunächst ins weltweite Netz: »Guten Tag, Jürgen! Vielen Dank, dass Sie unser Hotel für Ihren Urlaub ausgesucht haben. Wir bedauern, dass wir Ihre Erwartungen nicht erfüllen und Sie Ihren Urlaub nicht wie gewünscht genießen konnten. Zufriedene Gäste zu haben, ist immer unser Ziel, *egal woher sie kommen* und welche Bedürfnisse sie haben.« Schon in dieser freundlichen Einleitung stellt Juan also klar, dass er keine antideutschen Ressentiments im Laguna duldet sowie die zwangsläufige, letztlich rassistische Besserbehandlung von Originalschweizern.

Allerdings muss Juan gegenüber Jürgen etwas klarstellen. Erinnerst du dich, *Jürgen, 61–65 Jahre?*: »Die Plätze fürs Abendessen auf der Terrasse sind, wie Sie sich vorstellen können, besonders beliebt bei allen Gästen, an Ihrem Ankunftstag waren deshalb leider keine Plätze mehr frei. *Sie haben sich sehr darüber aufgeregt und mit der Faust auf den Tisch geschlagen.* Wir haben Sie darauf um Verständnis gebeten, dass wir nicht andere Gäste von einem besetzten Tisch während des Essens für Sie wegschicken können. Bestimmt können Sie sich noch daran erinnern, dass wir Ihnen dann am folgenden Tag einen Platz auf der Terrasse angeboten haben, was Sie leider abgelehnt haben und lieber auswärts essen gingen.«

Wir nun, meine sympathische Frau und ich, gehören auf Mallorca empirisch nachweisbar zur *schweigenden Mehrheit,* wir hauen nicht in Hotel-Restaurants auf den Tischen herum, wir sind nicht Teil der Katastrophe, sondern wir sind katastrophal langweilig. Aber nur mit renitenten Frühbuchern und Blingbling alleine kommen all die Millionen Gäste jedes Jahr nicht zusammen.

Ausgerechnet die viel beklagten sozialen Netzwerke erzählen nun mit zarter Empathie aus unserem Leben, von unserer Liebe zu dieser Trauminsel, denn mal hier, mal dort, mal auf Twitter, mal in einer Hotelbewertung ploppen Traumbilder auf, vom Sonnenaufgang in Canyamel zum Beispiel, in den ich selbst jeden Morgen hineinschwimme, und vorne auf einem Tweet ist der noch leere Strand, hinten leuchten die ersten Lichtstrahlen über den Felsen von Cap Vermell, dazu schreibt ein Amerikaner namens Joe: »SO sad, we have to leave. Days of our life in #Canyamel #Mallorca #Dreamhome.« Auch diese Menschen also, nicht nur die etablierten Pegidisten, flüchten vor den *etablierten Medien* ins Netz. Sie kommen in den nahezu täglichen Katastrophenberichten, die sich darauf geeinigt haben, dass Mallorca keine schöne Insel, sondern ein Abgrund ist, nicht vor. Stattdessen kommen sie immer wieder.

Zerstreuung

Brauche ich eine Psychotherapie oder einen Urlaub? Meine Kajakreise zu Rafael Nadal und zu den Kormoranen. Dazu eine Betrachtung der Urlauber an Naturbadestränden im Vergleich zu denen an bewirtschafteten Stränden

Die Monate Juni, Juli und August des Jahres 2016 verbringe ich in Canyamel statt in München. Meine Redaktion hat mir ein Sabbatical von drei Monaten gewährt, ich habe zu diesem Zeitpunkt dreiundzwanzig Berufsjahre bei der Süddeutschen Zeitung hinter mir, ich werde im August fünfzig Jahre alt, es geht mir gut, oh, so gut.

Meine Freundinnen und Freunde lassen sich in drei Gruppen unterteilen: die hämische Gruppe, die nachdenkliche und die pragmatische. Alle drei Gruppen haben mich lieb, ich habe sie lieb, aber so sind sie nun mal: hämisch, nachdenklich, pragmatisch.

Meine Rückkehr nach Canyamel im Jahr zuvor hatte mich derartig aufgewühlt, dass der hämische Teil meiner Freunde danach wölfisch grinst und mir klarmacht (oder mir klarzumachen versucht), dass das nun die übliche Midlife-Crisis vor dem Eintritt in die eigentliche Siechtumsphase ist: Rückschau auf ein Leben als junger Mensch, Klage über die Toten, Jammern über das verlorene Paradies, Erwartung der eigenen Krankheit zum Tode. Der komplizierte Teil meiner Freunde kommt in weicheren Worten zu einer ähnlichen Einschätzung, problematisiert aber die Paradiesfrage, denn sicher liegt in dem Mann in Wahrheit etwas verschüttet. Dieser Teil meiner Freunde rät zu einer *Therapie.*

Ich lerne in den Gesprächen mit meinen Freunden über die unterschiedlichen und, je nach Gesprächspartner, für mich jeweils zwingenden Methoden: Es kommen demnach vor allem die Klassiker Freud oder C. G. Jung infrage. Ferner werden tiefenpsychologische Ansätze empfohlen, also die berühmte autogene Therapie nach Schultz etwa, die Daseinsanalyse nach Binswanger und die Hypnose nach Erickson – schließlich, mein Favorit, das *Psychodrama* nach Moreno: Diese Therapie würde mir die Möglichkeit geben, meine in unteren Seelenschichten vor sich hin blubbernden Fragen, Leiden und Wünsche mithilfe eines Spielleiters und diversen Hilfs-Ichs *vor der Gruppe* darzustellen. Bei dieser Gelegenheit würde ich meine interessanten Verhaltensmuster vorführen, zum Beispiel ist es eigenartig, dass ich im Gym immer mehr Gewichte auflege als mein jeweiliger Vorgänger am Gerät, in Restaurants fanatisch anmahne, dass die Suppe kochend heiß serviert werden muss, da ich sie sonst mit einem zynischen Lächeln zurückgehen lassen werde, das Steak muss immer so groß sein, dass man es wie im Zoo nicht auf einem Teller, sondern in einer Wanne serviert. In jedem Fall würden diese Verhaltensmuster nach der Vorführung dann in der Gruppe *problematisiert* werden, sodass ich anschließend *an ihnen arbeiten* könnte. Am Ende würde es nach den Rückmeldungen und Eingriffen aus der Gruppe zu einer *Erschütterung* und also *Katharsis* kommen, und zwar bei mir, nicht in der Gruppe: ein in meiner Familie unerhörter und auch noch nie erlebter Vorgang.

Waren wir unterwegs, ging es nie darum, erschüttert *zu werden.* Erschütterungen, so habe ich es gelernt, löst man *bei anderen* aus, in Restaurants, Büros oder Telefonzellen, keinesfalls bei sich selbst, und dass man leider hier und da erschüttert ist, das ist zwar so, aber nicht, weil man es darauf abgesehen hatte, sondern es handelt sich dann um eine Art Unfall. Oder es war halt Krieg.

Weinend werde ich nach der Therapie zusammenbrechen und *erkannt* haben und glücklich sein. Einen Teil dieser Therapie, bilde ich mir ein, habe ich in Eigenregie schon im Sommer 2015 bewältigt, als ich in meinem ersten kurzen Aufenthalt auf Mallorca nach mehr als drei Jahrzehnten den alten Teo wiedertraf und danach den Nissan vollheulte, während die Ziege über die Mauer starrte. Nur war es kein Spiel, auch gab es keinen Spielleiter, wenn man von mir, dem Probanden, absieht, der sich selbst inszenierte, problematisierte und die Inszenierung schließlich auch mit sich selbst in einem Selbstgespräch ausdiskutierte, während die Ziege schaute und schaute.

Der pragmatische Teil meiner Freunde und Kollegen schließlich stellt fest, dass meine Verhaltensmuster insgesamt auffällig seien, dass es aber vor allem in der täglichen Zehn-Uhr-Konferenz Kollegen gebe, deren Verhaltensmuster noch viel auffälliger seien. Solange ich noch ausreichend schlafen, lachen, essen und trinken könne, solle ich halt mal eine Auszeit nehmen, statt vor Fremden und einem Spielleiter zu weinen und »Kassandra, schau, da, der große Golombowski!« zu rufen.

Da ich das Meer liebe und die Berge nicht ganz so sehr wie das Meer, buche ich für die komplette Hauptsaison 2016 ein Zimmer im Laguna, um *ein Buch am Meer zu schreiben.* In dem Zimmer wohne ich die längste Zeit und bis zum Eintreffen meiner Frau und meiner kleinen Tochter im August: alleine.

Ende Juli, nach acht Wochen als *writer in residence* eines nicht auf einen solchen Menschen eingestellten Urlaubshotels, habe ich endlich den vom hämischen Teil meiner Freunde im verregneten Deutschland in zahllosen SMS herbeigesehnten Lagerkoller. Seit zwei Monaten stehe ich morgens am Buffet und abends dafür, buffetmüde, immer seltener. Stattdessen zerteile ich im herrlichen Can Maya in Cala Ratjada nach und nach einen Hummer nach dem anderen, ich esse im L'Orient in Capdepera tellerweise Pata-Negra-Schinken und belausche deutsche grauhaarige Residenten in durchsichtigen schneeweißen Saint-Barth-Hemden. Sonst ähneln sich, solange ich keine Ausflüge nach Palma oder ins Tramuntanagebirge unternehme und dort lange auf Bergen sitze und in Täler schaue, die Tage. Als konditionierter Frühaufsteher gehe ich um sieben Uhr zum Strand und schwimme bis acht Uhr einmal die Bucht rauf und wieder runter, ich dusche, ich lade mir am Buffet einen Berg Rührei auf den Teller und wundere mich über das seltsame Aussehen all der Füße meiner Miturlauber, die sie ja nun, anders als daheim, vorzeigen. Dann gehe ich so lange auf Stube und schreibe, bis Benjamin unten am Pool um fünfzehn Uhr mit der Wassergymnastik beginnt. Die dauert nur eine halbe Stunde, aber ich höre nun nicht mehr das Meer, sondern das wirklich gemeingefährliche Lied Gangnam Style. Ich eile hinunter, rase an Benjamin und der Wassergymnastik vorbei auf den Strand zu Sebastian, miete für die üblichen zwei Stunden das Kajak und gleite in die Stille der Höhlen vor Cova des Vell Mari. Am Abend fahre ich zum Essen, kehre gegen zweiundzwanzig Uhr heim, und wenn ich Glück habe, sitzt mein Freund Juan mit seinem Vater Tomeu noch am Strand im Chiringuito: Dann trinke ich noch fünf Bier oder drei Palo (oder leider beides, weil es halt so schön ist und gesellig) und latsche mit Juan schließlich betrunken und müde zum Aufzug im Laguna.

Ein Lagerkoller, denke ich dann, ist etwas Gutes. Keinesfalls ist er ein Grund, um nach Hause zu fahren. Er könnte vielmehr ein Anzeichen von Entspannung sein, von *ennui* nicht im Sinne einer Lebensermüdung, sondern einer *langen Weile.* Es ist dies dann fatalerweise der Moment, an dem wir, wenn wir dumm sind, anfangen, uns abzulenken mit: Heftchen, Ausflügen, Online-Nachrichten, Apps.

Der Kajakverleiher Sebastian und ich sind ein eingespieltes Team. Abklatschen, ein bisschen brachialenglisches Gelaber über die eine oder andere Jacht in der Bucht, weg bin ich im endlosen schamlosen Blau und gleite an den Steilwänden des Cap Vermell vorbei. Das ist jedes Mal das größte, überwältigende Glück. Es passiert nichts und gleichzeitig alles, die Welt vergeht und entsteht neu als Märchen aus Kiefernwäldern, Höhlen und wie Tortengüsse sich schichtenden Felsen hier im Blau, und endlich bin ich wirklich alleine, ich höre nichts als das gegen die Steilwände des Felsens schlagende Wasser, und hier und da schwimmt einer der neugierigen Kormorane neben mir her, um zu schauen, was es mit mir auf sich hat, wieso ich hier schon wieder unterwegs bin in ihrem Revier. Frech drehen die Vögel ihre Hälse herum und starren einen an. Sie sehen aus, als wollten sie reden. Natürlich bilde ich mir nach Monaten des Alleinseins ein, dass es sich bei den Kormoranen um verstorbene liebe Menschen handeln könnte, die mir hier, im Meer der Atome und Moleküle früher Jahre, wieder erscheinen. Sie melden sich, denn hier sind wir unter uns, niemand fällt uns ins Wort, kein Smartphone surrt, um mir mitzuteilen, dass mein Highspeed-Volumen gleich aufgebraucht ist und ich eine »5« an fucking Vodafone senden soll, kein Smartphone surrt ein zweites Mal, um mir mitzuteilen, dass fucking Vodafone sich bedankt, dass ich eine »5« gesendet habe und nun wieder unbegrenzt mit Highspeed ins Internet kann, kein Smartphone surrt ein drittes Mal, weil die Stadtsparkasse München seit Tagen versucht, mich zu erreichen, um das neue GiroPay-System zu erläutern, das mir nichts als Vorteile bringt.

Irgendwann dann breiten die Kormorane ihre Flügel aus, schlagen und schlagen auf das Wasser, heben ab und fliegen weit hoch, um auf einem der kupferfarbenen Vorsprünge in der Steilwand zwischen den aus den Steinen wachsenden Kakteen Platz zu nehmen. Sie schreien von oben immer noch exakt ein einziges Mal frech runter und schauen dann umher über das weite Meer.

»Es ist schon irre, wie man euch mal am Arsch lecken kann, was?«, schreie ich hoch.

Nur selten passiert etwas Weltliches, wenn ich mit dem Kajak hinausfahre, und wenn, dann noch in der Bucht, auf meinem Weg aufs Meer hinaus also, wenn die Kinder rufen und die *Neulinge* in der Bucht kreischen bei jeder Welle, als seien sie dabei, sich einen Wasserfall hinabzustürzen. Was das Meer mit den Menschen macht. Einmal wird mein Weg hinaus zu einem besonders weltlichen Erlebnis.

Da zeigt Sebastian auf eine dunkelblaue Jacht namens Beethoven, die immer wieder in der Bucht ankert, ich solle hinfahren, und wenn der Tennisstar Rafael Nadal auf dem Deck stehe, statt sich im Innern der Jacht auf YouTube das Video zu Gypsy anzusehen, in dem er sich mit Shakira liebt, dann solle ich hochwinken und dem Jungen aus dem nahen Manacor, der es zu einem der größten Tennisspieler der Welt gebracht hat, zurufen: »Hola, Rafa!«

Als ich hingleite, steht Nadal tatsächlich auf dem Deck. In wenigen Tagen wird er zu den Olympischen Spielen nach Rio aufbrechen (um dort glanzlos bald auszuscheiden). Eine Komödie. Er. Hier. In Canyamel, im Land der Lederschildkröten mit den Bianca- und Lassiter-Heften! Nadal schaut von der Beethoven aus erst mürrisch aufs Meer hinaus, dann sieht er die auf ihn zupaddelnde Nervensäge in ihrem roten Pescador-12-Hartschalenplastik-Kajak: mich. Schaute Nadal eben noch amorph umher (nur Profisportler-Multimillionäre können so leer und zugleich konzentriert schauen, sie sind immer *fokussiert*), so fixiert er nun mein Kajak. Noch bin ich rund hundert Meter entfernt, aber ich halte Kurs auf die Beethoven. Der Tennisgott verschwindet im Bauch der Jacht, ich paddele schneller. Heraus kommt erneut Nadal, diesmal mit zwei Männern in identischen Poloshirts und Hosen, das Personal, von Deck aus schauen sie streng. Wenige Meter vor dem Bug der Beethoven drehe ich minimal nach backbord, um nicht frontal mit der Jacht zu kollidieren. Links neben der Beethoven auf dem hier königsblauen, Berge und Täler andeutenden Meer lege ich das Paddel auf die Knie, schwankend wie eine Ente auf hoher See starre ich nach oben. Über die Reling schaut erst ein

Kopf, dann schauen zwei Köpfe, schließlich kommt Rafael Nadals, wie mir scheint, schmerzverzerrtes Gesicht hinzu. Er leidet, denke ich, mindestens ist er genervt, vielleicht sogar böse. Ich lächele. Na, Rafa, ist *das* ein Leben? Laut Forbes hat Rafael Nadal im Jahr 2015 insgesamt 37,5 Millionen Dollar verdient. Auch Deutsche-Bank- oder VW-Spitzenmanager, die Kunden betrügen und die Arbeitsplätze ihrer Angestellten aufs Spiel setzen, verdienen sehr viel, und die Heuschrecken von Mayfair verdienen noch mehr. Aber immerhin ist kein Industrieller oder depressiver Erbe bei Forbes der bestplatzierte Spanier, sondern der Tennisspieler Nadal aus Mallorca, der dies alles aus eigener Kraft geschafft hat. Andererseits hat er eine Handgelenksverletzung. Er musste gerade Roland Garros in Paris absagen und, wie gesagt, in wenigen Tagen schon wird er in Rio ausscheiden. *An Djokovic kommst du nicht mehr vorbei, Rafa,* denke ich, während Nadal und seine Hintersassen hinunterstarren in die Tiefe auf den Mann im Feinripp in seinem Plastik-Kajak. Frustriert sitzen solche Menschen dann auf Jachten herum und fühlen mit der einen Hand am kaputten Gelenk ihrer anderen Hand. Da ein Meer keine *gated community* ist, müssen sie zudem damit rechnen, dass *Journalisten* zu ihnen hinüberpaddeln, denn dies ist zwar ihre mit nervenstarkem Grundlinientennis erarbeitete Jacht, aber dies ist *unser* Meer. Ich bin nicht auf dein Grundstück gepaddelt, sondern du auf meines, Rafa. Ich war zwanzig Jahre vor dir in dieser Bucht. Als du am 3. Juni 1986 in Manacor zur Welt kamst, war ich gerade dabei, durchs Abitur zu fallen, ich stand im Müngersdorfer Stadion betrunken auf dem Queen-Konzert herum. Gemeinsam mit dem tapferen Freddie Mercury schrie ich, die Faust in der Luft einer hoffnungslosen Kölner 80er-Jahre-Frühsommernacht, »Scaramouche! Scaramouche! Will you do the Fandango? Thunderbolt and lightning, very, very fright'ning me! Galileo? Galileo! Galileo? Galileo! Galileo? Figaro, magnificooooo!«. Wie gesagt, da, exakt an diesem Abend, brunzte der sechs Wochen alte Rafael Nadal noch seine Windel voll.

Kein Mensch zwingt Nadal übrigens, die Bilder der Einweihung seiner neuen Jacht in Porto Cristo an eine spanische Illustrierte zu verkaufen, sodass sämtliche Angestellte des Laguna einschließlich des jeden Morgen bombig gelaunten Putzpersonals und einschließlich auch des Bootsverleihers Sebastian am Strand wissen: *Die Beethoven? Rafa!* Die Illustrierte zahlte ihren Preis, nun zahlt Nadal seinen. Ich überlege kurz, auch ihn zu hassen und in meine geheime umfangreiche Todesliste aufzunehmen. Aber wieso sollte ich? Er gilt als freundlicher Junge, und wie könnte er das auch nicht sein, er ist ja immer noch Mallorquiner, und alle Menschen hier sind freundlich mit ihren Egal- und Geh-mir-nicht-auf-die-Eier-Gesichtern. Auch liebt er, wie ich, seine (und meine) Insel, sonst würde er nicht in *meiner* Ferienbucht ankern. Sondern bei den Idioten in Saint Tropez. Ich beschließe, Frieden mit ihm zu machen.

Indigen rufe ich von unten hoch: »Hola, Rafa! Qué tal?«

Er sagt nichts, wir schauen uns an, er still und gerade, ich still und in meinem Kajak schwankend. Dann entgegnet er leise: »Hola.«

Er nuschelt etwas zu seinen Leuten. Dann redet einer der beiden Seeleute auf mich ein, und zwar auf Spanisch. Sie halten mich also für einen Spanier. Ich bin nach den ersten sechs Wochen in Canyamel braun wie ein Brathähnchen, das sind alle anderen gebürtigen Düsseldorfer auf Mallorca auch (sie sind es auch daheim in Düsseldorf). Außerdem trage ich aber ein *unbeschriftetes* Unterhemd und keines der hier unter Deutschen üblichen Motto-Shirts, auf denen Camp David steht, Blanc du Nil, Urban Warrior oder, wie auf einem netten Herrn am Buffet im Laguna: C-Judo-Meisterschaften Bad Soden 2013. Nadal und seine Leute denken, ich lebe hier. Ich bin stolz. Andererseits kann ich kein Spanisch, außer »Todo bien«, »Hasta luego«, auf Mallorquín noch »Bon profit«, was nichts mit Profit zu tun hat, sondern »Bon profit« brüllen Juan und Catalina immer dann, wenn das Essen auf den Tisch kommt: »Guten Appetit«. Wieso sollte ich Nadal das jetzt zurufen?

»Todo bien, amigo?«, säuselt Nadel plötzlich. Offenbar hat er ein wenig Angst.

»Todo bien, amigo!«, rufe ich zurück. Und: »Hasta luego!« Dann paddel ich davon. Ich bin schon in Höhe der Höhlen von Artà, weit weg also, als ich mich umdrehe. Unglücklich schaut mir Nadal immer noch hinterher.

Erlebnisse wie diese, mit Rafael Nadal und vor allem aber nun mal mit mir selbst, zwingen mich nach den ersten acht Wochen in Canyamel in die Erkenntnis hinein, dass ich sonderbar werde oder immerhin sonderbarer. Prominente kenne ich berufsbedingt genug, mit einigen bin ich befreundet, mit anderen nicht, viele sind nett, andere sind blöd, es ist mit ihnen wie mit den anderen Menschen auch. *Als Prominente* interessieren sie mich nicht. Trotzdem spüre ich in meinem Pescador 12 für den Hauch einer Ewigkeit einen Kitzel. Mindestens so lange, bis er traurig den Befehl zum Einholen des Ankers gibt, läge es als *Stalker aus Langeweile* bei mir, Rafael Nadals Nachmittag auf seiner Beethoven in das trübe Licht einer großen Nervensägerei zu tauchen und *Macht* über ihn auszuüben. Ich könnte vor den Bug hämmern, ihn bitten, mit seinem Smartphone ein Selfie von uns beiden zu machen und es meiner Frau zu schicken ohne Nummernunterdrückung, meins habe ich ja nicht mit.

Als ich draußen auf dem Meer bin und die *Beethoven* nur mehr ein Punkt vorne in der Bucht vor dem Laguna, landet eine Möwe neben dem Kajak. Wie kann man nur so frech gucken. »Na«, rufe ich, »willst du Ärger? Soll ich dir den Hals umdrehen?« Die Möwe macht sich nichts draus und schwimmt, wie zuvor der Kormoran, weiter neben mir her. Womöglich ein Späher. Sie wird ihre Kollegen informieren, dann kommen sie alle. Ich schnalze. Sie lässt sich nichts anmerken und fällt etwas zurück. Als ich sie schon vergessen habe, gegen die Sonne weiterpaddele und fast schon transzendiere, schreit sie mir von hinten in den Rücken.

Der Wahnsinn ist ein medizinisch, kulturgeschichtlich wie etymologisch unscharfer Begriff, mal gilt gesteigerte Einbildungskraft als genial, im nächsten Jahrhundert oder nur eine Landesgrenze weiter kommt man dafür in die Heilanstalt. So oder so aber werden oft Menschen als wahnsinnig bezeichnet, die zwischen Aktivität und aufreizendem Dahindämmern schwanken und also zum Beispiel an einem Tag im Tramuntanagebirge stundenlang in ein Tal schauen und am nächsten Tag von ihrem Kajak aus auf Rafael Nadal oder Seevögel zusteuern. Auch fallen Wahnsinnige manchmal dadurch auf, dass sie lange Gespräche mit nur eingebildeten Personen führen oder der *Echolalie* anheimfallen, also zum Beispiel nur noch Satzteile von sich geben statt ganzer Sätze, Kinderreime repetieren und derlei. Im Urlaub erreichen wir im besten Fall eine angenehme

Form des Wahnsinns, nämlich die Selbstvergessenheit, oder auch, eines meiner Lieblingswörter: die *Zerstreuung.*

Während der böse, oft glorifizierte *Zeitvertreib* dazu dient, kostbare, noch verbliebene Lebenszeit zielstrebig zu vernichten (groteskerweise ist ausgerechnet in den Nachmittagsprogrammen der Seniorenheime oft vom Zeitvertreib die Rede), ist die Zerstreuung die schönste Form der Trance. Wer sich zerstreut wie Sand, verflüssigt sich, entlässt seine Teilchen aus dem entnervten Ganzen, lässt diese Teilchen somit in Ruhe. Nun können sie sich aufladen, ohne dass das genervte Ganze nach der Beantwortung einer E-Mail oder einer Beschwerde auf Holidaycheck.de schreit, und im besten Fall, nämlich nach dem *schönen Urlaub,* finden die Teilchen wieder zu einer seelenvollen Einheit zusammen. Es ist dies im Alltag der oft von Lehrern und Vorgesetzten beklagte, eigentlich aber nicht minder heilige Zustand des *Dösens*; es ist eine Binse, dass viele Menschen vom Klo aufspringen, auf Zugfahrten zusammenzucken und nach einem Kugelschreiber suchen, nackt und nass aus Duschkabinen eilen und durch die Wohnung rasen oder im Halbschlaf um fünf Uhr früh aufschrecken: um etwas aufzuschreiben, *eine gute Idee* – die sie ausgerechnet jetzt, wo sie sich nicht, wie sonst, angestrengt hatten, umso plötzlicher ereilte, und zwar weil sie eben *einmal* nicht oder einmal *noch* nicht darüber nachdachten, wieso die Frau Sumpfknoten von der Abteilung A2 so eine karrieresüchtige Schlampe ist und der Kollege Sattelkloben jeden Tag diese lächerlichen Rundmails schreibt.

Das Dösen ist das Geschwisterlein der Zerstreuung, die Zerstreuung aber das eigentliche, heute nicht leicht zu erreichende, von allen Seiten schon im Frühstadium attackierte Ziel. Wer döst oder gar zerstreut ist, gilt als unbrauchbar, schon früh finden sich in Beurteilungen der Lehrkräfte Bemerkungen, dass das Kind viel döst, womöglich sogar zerstreut sei. Unabhängig davon, dass Lehrkräfte ihren Lehrplan durchziehen müssen, weil sonst *sie* als zerstreut gelten, wird die Zerstreuung früh bekämpft, und aus Erfahrung als Exkind und heute dreifacher Vater plädiere ich dafür, die Zerstreuung, auch und besonders die frühkindliche und kindliche Zerstreuung, in den Rang der Meditation zu erheben: es handelt sich um eine *Technik*, die wir früh einfach haben, dann abtrainiert bekommen und uns schließlich hart wieder erarbeiten müssen. Wer *sich zerstreut*, ist nicht faul. Sondern er diffundiert, er geht auf eine Reise und kehrt mit Erfahrungen zurück. Womöglich haben wir als vollständig Zerstreute sogar etwas *erkannt* und also gelernt, dann, und nur dann, ergäbe die Zerstreuung einen ähnlichen Effekt wie das vorher erwähnte Psychodrama nach Moreno: Wir wären geläutert.

Dass wir uns ausgerechnet im und auf dem Sand am besten zerstreuen, ist fast schon auf zu plumpe Art schön, aber nachdem ich einen ganzen Sommer lang von meinem kleinen Hotelbalkon aus die Bucht von Canyamel betrachtet habe oder selbst in dieser herumlag, wenn ich, erschöpft von Gesprächen mit Kormoranen und Möwen im Kajak, wieder an Land eintraf, weiß ich, dass es stimmt: Der Strand macht uns zu tatsächlich Gestrandeten, hier zeigen wir, wer und wie wir sind, nicht nur anderen gegenüber, als dicke, dünne, beschriftete, unbeschriftete Menschen (die Beschrifteten werden bald die Mehrheit stellen), also äußerlich. Sondern wir entblößen uns auch vor uns selbst: Werden wir klarkommen, hier im Urlaub, alleine? Oder eben alleine mit unseren streitsüchtigen Lieben? Aus dem Leben und auf den Sand geworfen?

Als das Maß aller Dinge gelten diesbezüglich nicht zuletzt in modernen Reiseführern, Lifestyle-Bibeln, Illustrierten und psychologischen Ratgebern *Einsamkeit* und *Natürlichkeit,* und so ist eben auch auf Mallorca im Jahre seiner endgültig wirkenden Massenbereisung des Jahres 2016 der *Naturbadestrand* unter den Menschen eine große Sache, die es nicht so sehr zum Bingo-Abend auf der Laguna-Terrasse zieht oder gar in den Bierbrunnen nach Cala Ratjada. Der Naturbadestrand ist eine dermaßen große Sache, dass er Stress auslöst.

Nicht weit entfernt von Canyamel liegt der Naturbadestrand Cala Torta. In rund zehntausend Illustrierten-Geschichten jährlich wird Cala Torta als Geheimtipp empfohlen, und zwar an jene, die sich dem übel beleumundeten Pauschaltourismus verweigern wollen, um stattdessen das *natürliche Mallorca* zu entdecken. Hauptprofiteur dieser Geschichten ist Manolo, der Mann meiner Kinderfreundin, von Teos Tochter Patricia also, der am Strand von Cala Torta ein hübsches Chiringuito betreibt, in dem man gut Fisch essen kann. Ich hingegen zerstreue mich meistens am von der Gemeinde Capdepera bewirtschafteten Volksstrand von Canyamel besser als an weitgehend unbewirtschafteten Stränden. Vom Parkplatz nahe dem Naturbadestrand Cala Torta sieht man morgens Nomaden Richtung des hier weit in die Bucht geschwungenen Wassers laufen. Noch beeindruckender wirken die Nomaden weiter nördlich, am Naturbadestrand Cala Mitjana, hier sind sie noch mal deutlich gequälter, da sie vom Parkplatz bis zur Bucht weiter laufen müssen. Unter normalen Umständen ist es kein beschwerlicher Weg, so eine Strecke geht man morgens zur U-Bahn, aber dies sind keine normalen Umstände, sonst wäre es kein Naturbadestrand. Man muss sich diese Unschuld *erlaufen* oder, wie so vieles im Leben, das etwas wert ist: *erarbeiten.*

Mütter in wehenden Kleidern mit gigantischen handgeflochtenen Korbhüten aus Capdepera schreiten voran mit Eingerolltem (Handtücher, Matten, Wohn- und Mode-Zeitschriften, den aus Deutschland mitgebrachten Reiswaffeln von Organic Rapunzel Fairtrade). Dahinter folgt, was von den vielen Eseln auf Mallorca übrig blieb: Väter – unter billigeren Strohhüten, in der linken Armbeuge ein Baby mit Hut, unter die Achsel desselben Arms ist ein Sonnenschirm gepresst, an dem das Baby reißt und zerrt. An zwei Fingern der Hand des immer noch selben (!) Arms hängen sowohl der von der Frau in Capdepera gekaufte, von steinalten Mallorquinerinnen handgeflochtene *Korb* (den ein dünnes flatterndes Farbbändchen aus Seide als passend zum Hut der Frau auszeichnet) mit den Windeln, dem iPad, den über Nacht an allen Steckdosen der Ferienfinca beladenen mobilen iPhone- und iPad-Ladestationen. Außerdem befindet sich in dem Korb das in der 3sat-Kulturzeit im Gespräch mit einem türkischen, von Erdoğan gedemütigten Schriftsteller empfohlene Buch über den Völkermord an den Armeniern (der Vater weigert sich, Bücher runterzuladen, er will sie fühlen), dazu sind im Korb Eimerchen, Schäufelchen, Entchen und Bällchen, drei Kopfhörer, und dann hängt an denselben zwei Fingern des immer noch selben (!) Arms die massive und bei jedem Schritt gegen das dünne bleiche Vaterbein schlagende *Kühltasche* mit den schweren Kühlpads, den schon auf der Ferienfinca bereiteten Fläschchen, den eiskalten Avocado-Butterbroten, den eiskalten Bio-Sonnencremes mit Schutzfaktor 250, den eiskalten Bio-Aftersuncremes sowie vor allem mit den Galonen von kaltem Wasser, damit gleich, bei neununddreißig Grad im Sonnenschirmschatten, nicht nach fünf Minuten das erste Kind tot im Sand liegt. Dies alles also liegt auf *einem* Vaterarm, klemmt unter ihm, hängt an ihm und belastet ihn sehr auf seinem Weg zum Naturbadestrand.

Weil nämlich an der *anderen* Hand des Vaters ein weiteres Kind hängt, oder es hängen dort eben zwei weitere Kinder, die wiederum in eine andere Richtung gehen wollen als der Vater, der stumpf seiner wirklich schönen, irgendwie lateinamerikanisch angehauchten Frau folgt, die weit vorne etwas sagt, das er, abgehängt hier hinten und unter dem Krachen der nahen Wellen, nicht versteht, und der jetzt sowieso anhalten muss, weil die Kinder am gar nicht so langen, aber eigentlich endlosen Wegesrand hinunter zum Naturbadestrand Cala Mitjana etwas Interessantes sehen: zum Beispiel einen ganz kleinen Stein, oder eben Sand. Dies müssen sie dem Vater zeigen, über diesen Stein wollen sie mehr wissen, mit diesem Sand wollen sie jetzt spielen, nicht mit dem anderen Sand weit, weit unten in Cala Mitjana.

It's a long way to the top if you wanna rock 'n' roll. Er soll sich zerstreuen, der Vater, nicht zuletzt sie hat es ihm daheim noch einmal bei einem langen Gespräch in der Küche, das sie nur für stille Zigarettenpausen auf dem Hinterhofbalkon unterbrochen haben, geraten: Auch er muss mal raus aus der ganzen Scheiße, es ist auch sein Urlaub, und jetzt kann sie nicht sehen, wie er weint, und zwar nicht einmal aus Verzweiflung über sein Leben (*dieses* Weinen kommt noch).

Sondern jetzt gerade weint er, weil er um zehn Uhr morgens schon nicht mehr kann. Alles tut ihm weh.

Grundsätzlich gilt der Naturbadestrand modernen Münchnern, Düsseldorfern oder Berlinern als noch nicht gentrifiziertes Gebiet, weshalb sie ihn bevölkern und gentrifizieren, was sie ein Jahr später beklagen, wenn es zum Beispiel im Chiringuito der schon lange gentrifizierten und trotzdem schönen Cala Torta plötzlich Veganes geben sollte statt gegrillter Tiere, denen man den Kopf abreißen und die man dann aussaugen kann. Da geht es Cala Torta nicht anders als Sendling, Bilk oder Moabit, und so wird der Naturbadestrand auf Mallorca zur modernen Karawanserei, zu einer Art Festungsanlage *aktueller* Karawanen, die an den Rändern der Insel umherziehen auf der Suche nicht nach Wasser und Märkten für ihre Waren, sondern – wir leben im Zeitalter des *guten Gefühls* – nach Zerstreuung abseits dessen, womit sie nichts zu tun haben wollen.

Einmal bin ich schon morgens um acht Uhr in Cala Mitjana. Ich schwimme. Und schwimme. Und schwimme. Vieles werde ich, zurück in München, vermissen, aber nichts werde ich so vermissen wie das endlose Meer, denn nur jetzt im Wasser gibt es keinen Anfang und kein Ende, es ist Schwerelosigkeit, es ist das All im Spiegel der Erde. Auf dem Weg zurück kommt mir die ehrgeizige Morgenkarawane entgegen – es gibt auch die lässigere Nachmittagskarawane, allerdings schließt das Chiringuito früh, die Morgenkarawane wird hier zu Mittag essen, nachdem man alle Brote bereits um zwölf Uhr verputzt hat.

Eine junge Frau sagt zu ihrem Eselsmann, während beide an mir vorbeigehen, sie vorne, er bepackt mit zwei Kindern einige Meter dahinter: »Hagen, weißt du was? I am sick of it all!«

Mich bekümmert das auf der Stelle, denn es klingt endgültig, und es wäre mir egal, viele Paare trennen sich zu spät statt zu früh, aber Hagen und seine beziehungsmüde Frau haben zwei Kinder, nun fliegt alles im Urlaub in die Luft, und zwar vor den Kindern, und nicht einmal Todesfälle sind ähnlich traurig.

Wer lange alleine verreist, wird, wie gesagt, irgendwann wahnsinnig, denn nicht nur hat der Alleinreisende selten jemanden zum Reden, er wird auch deshalb wahnsinnig, weil er, bevor er es wird, zunächst als wahnsinnig *ausgemacht und betrachtet* wird, dabei ist er da unter Umständen noch normal. Aber wieso geht er alleine hier entlang, der Mann? Wieso frühstückt er alleine? Gestern Abend aß er auch schon alleine. Dann saß er alleine auf der Terrasse, trank alleine Palo, gewann alleine ein Handtuch mit einem Minion drauf, denn ganz alleine schrie er: »Bingo! Bingo!!«

Er ist sonderbar.

Paare und Familien beginnen, wie es Art von uns Menschen ist, den Sonderbaren (mich) zu verdrängen, ich bin *ein Problem,* und Probleme müssen, zumal im Urlaub, verdrängt werden. So werde ich zu Luft, neben mir gehen Menschen, an mir vorbei gehen Menschen, neben mir sitzen und stehen Menschen, neben mir am Strand liegen Menschen, für die ich nicht existiere. Ich merke es daran, dass sie ihre Gespräche ungehemmt führen, es ist ihnen egal, was ich zu hören bekomme, es gibt mich nicht. Man kennt das schamlose Smartphone-Geplärre von Millionen verhaltensgestörter Menschen in öffentlichen Räumen, mit fadendünnen Kopfhörerkabeln und kleinen Knöpfen im Ohr, die man zunächst nicht sieht, so rasen sie über die Straßen und schreien den Boden an: »Das habe ich doch gar nicht gesagt! Ich habe gesagt, dass ich deine Mutter *hasse*, nicht, dass ich sie töte!«

Aber hier ist es noch einmal etwas anderes, weil ich Paaren begegne, die ihre Gewohnheiten, Ängste und Krisen ungeniert zu zweit vor mir ausdiskutieren oder eben immerhin kein Problem damit haben, dass ich nun weiß, dass *sie* nicht mehr will, ihr Leben ist eine einzige Scheiße, und sie sagt es vor einem Zeugen, der ihr sprichwörtlich am Arsch vorbeigeht: mir.

In Canyamel selbst lausche ich Dutzenden von Gesprächen, und zwar, weil ich muss. Ich liege auf meinem Handtuch am brav bewirtschafteten Strand mit seinen zu braven Preisen vermieteten Liegeplätzen und den beiden Chiringuitos, dazwischen ohne Liege also das Volk und ich, und die Gespräche hier sind verlässlich weniger dramatisch als an den von einem eher akademischen Publikum gentrifizierten Naturbadestränden. Ich stelle fest, dass *wir Akademiker* und Angehörige der Informationsgesellschaft ein größeres Zerstreuungsproblem haben als die Leute, die mein Vater *die Proleten* nannte. Treffe ich in Cala Mitjana oder an anderen abgelegeneren Stränden fast ausschließlich Akademiker (Woran ich sie erkenne? An ihren Nasen!), ist der Strand von Canyamel ein Strand, an dem es *auch* Akademiker gibt, aber ich glaube, es sind eher bleiche und liebe Naturwissenschaftler, weniger Dramaturgen, Spielfilmredakteure oder eben die üblichen melancholischen Geisteswissenschaftler, und grundsätzlich tarnen sie sich hier in Canyamel gut im Volk, sie haben ihre Neurosen, Zukunftsängste, Genderdebatten und all dies halbwegs im Griff und lassen den anderen den Vortritt. Die Dialoge finden hier nicht im Diskursnebel statt (Wer bin ich? Bin ich noch ich?). Sondern die Dialoge am Strand von Canyamel spielen wesentlich auf dem Boden der Tatsachen. Früher sagte man: Studiere Philosophie oder lerne was Reelles! Die Menschen am Strand von Canyamel haben etwas Reelles gelernt, sie vergleichen Angebote, Leistungen, Produkte, Körper und Möglichkeiten nicht ihr Leben betreffend, das sie grundsätzlich, anders als Hagen und Simone vom Naturbadestrand, nicht infrage stellen, weil dazu nämlich weder die Zeit noch das Geld reichen. Sondern sie wägen ab, vergleichen und bewerten alles ausschließlich diesen Urlaub, diese Wochen betreffend. Die Frage *Was springt für mich dabei heraus?* stellt sich eisenhart ausschließlich bezüglich dieser Urlaubswochen. Es geht jeden Tag um den Preisvergleich, Ware im Angebot, Kaufkraft, fühlbare Werte. Zahle ich so viel wie die da drüben oder weniger oder, schlecht, mehr? Sieht meine Frau so gut aus wie die Frau da drüben? Sieht sie weniger gut aus als die leider sogar sehr geil aussehende Frau da drüben, nervt dafür aber nicht so wie die? In der Vor- und Nachsaison: Wie hoch ist laut Wetter-App die Regenwahrscheinlichkeit in den nächsten sieben Tagen?

Um sechzehn Uhr gehe ich an einem besonders heißen Sommernachmittag im Juli aus der Siesta meines klimatisierten Laguna-Zimmers an den Strand, um bei Sebastian das Kajak zu mieten. Stattdessen beschließe ich dann aber, unten angekommen, für den Rest des Nachmittages, statt Kajak zu fahren auf meinem Handtuch herumzuliegen. Nicht alle reden, aber doch viele. Einige brüten unter Strohschirmen umher und schnarchen. Andere schauen dumpf auf das Wasser, womöglich auch nur an den Rändern ihres Bewusstseins dumpf und in Wahrheit aber konzentriert, besorgt oder von Angst geschüttelt über ihre entsetzlichen Lebenspartner, das Ergebnis einer medizinischen Untersuchung, das daheim schon im Briefkasten liegt, darüber, ob die Affäre, die sie seit Jahren mit schlechtem Gewissen und heißer Lust daheim ausleben, bald nach der Rückkehr aus dem Urlaub auffliegen wird, was sie insgeheim sogar hoffen, denn so geht es nicht weiter und noch ist das Leben nicht vorbei. Womöglich zerstreuen sich einige von ihnen aber wirklich und denken *nichts,* und genau sie werden die sein, zu denen die Ideen kommen.

Ein älterer Herr, der eine Weile im Lassiter-Heft herumliest, legt dieses exakt auf Seite 38/39 zur Seite und tritt dann in die Phase des Dösens ein, in die Welt der Träume und Vorstellungen. Auf dem Cover stehen breitbeinig zwei Cowboys unter dem Titel *Lassiter – Der härteste Mann seiner Zeit* im Stile eines in schwerem Öl gepinselten Kinoplakates aus den späten 50er-, frühen 60er-Jahren. Neben den Cowboys ist eine nackte Rothaarige an ein Wagenrad gefesselt. Neben dem älteren Herrn am Strand liest seine Frau, die eine Schirmmütze trägt, das Heftchen *Operationsschwester Hanne*, ein Brabant-Erstdruck der Autorin Ina Andree. Ich merke mir die Titel der beiden Hefte und nehme mir vor, einen Tag später in Catalinas Kiosk in der Ladenstraße zuzuschlagen, weil ich wissen will, was die beiden da gelesen haben, bevor sie jeweils ihr Heft weglegten und lange und versonnen auf das Wasser schauten.

Lassiter gibt es tatsächlich noch einmal in Catis Shop, die Operationsschwester Hanne hingegen nicht, allerdings liegt exakt dieses Heft der Dame vom Strand wenige Tage später neben anderen Heften (»Familien und ihre Schicksale – Gefühle kann man lesen«) in meinem Laguna-Stockwerk auf dem Tischchen vor dem Aufzug, wo abreisende Gäste Dinge zurücklassen, um ihr auf dreiundzwanzig Kilogramm begrenztes Gepäck zu entlasten und sicher auch, um anderen Gästen eine Freude zu machen. Unter anderem liegen dort sonderbarerweise zweimal je ein Kamm, einmal ein großer roter, dann ein kleiner schwarzer, wie ihn Deep-Purple-Fans in den 70ern oben in der Jeansjacke stecken hatten, dann eine aufblasbare Schwimminsel, auf der »Deutschland« steht, ein hier im Hotel beim Bingo-Abend gewonnener kombinierter Rückenkratzer und Schuhanzieher (»Rascador! Calzador!«) sowie eine Bonuskarte von fish spa & wellness in Cala Ratjada, wo auch mir schon die kleinen Fische der Sorte Gara Rufa zur kreischenden Freude meines damals anwesenden Lektors Olaf lose Hautzellen von den Füßen knabberten.

An Operationsschwester Hanne lese ich mich in dem Sinne nicht fest, denn nicht ich bin die Zielgruppe, sondern etwas ältere Damen, deren Männer Lassiter lesen, sind die Zielgruppe. Wesentlich geht es, wie der Titel schon sagt, um Hanne, die als »ernste, pflichtbewusste Operationsschwester« beschrieben wird, klar die Identifikationsfigur für die als ernst und pflichtbewusst identifizierte, nicht ausgeflippte Leserin, und so kann Hanne nicht mithalten mit der »stets dem Vergnügen nachjagenden Lilian, Tochter des Chefarztes … Wie eine graue Maus fühlt Hanne sich in Lilians Nähe, und die Eifersucht erwacht in ihr, als der junge Arzt Jens Mettler sich von Lilian beeindrucken lässt.« Die ganze Sache ist auf vierundsechzig Altpapierseiten *plot dri-*

ven durcherzählt, es wird nicht lange gefackelt, sondern es wird alles so hingeschrieben, dass die Frau es auch bei vierzig Grad im Schatten am Strand lesen kann, ohne immer wieder vor- und zurückzublättern. Wenn Operationsschwester Hanne also eifersüchtig ist, stehen da keine Sätze von William Faulkner, die die Eifersucht bebildern, sondern es steht da, was Sache ist:

»›Ich weiß, dir imponiert sie!‹, sagte Hanne mit eifersüchtigem Ton in der Stimme. ›Sie gefällt allen Männern, ihr gegenüber bin ich eine graue Maus.‹ Jens schüttelte den Kopf. Er fuhr sich mit beiden Händen durch das mittelblonde Haar.«

Ich denke, dass Jens ein Sack ist, und wünsche Hanne alles Gute. Dann will ich doch wissen, wie die Geschichte für Hanne ausgeht, schaue auf die letzte Seite und finde heraus, dass sie zwar nicht Dr. Jens Mettler, aber immerhin Karsten bekommt. Der letzte Satz: »›Ja, Karsten‹, flüsterte sie und bot ihm ihre Lippen zum Kuss.« Das Heft sieht mitgenommen aus, wie oft es wohl schon gelesen wurde? Ich drehe und wende es und finde heraus, wieso Cati es nicht in ihrem Zeitungsladen verkauft, denn vorne ist vermerkt, dass der *Brabant-Erstdruck – Dramatische Schicksale um Menschen im weißen Kittel* für sowohl 65 Peseten wie auch 1,40 DM zu haben *war,* also war das Heft womöglich schon in Canyamel, als die Welt noch in Ordnung war und die Smartphones in der Bucht noch nicht je zweimal am Tag Alarm schlugen, weil es irgendwo daheim wieder geknallt hat. Womöglich wurde Operationsschwester Hanne hier im Jahr 1981 zum ersten Mal gelesen, als ich mit Susanne am Strand lag und auf ihre Brüste starrte, als erwartete ich, dass sie sich von selbst zu mir auf den Weg machten.

Juans Frau Cati würde ich einen hoch dotierten Posten in einem deutschen Verlag anbieten, wenn ich dürfte, denn sie weiß, was Menschen wollen und tun. Sie ist schön, klug, gebildet und voller Lebenserfahrung, sie weiß zum Beispiel exakt in der Sekunde, in der ein Gast misstrauisch (immer misstrauisch) ihren kleinen Kiosk betritt, was er kaufen wird, und sie sagt es mir leise beim Morgen-Cortado, den ich üblicherweise mit ihr an der Kasse trinke, als sei ich Teilhaber in diesem Kiosk auf der Ladenstraße seit Jahrzehnten. (Übrigens eine Existenz, die ich mir insgeheim wünsche, sie wirkt auf mich überschaubar und wirklich ungeheuer schön.)

Die Kunden Catis sind teils englische Apartmentbesitzer von der Cuevas-Seite der Bucht (links), teils deutsche Hausbesitzer von der Costa-Canyamel-Seite (rechts), schließlich kommen noch die Hotelgäste aus dem Ort selbst hinzu, und so weiß Catalina Massanet, dass sich Frauen nach etlichen Ehejahrzehnten mitunter als ernste und pflichtbewusste Mäuse fühlen, die ihre Lippen Karsten zum Kuss darbieten möchten – und dass die Männer dieser Frauen nicht nur beim Dösen am Strand notorisch an der Fantasie arbeiten, dass sie Kidnapper umlegen, nackte Frauen von Wagenrädern entfesseln und dann von diesen Frauen, die nach all der Zeit am Wagenrad sexuell ausgehungert sind: belohnt werden.

»*Lassiter* oder *Fort Aldamo*«, flüstert Cati, als ein mürrischer Kerl ihren Laden betritt, auf dessen T-Shirt »Pacific Blue 1978« steht. Misstrauisch schaut er umher. Er studiert die Schlagzeile der Bild, dreht die Zeitung einmal um, um den wenige Zeilen langen Text unter der Schlagzeile zu

Ende zu lesen, legt das Blatt wieder weg, nickt kurz herüber, knurrt ein deutschspanisches »Holla«. In der Hand hält er das Kastenwagen-Jahrbuch 2016, das er aus dem Zeitschriftenständer draußen gezogen hat, das will er haben, offenbar ein Campingfan. Dann verharrt er wie zum Beweis für Catalina Massanets endlose Weisheit vor den Western-Heftchen von Bastei. »Achtung«, zischt Cati, die, wie alle jungen, schönen, klugen spanischen Omas, nebenbei noch auf ihre winzigen, also umherwuselnden Enkel Juanito und Marta aufpasst und sie hinter der Ladentheke zur Ordnung ruft. (Von spanischen Großeltern zu lernen, heißt: wahrhaftig lieben zu lernen.)

Anhaltend misstrauisch studiert der Kerl die Titelseiten der Hefte, von denen andere übellaunige Kerle, die klar eine Abreibung brauchen, und zwar von ihm, wie er denkt, zurückstarren. Lange steht er so da und schaut und schaut.

»*Geisterjäger John Sinclair?*«, raune ich.

»No«, sagt Catalina, »die sind anders; dicker, sie sind dicke Kinder. Alte *nerds.* Die lesen Geistergeschichten. Der hier nicht. Er ist hager und hat schlechte Laune. Ich bleibe bei *Fort Aldamo,* vielleicht auch *Winchester – Männer härter als der Tod.*«

Zack, schnappt sich der Kerl Fort Aldamo, blättert, liest ein bisschen drin herum, rollt das Heft ins Kastenwagen-Jahrbuch 2016, er schaut sich noch ein bisschen Zeugs im Laden an, einen Aschenbecher und eine Butterdose aus jeweils Ton, auf beidem steht »Mallorca«, schließlich eine Schneekugel. Er schüttelt sie, verzweifelt schaut er auf das Schneetreiben im Glas. Nun ist aber gut, lange genug in diesem Saloon nach dem Rechten gesehen, Heft und Jahrbuch werden auf die Theke geknallt, abkassiert, »Tschüss« knurrt der Mann und latscht davon, sogar sein Rücken spricht die Sprache des Genervten, der jetzt zu *seiner Alten* an den Strand zurücklatscht, und keinesfalls möchte der Mann den Eindruck erwecken, als sei er glücklich über sein neues Lesematerial.

»Bingo Correcto«, sage ich, dann klatsche ich mich mit Cati ab.

Um mit meinem wegdösenden Strandnachbarn gleichzuziehen, kaufe ich das Lassiter-Heft mit der Frau am Wagenrad, ich muss wissen, was er da las, um zu wissen, wie er döste und wovon er träumte, und was ich ahnte, wird sogleich bestätigt. Sofort lese ich mich fest.

Als sich Lassiter auf Seite siebenunddreißig an den Knöpfen des Mieders von Rebecca zu schaffen macht, wispert sie: »Du glaubst nicht, wie mich das anregt. Die Vorstellung, einen so erfahrenen Mann ganz für mich alleine zu haben – dabei könnte mir ganz schwindelig werden.« Auf den Seiten achtunddreißig und neununddreißig, jenen also, die der Strandkollege las, bevor er das Heft in den Sand legte und lange auf den Horizont starrte, geht es dann derartig zur Sache, dass auch ich sofort danach döse und nun Bescheid weiß, wie das läuft mit diesen Geschichten, die einerseits den kleinen Jungen in uns wachrufen. Inzwischen aber sind wir andererseits nicht nur Cowboys und Indianer, sondern eben Cowboys und Indianer mit *endlosem sexuellem Appetit,* der unter Umständen seit Jahrzehnten im verheerenden Schlummermodus einer eher möbelartigen, trüben Dauerehe als depressives, flackerndes dunkelorangenes Standby-Lämpchen traurig vor sich hin funzelt. Wie aber soll der Mann, in dem doch immer noch gewaltige Kräfte zerren, *nicht* dösen, nachdem er das hier las:

»Ohne eine Erwiderung abzuwarten, beugte sie sich vor, und ebenso eilig führte sie sein mittlerweile eisenhartes Glied mit beiden Händen in ihre Lustgrotte ... Es erwies sich als Vorteil, dass er sich an ihren Brüsten festhalten konnte, denn andernfalls hätte sie ihn mit ihren Stößen mühelos quer durch den Raum schleudern können. Für eine Frau, die keine Erfahrung mit Männern hatte, besaß sie außergewöhnliche Qualitäten, und sie entwickelte eine enorme Kraftentfaltung.«

Was doch in ein so kleines, unscheinbares Heft passt. Gedruckt ist all dies nicht auf Hochglanzpapier, sondern auf bescheidene Fetzen in tarngrauer Farbe, diese Literatur tut so, als sei nichts, wie ein Mundräuber am Marktstand, der sich einer Frucht nähert und ein kleines Lied pfeift, weil er kein Aufsehen erregen will. Und dann werden Penisse mit beiden Händen gleichzeitig umfasst. Nicht einmal die 1,5-Liter-Flasche mit Font-Vella-Wasser hier am Strand umfasse ich mit beiden Händen, also sind Rebeccas Hände entweder sehr klein oder Lassiter ist halt der Wahnsinn. Ich will wissen, wie die Sache endet: »Unvermittelt und ohne eine hörbare Ankündigung erreichte sie den Höhepunkt. Lassiter vermutete, dass die Gewalt des Orgasmus sie selbst überraschte, denn aus ihrem Aufschrei klang deutlich Verwunderung.«

Ich schaue aufs Cover. Rebecca ist wirklich sehr schön. Ich versuche mir diesen Aufschrei und auch Rebeccas verwundertes Gesicht angesichts des gewaltigen Lassiters vorzustellen, ich schreie einmal hier am Strand hinter vorgehaltener Hand selbst auf, leise und kurz, um mir alles auszumalen. »Hä?«, rufe ich deutlich verwundert auf meinem Handtuch in meiner Rolle als explodierende, von heißen Wellen durchgeschüttelte Rebecca – so in etwa, denke ich, wird es ausgesehen und geklungen haben, als sie kam und sich Lassiter an ihren armen Brüsten festkrallte, um nicht durchs Zimmer zu fliegen.

Die Welt der Vorstellung hält große Fluchten zur Verfügung, und der Mann, der neben mir von Lassiter und Rebecca liest, ist ein vergleichsweise fantasiebegabtes Monster im Vergleich zu jenen, die kleine Monster selbst jagen und, getrieben von Pokémon Go, dem bald schon wieder vergessenen Spiel, auf ihre Smartphones starren und über den Strand eilen. Durch welche Vorstellungen eilen die anderen hier? Ich schaue auf die Dösenden, von denen einige, die Profis nämlich, womöglich schon Zerstreute sind. Paare, alte wie junge, die sich von Liege zu Liege an den Händen halten, sind in einer Welt des notorischen Schreckens ein jedenfalls bewegender Anblick, denn hier signalisiert ja nicht der eine Mensch dem anderen, dass er *sick of it all* ist. Sondern dass er genau hier, am Strand, weiß, dass er diese Hand nicht mehr loslassen möchte, und zwar nicht nur jetzt nicht, sondern überhaupt nie mehr.

Die Liebe zweier Menschen am Strand, womöglich mit einem Kind, das davor im Schatten auf einem Handtuch schläft, ist nackt und ruhig, und es geht eine große Kraft von ihr aus.

Von meinem Balkon aus sehe ich dicke Väter, die an jeder Hand ein Kleinkind zum Meer führen. Jedes der Kleinkinder trägt Schwimmflügel und ein Mützchen mit weiter Krempe.

Zwar gab es zu Zeiten Joaquín Sorollas noch keine Schwimmflügel, aber es fällt dem Canyamelreisenden schwer, nicht an die Menschenbilder des Impressionisten zu denken, wenn er sieht, wie gerade hier am Meer die Menschen zueinanderfinden, sich an den Händen halten, ins Wasser werfen, küssen und trocknen, umarmen und sich umschlingen, es leuchtet in dieser Spielerei ein Kern ungeheurer Zärtlichkeit, es gibt keine Bedingung mehr, keine Ablenkung, stattdessen das euphorisierende Wasser, die Wärme, den Sand, hier steht der dicke Mann, lässt sich mit den lieben Kleinen (offenbar Zwillinge) ins Wasser fallen und rollt dann wieder hoch Richtung Sand, wo er von den jauchzenden Kindern erst paniert und dann eingegraben wird.

Es ist nicht nur ein Sorollastrand, sondern auch eine Bucht nach Art der beiden Freunde (und Strandfreunde) Jacques Tati und Jean-Jacques Sempé, in der aufblasbare Seeungeheuer Richtung Costa abtreiben und von Weltklasse-Kajakfahrern wieder eingesammelt werden, damit Kleinkinder aufhören, sich vor Verzweiflung auf den eigenen Köpfen herumzutrommeln, während ihre Mütter zwar so aussehen, als läsen sie durch Sonnenbrillen Martin Walser, dabei aber schon lange eingeschlafen sind. Es ist eine Bucht, in der Tretboote mit einem »Klong« Jachten touchieren, das Bordpersonal alarmieren, das an Deck rast, und es geht dann ein Palaver los vom Tretboot unten auf die Jacht oben und zurück, als habe hier wer wem die Vorfahrt genommen, es ist ein Strand, auf dem die meisten Dialoge in der Sonne versanden.

Es ist multikultureller Strand, an dem eben auch Catalina und ihre fünf bis zehn einheimischen Freundinnen Platz finden. Jeden Nachmittag gegen sechzehn Uhr rücken sie an und haben ihre einheimischen Wohnzimmer und einheimischen Küchen dabei, stellen Stühle, Schirme und Taschen in einen Kreis direkt an der Wassernarbe, schaukeln Enkel, rauchen, essen, trinken und reden, während ihre Männer sich seit Jahrtausenden schlicht weigern, auch nur einen Zeh ins feindliche Meer zu halten, denn, wie der große, starke und stark behaarte Mallorquiner Juan Massanet auch noch im August beteuert: »Das Meer ist zu kalt.« Als ich dies Xisco an der Rezeption erzähle, um mich mit dem ironischsten, listigsten und klügsten Mann Mallorcas gegen seinen Chef zu verbünden, mag er nicht mitspielen. Empfangschef Xisco Pico schaut, als solle er in etwas hineinbeißen, das er nicht mag.

Juan ist am Strand von Canyamel aufgewachsen, Xisco am Strand von Cala Ratjada, Juan erzählte mir, er habe nichts gegen Wasser, zum Beispiel dusche er täglich, je nach Hitze auch mehrmals, er liebe seine Dusche, denn dort könne er die Wasser-Temperatur selbst einstellen und sei nicht einer Temperatur »ausgeliefert«. Auch schaue er gerne morgens von seinem Bungalow auf dem Dach des Laguna auf das Mittelmeer, er freut sich angeblich, wenn er mich dort unten mal Brust-, mal Rückenschwimmen sieht auf meinen Touren, besonders, wenn ich beim Rückenschwimmen gegen eine der beiden Bojen schwimme. Das endlose Meer, so viel Platz, und der Deutsche schwimmt rückwärts exakt gegen die Boje, erschrickt, reibt sich den Kopf, schwimmt beleidigt weiter. Großer Spaß, findet Juan, zieht an der Zigarre, erzählt es allen seinen Freunden, noch größerer Spaß, da sitzen sie im Chiringuito, eine Orgie aus Zigarren, Zigaretten, Whisky und einem nun würgenden Gesamtlachen, das in einen vulkanischen Gruppenraucherhusten mündet, als einer beteuert, er habe mal einen rückenschwimmenden Touristen dabei beobachtet, wie er erst gegen die eine, dann noch gegen die zweite Boje in der Bucht geschwommen sei.

Keiner dieser bellenden, heiseren, hustenden Männer, ohne die es Canyamel nicht gäbe, weil sie in sämtlichen Hotels, Apartments, Restaurants und Supermärkten in rauem Ton die Richtung vorgeben, würde jemals ins fast dreißig Grad warme, also eiskalte Meer gehen. Einer, ein Freund von Juans Vater Tomeu, zeigt mir einen Vogel, als ihm Juan erzählt, dass ich jeden Morgen vor dem Frühstück schwimmen gehe. Alle reiben sie sich wirr über ihre Oberarme, sie rufen »Aiiiiiiiii!« und »Uuuuuuuuh!«, es fröstelt sie, während hinter ihnen, nur ein paar Meter weiter, jetzt gerade ihre Frauen in gleicher Gruppenstärke mit großen Sonnenbrillen und ernsten, würdigen Gesichtern von Festlandsköniginnen in die still daliegende, hellblaue, handwarme See schreiten und sehr weit hinausschwimmen.

Xisco, darüber muss man doch lachen, oder?

Verschlagen warte ich, bis sich ein Gast bei ihm zu Ende beschwert hat. Der Gast sagt, in der vergangenen Nacht habe er nicht schlafen können, da der Vollmond in sein Zimmer geleuchtet habe. Xisco empfiehlt dem Gast, sich psychiatrisch untersuchen zu lassen, noch hier auf Mallorca, bevor ein Unglück passiert. Nein, dies empfiehlt Xisco dem Gast nicht. Er ist der Chef der Rezeption, und zwar sehe ich ihm an, was er denkt, aber zu seinem Kerngebiet gehört es, dass die Quasi-Amokläufer, die mitunter an seinem Tresen auftauchen, ihm nicht ansehen, was er denkt. Er soll Verständnis für sie haben, er soll ihnen zuhören, und zwar nicht wegen der leidigen Sache mit dem Vollmond, sondern weil sie ihr Leben hassen, hassen, hassen. Xisco nickt verständnisvoll, dann empfiehlt er dem Gast, bei Vollmond die Vorhänge zuzuziehen. Misstrauisch mustert der Gast Xisco, nuschelt dann: »Na gut.« Dann, zweites Problem, sagt der Gast: Der Wasserdruck aus dem Kopf der Handdusche ist zu stark. (So etwas habe ich noch nie gehört. Zu schwach, ja. Aber zu stark? Aber dass der Mond zu stark leuchtet, hatte ich ja auch noch nie gehört.) Xisco kräuselt die Stirn, sein grauer Schnurrbart wackelt:

»Zu stark?«

»Ja! Zu stark!«

Der Mann ruft es, er ist aufgebracht: »Das Wasser kommt zu stark aus der Dusche! So tut es mir weh! Es soll weniger stark aus der Dusche kommen!«

»Sie versuchen«, säuselt Xisco, »biiiitte das Folgende: Heben Sie den Wasserhebel etwas weniger stark an, es kommt, wenn Sie ihn nicht bis zu, äh, Ende nach oben ziehen, weniger stark das Wasser aus deeer Duschkopf.«

»Aha!«, brüllt der Gast. »Ist das so, ja?«

»Ja.«

»Darf ich wieder zu Ihnen kommen, wenn es nicht funktioniert?«

»Natürlich.«

Der Gast schwirrt ab, endlich beuge ich mich über die Rezeption.

»Alexander, was kann ich für dich tun?«

»Xisco, ein Mann wie Juan, also ein *Mann,* und er geht nicht ins Meer?«

»Ich gehe auch nicht ins Meer, Alexander«, sagt Xisco traurig. »Oder nur, wenn es unbedingt sein muss.«

»Warum nicht?«

»Das Meer ist sehr kalt.«

»Es hat jetzt sechsundzwanzig Grad.«

»Zu kalt.«

Die Dialoge am bürgerlichen, mitunter kleinbürgerlichen Zerstreuungsstrand von Canyamel handeln, bevor sie versanden, vom Nötigsten. An den Naturstränden des Naturschutzgebietes Parc de Llevant diskutieren die Akademiker ihre Themen nicht nur an, sondern auch *aus,* mindestens wird es versucht, was so schwierig ist, wie eine Partie Monopoly zu Ende zu spielen. Wenn Simone in diesem Urlaub endgültig das Licht aufgeht, dass sie nicht weiß, ob sie noch sie ist und nicht schon jemand anderes (dass sie also jedenfalls eine Frau wurde, die sie nie sein wollte), und wenn sich Hagen in diesem Urlaub dieselbe Frage stellt, wenn also in Wahrheit nicht nur Simone, sondern auch Hagen *sick of it all* ist, so ist es mit einem knappen Dialog nicht getan. Sondern es müssen Wortkaskaden entwickelt werden. Andererseits sind in diesen Debatten die Bilder so unscharf wie Wassermalereien in der Waldorfschule. »Ich fühle mich nicht mehr und bin leer, Hagen«, sagt Simone, und Hagen: »Vielleicht müssen wir wieder lernen, über uns zu sprechen.« Und damit fangen Hagen und Simone dann an. Das dauert. Und es wird am Naturbadestrand von Cala Mitjana an diesem Tag zu keinem Ende kommen und grundsätzlich übrigens sowieso nicht zu einem guten.

Canyamel hingegen ist der *andere* Strand. Es ist der Strand, an dem die Menschen miteinander sprechen, weil sie sich grundsätzlich entweder ganz gut verstehen oder doch immerhin mit ihrem Leben *abgefunden* haben, und sei es, dass sie sich vorgenommen haben, in diesem Urlaub, wie meine Familie damals auch, nur über Dinge zu streiten, die sie so klar umreißen können, dass der Streit auch *einen Sinn* ergibt: ob man also zum Beispiel im schon damals fabelhaften Can Maya in Cala Ratjada einen Hummer isst oder sich von Teo ein Kaninchen überfahren lässt. Meine Mutter fühlte sich auch manchmal leer, aber sie fand, dass sich das von selbst versteht hier und da, sie hat dann einen Campari bestellt. Mein Vater hätte sich eher mit einem schweren Stein am Fuß von den Klippen ins Meer gestürzt, als meiner Mutter vorzuschlagen, über ihre und seine Bedürfnisse zu sprechen, und hätte er ihr geraten, mit ihm über ihre Bedürfnisse zu sprechen, so hätte sie ihn gefragt, ob er noch alle Tassen im Schrank hat. Man muss oder sollte diese Zeit nicht idealisieren, aber so war es.

Natürlich haben sich auch in Canyamel die Zeiten geändert, zwar diskutieren die Menschen hier, anders als an den Akademikerstränden, über Bodenständiges, aber es geht, wie bei den Akademikern, immerhin auch um die Frage, ob sie eigentlich bekommen, was sie verdienen. In der Welt des Preisvergleichs, der Bewertungsportale und Sonderangebote reden Menschen, die sich verstehen, heute nicht darüber, wo das Essen besonders salzig, fettig, also lecker und reichhaltig ist. So war es früher. Sondern: wo es am billigsten ist und wo man dafür aber am meisten bekommt. Auf der Bank gibt es keine Zinsen mehr, Geld verdienst du heute nur noch auf ebay.kleinanzeigen und als Frühbucher.

Zwei Paare rechts von mir sprachen gestern von exakt sechzehn bis neunzehn Uhr im Sand darüber, wer weniger für den Urlaub bezahlt, Paar eins oder Paar zwei. Beide Paare hatten sich hier am Strand gerade kennengelernt und fanden sich ersichtlich sympathisch, alle vier waren ausreichend, teils in Farbe tätowiert, das eine Paar hatte, wie ich erfuhr, da ich nun mal hier herumlag, in einem Hotel der Bucht Halbpension gemietet, das andere ein im Vergleich dazu günstigeres Apartment mit natürlich wiederum Selbstverpflegung. Ohne dass ein Paar dem anderen ein *schlechtes Gefühl* vermitteln wollte (es waren keine Journalisten), sondern freundlich wurde das jeweils eigene Urlaubsmodell als das bessere, *katastrophalere* und günstigere beworben: Das Hotelpaar bewarb das abendliche Buffet, die reichhaltige Auswahl gemessen am lächerlichen Preis, den man gegen Ende noch ein wenig drücken werde, da sie die ersten zwei Tage *nach hinten raus* wohnen mussten, und das holen sie sich beim Veranstalter wieder rein, verarschen können sie sich selbst. Der Mann des anderen Paares hingegen bewarb zuerst die gute Würstchenauswahl an der Fleischtheke beim Lidl in Cala Ratjada. Die Würstchenauswahl dort sei »katastrophal«, und ich brauchte eine Weile auf meinem Handtuch, um das zusammenzubringen, aber *katastrophal* meinte jedenfalls *gut*. (Ich liebe diese Sprache, ich liebe sie aus tiefstem Herzen.) Er rief, ein ums andere Mal: »Du fährst hin, nur alle paar Tage, verstehst du, machst den Kühlschrank voll. Und? Fertig! Wir braten unser Essen selbst. Wir braten *immer* selbst. Es ist katastrophal, es ist gut, und so geht Urlaub, verstehst du?«

Im Grunde handelte das gesamte Gespräch weniger vom Konflikt teuer versus billig, sondern vom Bekochtwerden versus Selberbraten. (Dass Paar zwei nicht kocht, sondern ausschließlich *brät,* stand spätestens um siebzehn Uhr außer Zweifel, und da dauerte das Gespräch noch weitere zwei Stunden. Den Satz »Wir braten selbst« kann ich seither nicht mehr vergessen, es ist wie mit einem Ohrwurm von Rammstein. Der Mann von Paar zwei sagte diesen Satz immer wieder, ungefähr hundert- oder zweihundertmal: »Wir braten selbst.«) Jedenfalls lud das Bratpaar das Buffetpaar schließlich zum Essen ein, was das Buffetpaar begeistert (»Supernett«) annahm (»Mal was anderes«), und alle vier »Proleten«, wie mein Vater gesagt hätte, waren froh, sich kennengelernt zu haben, morgen Nachmittag, selbe Stelle, dann würde man weitersehen.

Mitunter weiß ich an meinen Strandnachmittagen nicht, ob die Dialoge versanden oder ob ich versande. Zum Beispiel war ich nach dem oben beschriebenen Dialog so müde, dass ich bald eingeschlafen bin für mindestens eine Stunde, denn als ich wach wurde, saßen im Chiringuito schon Paare in steifer bunter, wieder großflächig beschrifteter Abendwäsche, Paellapfannen wurden auf die Tische gestellt, Weine entkorkt, Besteck nachgereicht, der Wind wehte die Servietten von den Tischen durch die Tamarisken auf den Strand, ich hörte »Ooooh«, »Aha« und »Lecker« und »Dann nehmen wir nur eine Paella statt zwei, wenn das so viel ist«. Ich erinnerte mich, bevor ich aufs Zimmer schlich, dass ich kurz vorm Einschlafen noch einen anderen Dialog gehört hatte, ich liebe die Gespräche der Teenies.

Sie unternehmen, wie ich damals, hier ihre vorletzten oder sogar letzten Sommerurlaube mit den Eltern, sie haben die beste Freundin dabei oder ihren *Bro.* Jedenfalls unterhielten sich zwei Mädchen nur rund einen halben Meter von mir entfernt über Boris, vor allem sagte ein Mädchen dem anderen, Boris sei »übel«, und jetzt wisse sie nicht, wie sie von Boris wieder loskommen solle, zum Beispiel, wenn er sie hintergehe. Offenbar musste Boris mit seinen Eltern nach Portugal, während das Mädchen nach Canyamel musste, natürlich stand man in Kontakt, ohne Pause starrte das Mädchen auf das Gerät, wischte, tippte, drückte, auf dem Handtuch lagen Kopfhörer, Ladegerät, Zusatzakku sowie ein weiteres Smartphone. Von rechts rief mein Lieblingsnachbar wieder: »Wir braten selbst.« Das Mädchen links wischte und schaute und seine Freundin rief: »Wichtig ist: Du hast die Kontrolle, Leia! Alles andere ist dir *vain*. Boris hat ein Vorleben, das weißt du, Leia, okay? Du kennst seinen account!«

»Okay.«

»Nice.«

Ich dachte darüber nach, was ich mit fünfzehn für ein Vorleben mitgebracht hatte, als ich exakt hier, an dieser Stelle des kleinen Strands von Canyamel, auf die Brüste von Susanne starrte, von Susannes Brüsten und Susannes Lächeln auf ihren tollen Gesamtcharakter schloss und meine lebenslange Zukunft mit ihr plante. Mit vierzehn hatte ich Supertramp gehört und wurde von meinem Vater zu Oscar-Peterson- und Ella-Fitzgerald-Konzerten in die Düsseldorfer Tonhalle geschleift, ich ahnte, dass ich ihm dafür noch dankbar sein würde eines Tages, wenn ich mal ein richtiges Gehirn haben würde. Mit vierzehn war ich lieb, mit fünfzehn wurde ich böse. Werden nicht alle mit fünfzehn böse? Die Welt wird es dann doch auch. Heute, fünfunddreißig Jahre später, sieht die Sache bei den Fünfzehnjährigen (immerhin bei vielen von ihnen, nein: bei allen) genauso aus. Wir waren nicht besser, sie sind nicht besser. Sie starren nicht auf den Mond. Sie haben den totalen RTL-Problemtalk drauf, Dialoge von wirklich superscharfer Ästhetik, toll, überwältigend sogar, man möchte diese Menschen als Fünfzigjähriger ständig umarmen und sie zu etwas einladen, aber wie sähe das aus? Sie haben ein Vorleben. Die arme Leia wischte und wischte, sie rief: »Ich habe auch ein Vorleben! Boris weiß das. Wir haben beide Fehler gemacht *im Leben*. Der Vertrag war: Wir vergessen das. Das ist vorbei, und jetzt kommt die Zukunft und die Zukunft wird übel – ein Traum, so haben wir gesagt, sie wird *unser* Traum. Es war *nice*, verstehst du?«

»Aber *du* musst die Kontrolle haben, Leia! Die Kontrolle, die Kontrolle, die Kontrolle! Wie beim Schach, er muss glauben, er ist vorne, aber vorne bist du, verstehst du, Leia? Mein Schatz?«

Leia weinte. Sie wischte wieder über ihr Handy. Sie sagte: »Seit fast einer Stunde hier die Ruhe. Er hat mich dreimal nicht geliked. Wo ist er, die Sau?«

Und dann bin ich, wie gesagt, eingeschlafen.

Möglich, dass die Ladenstraße von Canyamel im Jahre 2027 immer noch so ausschauen wird wie heute, und sogar wird es noch den einen oder anderen Lassiter-Leser geben, wobei Catalina Massanet weiß: Dieser mürrische Kundenstamm stirbt weg, und dass die jungen Menschen, die schon vor der Pubertät auf Kindergeburtstagen aus Versehen Youporn sahen, später auf kleine graue Heftchen umsteigen mit Frauen vorne drauf, die nackt an Wagenräder geschnallt sind, das ist unrealistisch. Wieso sollten sie, wenn sie sich Frauen an Wagenrädern am Strand und als Bewegtbild diskret auf die Kontaktlinse laden können?

Ich setze mir Kopfhörer auf und höre alle Alben, die es gibt auf der Welt, und höre ich zum Beispiel Bill Evans oder die inbrünstigen Machucambos, denke ich an meinen Vater. Mein Smartphone spendet viel Glück und Wärme und wie gesagt: Man liest auf Twitter sehr, sehr viel zärtlicher und wahrer über Mallorca im Sommer 2016 als in den immer gleichen Horrornachrichten via Druck, Papier und dem Schrottfernsehen.

Einmal am Tag telefoniere ich mit meinen Lieben daheim, mitunter auch mit meinen hämischen Freunden und Kollegen, ich muss dazu nicht, wie mit meinem Vater damals, vor einer Telefonzelle Schlange stehen und in der Telefonzelle dann sterben vor Hitze. Ich regele ein paar Bankgeschäfte (oder das, was für mich Bankgeschäfte sind), ich erledige leider dann auch fristgerecht die Steuer des Quartals II/2016, damit das Finanzamt in München mir keine Mahngebühr schickt, ich überweise wegen einer Geschwindigkeitsüberschreitung fünfzig Euro an den Verkehrsminister der Balearen, damit er mir keine Mahngebühr schickt, ich maile, jetzt wird es schon ein wenig anstrengend, trotz Sabbaticals ein wenig mit den Kollegen in München herum, da sie ohne mich nicht klarkommen, ich halte es für Ironie, als sie mir mitteilen, dass sie ohne mich sogar gut klarkommen, und ich halte es für höhere Ironie, als ich es beim Lesen der digitalen Ausgabe meiner sich je nach Insel-Standort über Stunden ins iPad hineinwürgenden Zeitung dann auch selbst sehe. Also schreibe ich ihnen eine verlogene Mail, dass es mich freut, dass sie ohne mich gut klarkommen, beleidigt füge ich an, dass sie mich ja dann nicht mehr brauchen, weshalb ich mir vorgenommen hätte, mit meinem Buchvorschuss ein kleines, altes Stadthaus in Capdepera anzufinanzieren und hierzubleiben, worauf sie antworten, das sei eine gute Idee.

Das Netz und seine Relaisstationen wie das Smartphone werden von Nerds manchmal verteidigt, als handele es sich um eine Religion, mindestens eine Partei. Ich bin einfach nur froh, dass es das Internet gibt, wenn ich ehrlich bin, ich hasse es grundsätzlich und nutze es aber rund um die Uhr, seitdem verfahre ich mich nicht mehr (zumindest nicht mehr für halbe Tage, sondern nur noch kurz), *wenn* ich doch mal Auto fahre, ich mag die praktische App der Münchner Verkehrsgesellschaft, die mir immer sagt, wo ich einsteigen kann, wenn ich gerade irgendwo in München in der Gegend herumstehe, ich kann täglich im Urlaub mit meiner Mutter sprechen, solange ich möchte, mein Freund Matthias schickt mir aus Berlin Bilder und Filmchen, in denen er Fernsehredakteure imitiert, oder er schickt alte Aufnahmen von Chet Baker, die ich nachts alleine auf dem Balkon höre und dabei den Mond und das Wasser betrachte und dann losheule, so schön ist die Musik.

Alles gut.

Im Juli 2016, dem Sommer meines Aufenthaltes in Canyamel, wird sogar die stoischste Strandgesellschaft der Welt innerhalb von nur wenigen Tagen durchhysterisiert. Vor der italienischen Küste bergen Marinetaucher ein Wrack mit fast siebenhundert toten Flüchtlingen, in Würzburg metzelt einer im Regionalzug Touristen nieder, in Nizza fährt einer am Nationalfeiertag mit dem Lastwagen so viele Menschen tot wie möglich, in der Türkei gibt es einen Putschversuch, nach dem Erdoğan das Land von Akademikern, Journalisten, Intellektuellen und Oppositionellen *reinigt.* Am Freitag, 22. Juli 2016, erreicht mich in Canyamel sechsundzwanzig Minuten nach den ersten Schüssen eines jungen Amokläufers ein Anruf meines verzweifelten Sohnes aus München, da hat der Mann vom Olympia-Einkaufszentrum sich selbst noch zwei Stunden lang gar nicht erschossen, sondern er irrt noch umher. Ich telefoniere mit meiner Familie, ich informiere aus dem Strandchiringuito in Canyamel meine Frau, die mit meiner Tochter bis eben in einer Kinder-Aufführung war und das Smartphone ausgestellt hatte, ich bitte alle, so schnell wie möglich irgendwo reinzugehen und die Türen zu verschließen. Dann sitze ich da und schaue abwechselnd auf das Meer, auf das Smartphone. Im Gegensatz zum Amokmann von München, auch im Gegensatz zu den jetzt schon pulsierenden Verschwörungstheoretikern, nutze ich Netz und Smartphone, wie ich mir einbilde, sinnvoll und verantwortungsbewusst und nicht als Tunnel meiner Überzeugungen oder Neurosen. Andererseits sage auch ich, als der Täter tot ist und der Horror in meiner Heimatstadt ein trauriges Ende hat, zu Catalina, Juan und Xisco im an diesem Abend so obszön weit entfernten, in der Abendsonne duftenden Capdepera und dort im wunderschönen, von allem Wahnsinn entrückten Café »L'Orient« den Satz: »Die Welt ist aus den Fugen.«

Wir trinken, wir reden über tote Kinder in einer Münchner Fast-Food-Filiale, und irgendwann lachen wir auch wieder, wie heißt es immer: Wir lachen traurig. Und als ich nachts in meinem Hotelbett liege, denke ich, dass die Welt entweder immer schon aus den Fugen war oder dass sie es eben damals nicht war und heute nicht ist. Meine Eltern erlebten den Horror ihrer Kindheit und Jugend nicht in Echtzeit wie ich in Canyamel, sondern in echt, wie die Kinder, die der junge David S. tötete oder verletzte. Als sie dann, gar nicht so viele Jahre nach dem Krieg, mit uns in Canyamel Urlaub machten, erfuhren sie aus der Welt im Vergleich zu heute: nichts. Das Massaker der Amerikaner in My Lai im März 1968, ich erwähnte es weiter vorne, brauchte mehr als ein Jahr von Vietnam in die Welt.

Es wäre aber besser gewesen, die Bilder der mehr als fünfhundert toten Frauen und Kinder, der Bericht Seymour Hershs über den heldenhaften Einsatz des Hubschrauberpiloten Hugh Thompson wären früher bekannt geworden. So hatte die US-Armee viel Zeit, zu vertuschen. Als mein Vater in seinem schönen blauen Hemd mit den weißen Streifen mit mir auf dem Arm im Spätsommer 1968 am Strand von Canyamel steht und von meiner Mutter fotografiert wird, wissen die beiden vom Vietnamkrieg und haben eine Meinung zu ihm, aber noch ein Jahr lang werden sie keine Ahnung davon haben, was My Lai überhaupt ist. Es ist aber wichtiger, dass die Wahrheit ans Licht kommt, als dass ich auf einer Ferieninsel sitze, Lassiter lese und mich dann zerstreue.

In der Bucht von San Francisco arbeiten also die besten Wissenschaftler der Welt mit Millionen und Milliarden zwingend zu reinvestierenden Dollargewinnen nicht mehr an einer Technologie, sondern *an uns.* Wir müssen lernen, all dies zu verkraften, es ist zu viel. Also geht es schon lange nicht mehr um Technologie, sondern um Biotechnologie. Unsere Gehirne, die noch unter einem gewissen Terror der digitalen Verfügbarkeit seufzen und schmatzen, sind noch nicht fit und müssen es werden, damit alles weitergeht. Bis es so weit ist, wird es Opfer geben. (Danach auch, aber das haben Revolutionen nun mal so an sich.)

Im Can Maya in Cala Ratjada zerlege ich abends einen Fisch, und während ich dort sitze, esse, trinke und mit zufriedenem *ennui* die Boote beobachte, die im Hafen in einem irgendwie meditativen Rhythmus an- und ablegen, besetzt den Tisch neben mir eine Familie aus England, es handelt sich, was in Cala Ratjada nicht zwingend ist, um das, was meine Eltern als »Leute mit Niveau« bezeichnet hätten. Den Tisch hatten sie extra reserviert, ein Kunstreiseführer liegt nun auf dem Tisch, ich werde nasal gegrüßt, die Eltern bestellen Schalentiere für sich, den großen Sohn und die große Tochter (beide circa siebzehn) sowie einen Teller Nudeln für den rothaarigen Kleinen (circa zwölf). Englisches Bildungsbürgertum der auf dem Festland durch Brexit und Schreihälse wie Farage schon fast vergessenen Sorte. Besonders verschämt grinsen der johncleesehafte Anführer der königlichen Sippe und ich, da wir beide als vermutlich einzige Männer in Cala Ratjada das gleiche Lacoste-Polohemd in Baby-Hellblau tragen, so ein Zufall, you're welcome, hahaha. Nette Leute, denke ich, insgeheim auch etwas ranschmeißerisch, ich bin ja schon seit Wochen alleine auf der Insel.

Die fünf reden einige Minuten, und nachdem sie bestellt haben, erlebt der Kleinste am Tisch einen (vermutlich weiteren) Abend in seinem noch jungen Leben als soziale Kernschmelze. Seine große Schwester zerlegt mit neun manikürten schmalen englischen Fingern die Langusten, ihr Körper ist seitlich über den Tellerrand gebeugt, mit dem kleinen Finger der rechten Hand regelt sie den Verkehr in der WhatsApp-Gruppe, die Mutter fotografiert das Restaurant (ich gehe in Deckung), dann ihr Essen, das Essen des Mannes, das Essen des Kleinen, das Essen des Großen, das Essen der Großen, das diese auch selbst fotografiert und instagramt. Nun fotografiert der Vater sämtliche Teller, schließlich das Etikett des Weins, anschließend, da ist sein Teller noch voll, reinigt er die Hände im Handwasser, um eine SMS oder einen Tweet zu schreiben. Es ist dringend, denn er konzentriert sich sehr beim Tippen, sein Mund formt lautlos die Worte mit. Schon surrt das Smartphone der Mutter, eine SMS (womöglich von ihrem Mann), auch sie reinigt die Hände, antwortet. Die Tochter fotografiert ihren großen Bruder, dann den verbitterten Kleinen, dann den Vater, wie er noch einmal den Wein fotografiert, dieses Mal das Etikett hinten. Die Smartphones werden hingelegt, es fallen ein, zwei Sätze (»That's delicious«), dann, während seine Schwester ohne Unterlass wischt, tippt und schaut, eine tropfende Languste in der Linken hochhaltend wie ein Burgfräulein eine Kerze, fotografiert der große Bruder sich selbst und schickt das Bild los.

Ich überlege, den Kleinen zu mir an den Tisch zu holen. Er schaut eh herüber, er schämt sich, er sucht Kontakt, er hat, wie mir klar wird, Todesangst. Ich habe niemandem zum Reden, er auch nicht, aber bei ihm ist das Problem ernster, struktureller, denn *er hat seine Leute dabei.* Ich würde ihn zunächst mit Viña Sol abfüllen. Trink, kleiner James, so schmeckt das Leben. Besser du lernst jetzt das Trinken, denn bald, sagen wir mit höchstens vierzehn, wirst du eh damit anfangen, was bleibt dir übrig, mein rot gefiederter Freund aus London? Es ist Zeit, diese Ehe in London zu beenden und ein faires Abkommen bezüglich der Kinder zu treffen.

Als ich das Lokal verlasse, schauen sie auf ihre Smartphones und sehen nicht, wie ich mich von ihnen deprimiert verabschiede, nur James nickt kurz deprimiert zurück und hätte ich ihn mitgenommen, seine Familie hätte es nicht gemerkt. Sie ist ohne sich selbst unterwegs, man sieht diese Menschen in einem fort, die irgendwo hocken, in einem Café, am Strand, wo auch immer, und die nicht reden und auch nicht schweigen. Die verspielten Gruppen von Kumpels und zu langen, ratlosen Teenagern, die in ihre behämmerten *games* hacken, erscheinen noch irgendwie rührend, halt ordnungsgemäß verpeilt.

Aber Familien oder Paare, die an gedeckten Tischen bei gutem Essen sitzen (für sie haben Hummer und Langusten ihr Leben gelassen) und die die Geräte nicht weglegen, sie sind, vom Alleinreisenden aus betrachtet, schlicht ohne einander unterwegs, und es ist ersichtlich, dass dies auch so gewünscht ist: Man hat sich nämlich tatsächlich nichts mehr zu sagen. Daraus wird kein Hehl gemacht. Nur mal eben was Wichtiges nachgucken? Vergiss es. Die Frau blockt den Mann, er die Frau, ich sehe Dutzende von Paaren, die sich blocken. Dann blocken die Kinder die Eltern, die Eltern die Kinder. Es wird sich entfolgt.

An alles sonst haben wir gedacht. So viele Jahre haben wir alles gesichert, was nicht niet- und nagelfest war. Kinder auf Rücksitzen, Eltern auf Vordersitzen, Helm auf, Knieschoner, Ellbogenschoner, Sonnenschutzfaktor 100, kein Fleisch, kein Fusel, auf den Zigaretten Bilder von blutigem Auswurf, vollgerauchten Babys, post mortem entnommenen Lungen, schwarzbraun wie böser Stuhlgang. In München sehe ich eine Kindergartengruppe in Sicherheitswesten über die gemütliche Kaiserstraße laufen, in Canyamel wachen die Jungs mit den scharfen roten Höschen, auf denen in großer weißer Schrift »Lifeguard« steht, darüber, dass niemand stirbt. Im Vergleich zu heute war der kleine Strand von Canyamel damals ein Hochrisikogebiet. Es wacht einer der Rettungsschwimmer von morgens bis abends in seinem Ausguck, der andere steht unten.

Gegen den Islamischen Staat können sie nichts ausrichten. Aber der Rettungsschwimmer pfeift wie ein Teekessel, wenn jemand zu weit hinaus oder zu nahe an die Felsen von Cap Vermell schwimmt. Es gibt eine Fahne für ungefährliches Baden, eine Fahne für halbgefährliches Baden und eine Fahne für gefährliches Baden, zusätzlich eine Sonderfahne für die besonders tückische Rausziehströmung und eine weitere Sonderfahne für Quallen, die Killer der Meere. So ist an alles gedacht. Wer jetzt noch ertrinkt, kann nicht schwimmen, oder er hätte den Infarkt andernfalls an Land bekommen und war halt nur zufällig im Wasser. Wird die Fahne für gefährliches Baden gehisst, beginnt am Zerstreuungssand von Canyamel ein Ballett der Generationen und EU-Mitgliedsländer. Junge deutsche Mütter winken vom Strand, junge deutsche Väter rasen über den Strand und in die Fluten, um ihre Kleinkinder, die bis zu den Fußknöcheln im Mittelmeer stehen, aus dem tückischen Wasser zu reißen. Spanische Familien lassen ihre Kleinkinder weiter auf ihren Luftmatratzen herumtreiben, sie werden sich schon zu helfen wissen, wenn sie auf offener See kein Land mehr sehen, zumal sie nie alleine ins Meer gehen, sondern grundsätzlich zu sechst oder acht und so auch in Not auf hoher See eine familiäre Gemeinschaft bilden können.

Nur die Rentner, zumal die *spanischen Rentnerinnen,* deren gigantische Familien im Kiefernwald lagern, schwimmen einfach weiter. Mal auf dem Rücken, mal auf der Brust treiben sie in stolzen, gleichmäßigen Zügen aufs Meer hinaus. Interessanterweise werden sie nicht vom Rettungsdienst zurückgepfiffen. Möglicherweise denken Rettungsdienst und Rentner jeweils das Gleiche? Dieses Leben wurde gelebt. Endet es nun in einer so schönen Bucht im Mittelmeer, bei Sonnenschein und dem Ostwind Llevant, so soll es so sein. Meistens schwimmen sie die rund zweihundert Meter bis zum Steg links, steigen die Leiter hoch, machen ein, zwei gymnastische Bewegungen. Dann klettern sie wieder ins rot beflaggte Horror-Meer und schwimmen zurück an den Strand.

Während ich in Canyamel am Strand liege und freihabe, läuft daheim einer Amok, einer schleudert die Axt, einer sprengt sich, in Frankreich schneiden sie einem Priester die Kehle durch. Es passiert willkürlich, es wird immer wieder passieren, und zufällig passiert es unter anderem dort, wo ich wohne: der Amokläufer vom Olympia-Einkaufszentrum grub seinen persönlichen Tunnel ins weltweite Netz und fraß sich voll, als organisch existierender, kranker, im selben weltweiten Netz und auf der Straße erst gehänselter, dann gemobbter Siebzehn-, gerade mal Achtzehnjähriger: nur wenige Hundert Meter von meiner *etablierten* Münchner Altbauwohnungsexistenz entfernt, während ich meiner Tochter in ihrer duftenden Prinzessin-Lillifee-Bettwäsche wieder und wieder Mario Ramos' Geschichte »Ich bin der Stärkste im ganzen Land« vom bösen Wolf vorlese. Verunsichert stolziert er durch den Wald, der Wolf, um alle zu fragen, ob sie auch wirklich mächtig Angst vor ihm haben, das Häschen, das Rotkäppchen, die drei kleinen Schweinchen und die sieben Zwerge. O, wir haben besser mal alle Angst vor ihm (außer dem kleinen Quabbelwabbel, der nicht – aber lesen Sie das Buch bitte selbst)!

Offenbar wussten meine Eltern, deren subjektives Sicherheitsgefühl auch mal erschüttert worden war, wie man sich zerstreut. Sie packten Anzug und Krawatte ein, meine Mutter ihre Sommerkleider, sie stapelten sich selbst und uns in die enge Caravelle und flogen in die Vaca, in der alle zwei Tage der Strom ausfiel. Und zwar taten sie all dies aus dem überwältigenden Grund der Vorfreude. So standen sie nach Tagen in der Sonne abends in der kleinen Bar der Vaca, die es hier heute nicht mehr gibt, und jeweils so lange kollerten die Machucambos ihr El Pepito vom Plattenteller oder Coltranes achtzehn Minuten langes Olé, bis Elvin Jones zum letzten Mal über die Snaredrum zog, weil der Plattenteller keinen Strom mehr bekam und zu Ende leierte. In der Vaca ließen sie dann jeweils die Nadel auf der Platte liegen, drehten die Lautstärke auf, und wenn die Adern des Hauses wieder unter einem schwächlich wirkenden Strom standen, dann gab es in der Bar bei Kerzenlicht und klingendem Glas ein großes Hallo, da Coltrane, Tyner, Hubbard und Jones, zunächst ölig leiernd, wieder aus dem Schlaf erwachten mit ihrer bedrohlichen, todschicken spanischen Sinfonie.

Zerstreuung erfordert eine Haltung zum Meer, zum Strand, zur Sonne, zu den Menschen. Man muss auf der Hut sein gegen die ständige Einmischung in innere Angelegenheiten. Ein guter Urlaub ist keine Pause vom Leben. Sondern eine Einstellung zum Leben. Und meine Eltern wussten: Die Freude darüber, dass das Licht wieder leuchtet und die Musik wieder spielt, der Jubel in einer winzigen Hotelbar darüber, dass der Strom wieder läuft, er sollte in jedem Fall größer sein als das Unbehagen darüber, dass er zuvor ausgefallen ist.

Man kann all das im Zitronenlicht von Capri lernen, bei einem Martini. In den Wellen vor Huntington Beach. Auf einem Pfahlbau im Indischen Ozean. Und ich lernte es nun einmal am Volksstrand von Canyamel, dem Strand meiner Kindheit, und letztlich vor allem im Türkis des Wassers vor dem Cap Vermell. Und wenn wir damals abreisten, war

Schluss mit Coltrane, Ellington, Davis und den Machucambos.

Dann holte, während Teo morgens vor seinem Ford wartete und rauchte, um uns nach Palma zu bringen, Antonio in der Bar die Schallplatte Sing along in a german beer garden aus dem Regal, er riss die Fenster auf, und Gus Backus sang durch die Bucht, während wir uns an der Lagune die Hälse verdrehten und winkten und winkten: »Auf Wiedersehn, auf Wiedersehn / Das eine glaube mir: Nachher wird es noch mal so schön, Das Wiedersehn mit dir.«

Die Metaphysik der Esel

1973: Ich scheitere beim Minigolf
und möchte meine Schwester töten,
wir besuchen die Drachenhöhle, ein Lama
bespuckt meine Mutter, wir nähern uns
einem Esel und der Landbevölkerung.
Alles geht seinen normalen Gang

Pepito mi corazón (pepití, pepitó!)
Pepito de mis amores (pepití, pepitó!)
Cántame a mí (ou-wa!)
Cántame a mí (ou-wa!)
Con amor

Los Machucambos

Ich bin sieben Jahre alt. Animateure für Kinder, die die Mini-Disco anwerfen und überwachen, gibt es nicht und so auch noch nicht das mich deprimierende Lied, zu dem meine Tochter abends im Laguna tanzt: »Wenn du glücklich bist im Urlaub, hüpfe hoch!«

Meine Eltern wollen, dass meine Schwester und ich uns verkrümeln und sie in Ruhe mit Teo und María essen, trinken und rauchen lassen. Meine Schwester, fast sieben Jahre älter als ich, besiegt mich zigmal hintereinander im Minigolf im gleichnamigen Hotel Minigolf, das heute immer noch Minigolf heißt, obwohl es schon lange keinen Minigolf-Platz mehr gibt dort. Weiter draußen gibt es jetzt einen richtigen, in der kuriosen, karierten Gemeinde der Golfer angesehenen Golfplatz, obwohl Canyamel strukturell auch heute noch ein Ort ist, zu dem Golf nicht passt. Zu Canyamel passt immer noch Minigolf.

Meine Schwester bekommt, weil ich so klein und doof bin, einen Lachkrampf, als ich die Kugel wieder und wieder nicht in das niedliche, kleine Törchen von der süßen mallorquinischen Windmühle putte. Hinter uns entsteht eine Schlange von Urlaubern mit Schlaghosen, Dieter-Thomas-Heck- und Dunja-Rajter-Frisuren. Meine Schwester grinst und sagt: »Du bist zu doof für Minigolf. Leider. Wie schade.«

Ich will und werde sie töten, es geht darum, es jetzt endlich zu tun. Ich rase mit dem Minigolfschläger durch die nächtlichen, nur matt befunzelten Gassen Canyamels hinter meiner Schwester her. Ich muss ihren Schädel zertrümmern. Es muss gelingen. Meine Schwester rennt, sie ruft um Hilfe. Wir sind die Attraktion. Ein mit meinen Eltern befreundeter Zahnarzt aus Hannover eilt aus dem Spezialitäten-Restaurant »Bonanza« und setzt mich außer Gefecht, indem er mir den Schläger entreißt, mich über seine Schulter wirft, wo ich auf ihm herumhämmere, da ich nun zunächst auch ihn töten muss. Ich prügele auf den Rücken des Zahnarztes ein, gebe dann auf und erschlaffe. Somit ist das Ziel meiner Eltern erreicht, das sie ins Auge gefasst hatten, als sie meine Schwester und mich auf den Minigolfplatz schickten.

Natürlich war meine Familie damals zu klug, um die vielen Esel, die auf Mallorca herumstehen, als das bessere, da alte Mallorca zu romantisieren. So fuhren wir auch nicht los mit dem Ziel, Esel anzusehen. Man sieht sie auf Mallorca auch heute noch, wenn man losfährt, um sich *etwas anderes* anzusehen, sie sind normalerweise Beiwerk. Sie stehen halt da und schauen über eine Mauer. Man kann sie immer noch sehen, aber es waren damals viel mehr.

In der Vaca liehen wir in den Jahren 1971, 1972, 1973 einen Fiat 500, um über die Insel zu fahren. Ich bin heute erstaunt, wie selbstverständlich es war, dass wir in diesem sehr kleinen Auto zu viert gesessen und uns gestritten haben, statt wie üblich draußen an der frischen Luft zu streiten. Ich erinnere mich an den magischen Geruch aus Öl, Elektrik und heißem Gummi in dem Auto, das uns ummantelte, sowie ja sowieso an den Rauch der Zigaretten. Immer war Rauch und Öl und Plastik in der heißen Luft, vor allem Öl, es gab in Autos einen Geruch nach Maschinen und Kabeln und auch Kabelbränden, den es heute nicht mehr gibt und den ich vermisse.

Entweder reagierten leider andere Lebewesen auf uns gereizt, wir leider auf andere Lebewesen gereizt oder wir leider auf uns selbst gereizt. Im Safari Park Porto Cristo, unserem ersten Stopp, wurde meine Mutter geschändet. Ein Lama nahm sie ins Visier, da war sie gerade erst aus dem Auto gestiegen. Mein Vater sagte zu meiner Mutter: »Anneliese, provozier das Tier nicht!«

»Ich provoziere es nicht, Rudi. Wieso unterstellst du mir das?«

»Wenn du dem Tier zu lange in die Augen schaust, fühlt es sich provoziert. Schau ihm nicht zu lange in die Augen!«

»Rudi, lass mich mal in Ruhe, ja?«

Ich rufe: »Papa, lass die Mama in Ruhe, sie schaut dem Kamel nicht zu lange in die Augen.«

»Das ist kein Kamel, du Idiot«, ruft meine Schwester.

»Das Lama fühlt sich provoziert, Anneliese!«

»Ich schaue ihm nicht zu lange in die Augen, Rudi! Ich schaute ihm eben nur kurz in die Augen.«

»Jetzt schaust du dem Lama wieder in die Augen, Anneliese! Es wird dich unweigerlich bespucken!«

»Rudi, ich schaute ihm *eben* in die Augen, jetzt hingegen schaue ich …«

Das Lama schaute jedenfalls meiner Mutter in die Augen, blöde und böse, dann flog ein Rotzfladen, so groß wie ein Badehandtuch, auf meine Mutter.

So groß war der Fladen jedenfalls in meiner Erinnerung. In Wahrheit war er vermutlich nicht größer als eine Pizza. Meine Mutter zischte »Meine Güte«, blieb aber, sie hatte den Zweiten Weltkrieg überlebt, im Übrigen unbewegt. Mein Vater fuchtelte mit irgendwelchen Tüchern in ihren kräftigen schwarzen Haaren herum. Meine tierliebe Schwester warf anschließend einem süßen kleinen Affen einen Apfel zu, damit er was zu knabbern hatte. Der Affe warf den Apfel nach Art eines Olympioniken zurück und tatsächlich an die Schläfe meiner Schwester. (Nein, all dies ist nicht ausgedacht, auch nicht in der Häufung der Ereignisse. Es war, als hätte der Safari Park auf uns gewartet.) Der Apfel zersprang an ihrem Kopf, sie taumelte und musste versorgt werden. Jeder Anschlag auf die Gesundheit meiner Schwester, und sei es nur von einem sportbegeisterten Affen, war sofort ein Anschlag auf ihr Leben. Ich war außer mir vor Begeisterung. Nachdem ich den Abend zuvor versucht hatte, ihren Kopf mit dem Minigolfschläger zu spalten, könnte nun alles doch noch gut werden und sie würde sterben. Danke, lustiger Affe.

Dann fiel mir ein, dass ich sie sehr liebte. Gerade erst hatte sie wieder Monate in der Universitätsklinik verbracht. Nach einer Kieferoperation, bei der man das Penicillin vergessen hatte, war ein nicht endendes, natürlich lebensbedrohliches Fieber ausgebrochen. Tapfer hatte sie wieder in der Uniklinik in ihrem Bungalow gelegen und mir von dort nach draußen zugewinkt. Und jetzt starb sie im Safari Park, durch die Hand eines Affen. Ich brach in Tränen aus. In einem Häuschen mit Ventilator am Eingang des Safari Parks saß sie auf einem Stuhl, meine Mutter bekam ein feuchtes Tuch, um die Wunde meiner Schwester zu kühlen. Ich weinte und weinte.

Wie immer war meine Schwester ruckzuck wieder wohlauf. »Scheißaffe!«, zischte sie. Ich hörte auf zu weinen und fiel meiner Schwester um den Hals. »Ich liebe dich«, rief ich, »ich liebe dich!« Meine Mutter wusch sich die Reste der Lamarotze aus den Locken, die nun abstanden, sie rieb an ihrer Baumwollbluse herum, die sie abends mit *Rei in der Tube* in der Vaca ins Waschbecken legen würde.

Zufrieden stiegen wir in den Fiat 500 und setzten den Ausflug in Richtung der sagenumwobenen Touristenattraktion *Drachenhöhle* fort, die wir noch nicht kannten. Die Tropfsteinhöhlen von Artà hatten wir über die Jahre schon mehrmals besichtigt, da sie quasi zu Canyamel gehören und in wenigen Minuten zu Fuß erreichbar sind. Bezeugen konnten wir so nach fünf oder sechs Sommerurlauben, dass Stalagmiten und Stalagtiten nur langsam wachsen. Während die Welt draußen rast, verändern sich die Höhlen in einem Ausmaß, das dem menschlichen Auge entgeht, sogar den misstrauischen Augen meiner Familie.

Also bretterten wir nach dem Waterloo im Safari Park weiter zu den *Coves del Drac*. Schon im Altertum, dozierte mein Vater, dienten die Höhlen der Bevölkerung als Zufluchtsort, der unterirdische See gilt als der größte der Welt, bla, bla, bla.

Man begeht die Coves del Drac zunächst wie die Höhlen von Artà, aber mir fiel sogleich auf, dass sie weniger beeindruckend sind. Alles ist kleiner und flacher. Ich maulte herum, mein Vater ermahnte mich, den Mund zu halten, da er sonst umkehren werde. Ein Tourist klärte meinen Vater auf, dass man alleine und *ohne die Gruppe* nicht umkehren dürfe, daraufhin ermahnte mein Vater den Touristen, sich nicht einzumischen.

»Ich wollte Sie nur davon abhalten, hier etwas Verbotenes zu tun«, sagte der Tourist.

»Und ich erinnere Sie zum letzten Mal, sich nicht einzumischen«, erneuerte mein Vater, während wir durch die dunklen Schluchten taperten.

»Aha, sonst passiert was?«, keuchte der Tourist.

»Das werden Sie sehen, was dann passiert. Sie werden nicht begeistert sein.«

»Rudi, lass doch bitte.«

Dann, nach einem Fußmarsch vorbei an zu kleinen Stalagtiten und Stalagmiten, stieg man auf ein Boot und fuhr eine Weile auf dem unterirdischen See herum.

In der größten der Höhlen, genau auf dem »Lago Martel«, als mein Vater mir erklärte, was er mir schon in fünf Sommerurlauben in den Höhlen von Artà erklärt hatte (»Es dauert hundert Jahre, bis ein Stalagmit oder ein Stalagtit einen halben Zentimeter … hörst du zu, Junge? Es hat keinen Sinn, dass ich dir das erkläre, wenn du nicht zuhörst! Anneliese, ich erkläre dem Jungen etwas und er hört nicht zu.« – »Wieso sagst du *mir* das, Rudi? Sag es dem *Jungen*!« – »Anneliese, was ist denn das für eine Reaktion?«), bat der Höhlenführer um »Rrruhe und Andacht«, um »eine grrroße Ssausbiel« beizuwohnen.

Die Höhle wurde von einer Lichtorgel zu einer Dorfdisco umlackiert, dazu flog die Ouvertüre des Tannhäuser an Wände und Zapfen, die so viele Jahre ohne Licht und Musik gut ausgekommen waren. Mit dem erst vor wenigen Jahren verstorbenen Theodor Wiesengrund Adorno war mein Vater einig: Es geht abwärts in eine Zeit der Revuen, des Firlefanzes, der unscharfen Begriffe. Und so erlitt er in den Coves einen Nervenzusammenbruch.

Er stand auf dem Boot und rief über den Lago Martel: »Machen Sie den Tannhäuser aus! Sind Sie verrückt geworden?«

Eine Frau: »Ruhe!«

Ein Mann: »Setzen Sie sich hin, Sie Arschloch!« (Heute wäre mein Vater geduzt worden: »Setz dich hin, du Arschloch!«)

»Mama, was hat der Papa?«

Meine Mutter, die eben noch von einem Lama bespuckt worden war, lächelte, ich liebte sie abgöttisch, jetzt, nach der Schändung durch das Lama, mit den Resten der getrockneten Lamarotze im Haar, war sie noch schöner, sie war überirdisch schön.

Mein Vater, der Kapitän und Höhlenführer sowie die anderen Urlauber standen auf dem schwankenden Grund des Bootes im Discolicht, der Höhlenführer weigerte sich, den Tannhäuser zu beenden. Stattdessen setzte er noch einen drauf mit der zwangsläufigen Carmina Burana. Meinem Vater schwollen die Adern. Was, wenn er vom Boot fiele und im unterirdischen See ertränke? Er würde im

Nichts verschwinden und sogleich begraben sein. Da säuselte mir meine Mutter brüllend ins Ohr: »Du musst keine Angst haben. Der Papa hätte gerne etwas mehr Ruhe. Er würde die Höhle lieber ohne Musik und das farbige Licht besichtigen. Und darüber führen sie jetzt eine Diskussion.«

Übrigens wird von Kennern der Drachenhöhle bestritten, dass dort einst der Tannhäuser abgespielt wurde zur Lichtinstallation. Es müsse sich vielmehr um die Zauberflöte gehandelt haben. In den Chroniken meiner Familie ist jedoch der Tannhäuser vermerkt, jahrelang zeterte mein Vater noch vom Verrat an Wagner in den unterirdischen Höhlen von Porto Cristo und über diesen Riesenunsinn. Möglicherweise erschien ihm der Verrat an sich als so überwältigend, dass er ihn sicherheitshalber gleich am Allergrößten begangen sehen wollte als am schöntuenden Mozart, mit dem er irgendwie eh nichts anfangen konnte.

»Ein Esel! Ein Esel!« Ich brüllte von der Rückbank des Fiat. Mein Vater stieg in die Eisen. Alle wendeten die Köpfe in alle Richtungen. »Wo?«, rief mein Vater: »Wo, Junge? Wo ist der Esel?« Meine Schwester umschloss mein Kinn mit dem Daumen auf der einen, den anderen Fingern auf der anderen Seite, sie riss an meinem Gesicht herum: »Wo ist der Esel? Sag es! Wo hast du ihn gesehen?« Mein Vater: »Ich kann hier in der Kurve nicht stehen bleiben, Kinder!«

Es war schon eine Weile her, dass ich den Esel gesehen hatte. Da ich aber erst noch einen Tagtraum beenden musste, konnte ich mich nicht sofort bemerkbar machen. So hatte ich noch, während wir weitergefahren waren, eine Weile aus dem Fenster geschaut, nachdem ich den Esel gesehen hatte, ich hatte dabei an entweder etwas Diffuses gedacht oder eben auch nur an exakt das, was ich gerade sah, eine in der Hitze flirrende Landschaft aus roten Steinen, Olivenbäumen und alten Frauen in schwarzen Kleidern. Wie ein Tier auf der Wiese steht und sich (angeblich) über wenig mehr Gedanken macht als darüber, dass da halt eine Wiese ist, so schaute ich in der Hitze auf einen Esel, Olivenbäume und rote Steine und dachte: Hitze, Esel, Bäume, Steine. Sehr sicher musste ich mich in Momenten wie diesen von dem blasenwerfenden Eintopf aus Träumen, Vorstellungen und jüngsten Eindrücken erholen, der in meinem Kopf vor sich hin kochte. Ich erschrak. Wieso brüllten mich alle an? Wieso umklammerte meine Schwester mein süßes Kinn?

»Sag es!«, kreischt meine Schwester.

Angst. *Was* soll ich sagen?

»Was denn?«, frage ich und drohe: »Gleich heule ich, glaube ich, los.«

»Kinder, ich kann hier nicht stehen bleiben«, ruft mein Vater wieder.

»Du hast einen Esel gesehen?«, fragt meine Mutter: »Wo war das denn, Schätzchen?«

Ich schweige. Hoffentlich habe ich einen Esel gesehen, denke ich, gebrüllt habe ich es ja offenbar, Tränen. Verschwommen sehe ich das strenge Gesicht meiner Schwester.

»Zurück!«, rufe ich (irgendwas muss ich ja sagen).

»Bitte?«, mein Vater.

»Viel weiter zurück, da, wo die Mühle war.«

»Welche Mühle?«

Rückwärts winselt der Fiat die schmale Straße hoch. Niemand fällt über mich her, nicht einmal meine Schwester. Er ist zwar ein kleiner Idiot, aber vielleicht war da wirklich ein Esel. Die Sache ist zu wichtig. »War es hier? War es hier?«

Verzweifelt leiert der Motor des medizinballgroßen Autos im Rückwärtsgang die Anhöhe hoch, es wird immer langsamer, wir starren aus den Fenstern. Mir wird mulmig. Was, wenn ich mir den Esel, wie so vieles, nur eingebildet habe? Es fliegen meiner Erfahrung nach nachts auch Hexen durch die Bucht, *um mich zu holen.*

Wir sahen den Esel nach rund fünfzehn Minuten. Er stand weit hinten Richtung Horizont auf der Wiese einer Finca. Er war dunkelbraun, unten der üblicherweise weiße Bauch. Er starrte ins Nichts, als erwarte er die Ankunft einer neuen Zeit. Ein Metaphysiker. Ich rief: »Er schaut zu uns herüber!«

Ich bildete mir ein, dass er glücklich darüber war, dass wir zurückgekommen sind, dabei war vor allem ich glücklich, dass es ihn gab. Wir mussten den Fiat abstellen und einen Feldweg entlanglaufen. An der Seite, hinter einem Zaun, mähten Ziegen und Lämmlein. Die Lämmlein sahen aus wie Stofftiere. Sie konnten fast nicht echt sein, mit ihren herabhängenden Waschlappenohren, so süß waren sie mit ihren lieben Gesichtern. Lämmer interessierten uns aber nur so, wie uns Ferkel interessieren, also veredelt. Sahen sie nicht auch ein wenig dümmlich aus? Diese Tiere interessierten uns als Spanferkel und Lammkoteletts. Dass man ihnen den Hals umdrehen und sie dann zubereiten konnte, war immer *mitgedacht.* Kurz und autistisch verharrten wir bei den Lämmlein. »Süß«, sagte meine Schwester trocken und fahl.

Ein Bauer stand querfeldein und beobachtete, wie wir auf die Mauer mit dem Esel zuliefen. Minutenlang. Seine schwarzen Haare lagen wie ein Helm um den Kopf herum. Er war barfuß.

Meine Mutter: »Ich weiß nicht, Rudi.«

Mein Vater: »Wenn man die Menschen mit Respekt behandelt, behandeln sie einen auch mit Respekt.«

Wir mussten jedenfalls näher an den Bauern ran, der uns anstarrte unter seiner Haube. Dann fletschte er die Zähne, riss die Hand hoch und brüllte: »Saludos, amigos! Qué tal?« Er hielt nun eine Rede, die wir nicht verstanden (wieso sollten wir Spanisch lernen, nur weil wir ständig hier Urlaub machen?). Mein Vater zahnte zurück, verbeugte sich, zeigte dann auf den Esel. Der Bauer drehte sich nach seinem Esel um. Wollten wir ihn kaufen? Wozu brauchten diese Leute jetzt auch noch Esel? Er redete wieder los, wieder verstanden wir kein Wort, es klang, als ob jemand in eine Gießkanne hustet. Wortkarg war er nicht, aber wir kamen so nicht weiter.

»Burro«, sagte mein Vater und: »Esel.« Dann noch mal: »Burro! Esel!«

Der Mallorquiner zog die Stirn in Falten. Er schnauzte irgendetwas, lachte heiser, noch heiserer, all dies mündete in einen dramatischen Hustenanfall, er weinte und lachte nun zugleich, fuhr sich durch das Haar und seufzte schließlich, nach einer immensen Pause ein sopranhohes: »Aiiiiiiiiiiiii amigos.«

Dann war plötzlich wieder Ruhe. Bitter starrte er uns an. Lief es wieder auf ein Duell hinaus? Können wir nicht in Frieden mit anderen leben? Woher diese Unruhe, sobald wir aufkreuzen? Wir standen auf seinem Grund. Ich bekam Angst. Meine Schwester sagte beunruhigenderweise nicht: »Jetzt wirst du sterben, du kleiner Idiot.« Sondern sie stand da mit ihrer geschwollenen lilafarbenen Schläfe und flüsterte: »Komm, Papa, wir gehen.«

Und meine Mutter: »Rudi.«

Da riss der Behelmte die Arme auseinander, kam auf meinen Vater zugelaufen und umarmte ihn. »Sssssssssííííííí! Burrrrro!« Er winkte uns Kinder her. Erleichtert gingen wir zum Esel. Ich berührte seine Schnauze. Wir verbrachten, während der Bauer auf uns einredete, wertvolle Minuten mit dem stolzen Tier, das so tat, als wären wir ihm gleichgültig.

Ich bin sicher, dass wir andere nur dann lieben, wenn wir in der Lage sind, uns oder immerhin wesentliche Fragmente unserer Ängste, Wünsche und Gewissheiten im anderen zu spiegeln. Insofern wollten wir, die Gorkows, das Lamm und vor allem das Ferkel gerne essen. Und den Esel, der zweifellos auch gut schmeckt als Salami, nicht. In ihm spiegelten wir uns. Wir betrachteten den Esel als ebenbürtig, wenn nicht als Idol. Offenbar sahen wir, im Jahr 1973 an der Ostküste Mallorcas auf einem Acker stehend, wenn schon nicht uns selbst, so doch unser Karma. Sind das wir, nur eben *vollendet*? Es war überwältigend. Endlich hielt die ganze Familie den Mund. Wir schauten auf den Esel wie andere in den Sonnenuntergang. Der Bauer redete und redete, natürlich, aber das klang, als stünde er weit weg. Jedenfalls war er einer der wenigen Menschen, der seinen Frieden mit uns gemacht hatte.

Offen blieb, was der Esel sah. Er stand dort wie einzementiert und schaute uns an. Entweder war er wirklich Metaphysiker oder er machte sich eben nicht so komplexe Gedanken über uns wie wir über ihn. Er verzettelte sich nicht, ruhte, rief seine Kräfte nur ab, wenn nötig. Wie Teo. Fuhr seelenruhig die Landstraße runter, antwortete nicht auf die nervösen Fragen meines Vaters, höchstens mal »Si« oder so, um, weil er es kann, im Bruchteil einer Sekunde das Abendessen zu erlegen. Sah nun der Esel hier Fragmente seiner Ängste, Wünsche und Gewissheiten in den anderen, also uns, gespiegelt?

Nachdem er dort gestanden und uns angesehen hatte, rannte er jedenfalls mit einem Mal los, das Feld hoch. Erst weit hinten blieb er stehen und drehte sich um. Dann schaute er in die andere Richtung, wir sahen ihn nur noch von hinten. Der Bauer zuckte mit den Schultern. Er redete und redete. Natürlich sagte er, den wir nicht verstanden, das hier: »Ich habe keine Ahnung, was in ihn gefahren ist. Das hat er noch nie gemacht.«

Andere Gäste als unsere Freunde, vor allem solche Gäste, die zum ersten Mal in der Vaca waren, nahmen uns in diesen Jahren eher verärgert zur Kenntnis. Jeden Morgen bekam ich zur Begrüßung vom Kellner Antonio im Vorbeigehen einen Schlag mit seinem leeren Silbertablett auf den Kopf, wenn er zurück in die Küche eilte. In den ersten Jahren weinte ich vor Schreck laut auf, dann aber reagierte ich nicht mehr oder jeweils nur kaum, ich lächelte nicht einmal oder drehte mich um, sondern weinte nur ganz kurz, frühstückte dann weiter und erzählte meiner Schwester und meinen Eltern irgendeine endlose, langweilige Geschichte zu Ende. Auch reagierte meine Familie nicht mehr auf das Tablett. Wird ihm schon nicht schaden. Zack! Tränen. Egal. Es war für die Umsitzenden ein verstörendes Schauspiel, über das ausgerechnet wir uns aber keine weiteren Gedanken machten. Die tägliche Beklopfung meines Kopfes gehörte zu den wenigen Dingen, mit denen wir uns, also auch ich mich, abfanden. So war halt das Leben.

Meine Schwester war in der Frühpubertät und genervt. Von morgens bis abends trug sie einen nie offen ausgesprochenen Teil der Verantwortung für ihren kleinen Bruder, der noch nie so anstrengend war wie jetzt. Wie alle Mädchen in der Frühpubertät der Jahre 1970 ff. träumte sie von einem Ausritt mit Sweet-Sänger Brian Connolly über die Wiesen Südenglands. Ihre dramatischen Frisuren (vor allem die dramatische Frisur von Brian Connolly) würden dem Wind standhalten, auch dann noch, wenn sie, beide mit einer Weideblume quer im Mund, im Gras lagen und sich liebten. Eigentlich wollten sie sich noch füreinander aufsparen, aber sie ist nun mal so schön, dass Brian nicht an sich halten kann. Als sie aus Tagträumen wie diesem erwachte, wurde sie gewahr, dass sie sich, wie seit Tausenden von Jahren sämtliche Mädchen in der frühen Pubertät, für hässlich und blass hält. Sie sah mich am Pool stehen, Unruhe war ausgebrochen, zu wem gehört denn der süße kleine Junge am Wasser? So stand sie am mit pittoresken einheimischen Fliesen gekachelten Pool der Vaca, denn sie sollte nicht von Brian Connolly träumen, sondern auf mich aufpassen. Ich durfte nicht in den Pool fallen.

Ging sie mit mir auf den schmalen Wegen durch den prächtigen Garten der Vaca, so machten andere Hotelgäste erst Platz, nachdem sie mich angefasst, mir in die Wange gekniffen und über den Kopf gewischt hatten. »Ja, *ist* der süß! Wie *heißt* er denn?«, fragte eine dicke Dame. Meine Schwester sagte: »Fragen Sie ihn, er steht vor Ihnen. Er kann sprechen.«

»Na, hör mal«, jammerte die Dicke. »Wie kann man nur so frech sein! Wo sind denn deine Eltern?«

Meine Schwester boxte mir auf den Arm: »Sag, wie du heißt! Die Frau glaubt nicht, dass du sprechen kannst.«

Wie es meine Art war bei diesen Anlässen, versteifte ich und schaute auf den Boden. Ich bin so sagenhaft süß, dass ich es nicht nötig habe zu antworten. Meine Schwester soll den Fan abwimmeln, wozu ist sie da, ich kann unmöglich antworten, ich müsste sonst mit allen reden, die mich süß finden, da hätte ich gut zu tun. Im Weg verharrte die Dicke. So ein süßer Junge, und dann dieses garstige blasse Mädchen.

»Sag, wie du heißt!« Meine Schwester kniff mir in den Arm.

Ich ertrug den Schmerz still. Sollte sie das noch einmal machen, würde ich allerdings losheulen *like I never did before.*

Die Frau blaffte wieder meine Schwester an: »Wo sind denn deine Eltern?«

Meine Schwester kniff, sie fauchte: »Sag ihr, wie du heißt, du Spasti!«

An Tagen wie diesen versucht sie, mich ein ums andere Mal vom Pool wegzuziehen. Ich stehe so nah am Wasser, dass meine Zehen sich um den Beckenrand klammern. Je stärker sie an mir zieht, desto fester umklammern meine kleinen, süßen, mit Geheimkräften ausgestatteten Zehen den Beckenrand. Wieder versteife ich. Sie liebt mich überirdisch, aber ich bin ein kleiner, mieser Faschist. Ich liebe sie auch überirdisch, und da ahne ich noch nicht, was sie mir alles noch beibringen wird: Von ihr werde ich lernen über die Jahre, dass Frank Zappa in Amerika das ist, was Willy Brandt in Deutschland ist, ein Widerstandskämpfer, ich lerne, dass reiche Menschen in Deutschland ihr Vermögen mit Sklavenhaltung erwirtschaften, dass der Held der Reichen Rainer Barzel heißt und »eigentlich« ein Nazi ist, ich lerne, dass die ZDF-Hitparade, die ich wegen der Auftritte von Ricky Shane gerne sehe, dazu da ist, das Volk *zu betäuben*, damit Barzel und Konsorten in Ruhe einen neuen Unrechtsstaat bauen können. Notwendig sei möglicherweise die Revolution, unter Umständen mit Waffengewalt. Die Widerstandskämpfer um Stauffenberg würden heute auch verehrt, damals seien sie hingerichtet worden, erst zu spät sei *den Bonzen* klar geworden, dass sie aufs falsche Pferd gesetzt haben. So sei es im Grunde jetzt gerade wieder, zumal in dem spießbürgerlichen Vorort in der Einflugschneise.

Aber noch war ich vier Jahre alt. Sie zerrte an mir, ich bewegte mich nicht. Wir wurden von den anderen Gästen am Pool beobachtet. Sollte es ihr nicht gelingen, den Jungen vom Beckenrand zu entfernen, würde er ertrinken. Sie würde schuld sein. Sie versuchte es mit einer Methode, die im Pferdesport noch für Schlagzeilen sorgen sollte, mit der Methode des Barrens. Dazu benötigte sie einen Stock, in diesem Fall den herabgefallenen dünnen Ast einer Kiefer, der neben ihr lag. Den Ast zwiebelte sie in meine süßen Kniekehlen. Hurra, es wirkt! Mein kleiner Bruder bewegt sich, er ist nicht mehr steif, sondern weich, jetzt kann ich ihn zu den Eltern bringen. Am Pool entstand Aufruhr. Die Gäste streichelten das winselnde Kind, meine Schwester wurde ab- und den Eltern zugeführt.

Eines Tages sprach eine junge, dünne Mutter mit kurzen Haaren meine Schwester am Pool an. Ob sie denn auch immer auf mich aufpasse? Wieso dann niemand von uns einschreite, wenn ihrem Bruder jeden Morgen vom Kellner Antonio mit einem Silbertablett auf den Kopf geklopft werde? Meine Schwester sagte, weil es stimmte: »Das ist er gewohnt.« Im Apartment berichtete sie von der tückischen Intervention der jungen deutschen Mutter. Tagelang hörte man nur die Grillen und das Meer. Jetzt gab es wieder eine Einmischung in innere Angelegenheiten. Endlich musste wieder ein Schlachtplan her. Meine Eltern lagen sich auf der Stelle in den Haaren. Meine Mutter hielt es für überflüssig, der »dummen Nuss« Aufmerksamkeit zu schenken, »die reisen irgendwann wieder ab, dann sehen wir die nie wieder«. Mein Vater war nach einigem Für und Wider angeblich bereit, diesen eher weichen, UN-haften Kurs zu akzeptieren (»Im Grunde soll sie mich am Arsch lecken«). Dann aber doch nicht. Mein Vater hatte Probleme mit der Schubabschaltung.

An der Rezeption stellte er die junge Frau, er empfahl ihr, ihren Urlaub zu genießen und meine Schwester nicht mit Anfragen zu behelligen. Was er sich erlaube, so die junge Frau. Er erlaube sich, sie an Umgangsformen zu erinnern, die sie sicherlich einst gelernt, nun aber vergessen habe, so mein Vater, und da sei er behilflich, diese wieder aufzufrischen. Ob ihr zum Beispiel das Wort Diskretion etwas sage? Sie entgegnete, sie habe sich nichts zuschulden kommen lassen und meiner Schwester lediglich höflich und sachlich eine Frage gestellt, da es ja wohl auch zum »Themenbereich Umgangsformen« (Akademikerin) gehöre, ob ein kleiner Junge Morgen für Morgen von *einem Primitiven* mit einem Silbertablett beklopft werde, und zwar so, dass der dabei entstehende Gong bis zum anderen Ende des Frühstücksraums zu hören sei. Insofern sei Diskretion von ihm als dem Vater des Beklopften schon ein ganz starkes Wort. Letztlich gehe es ihr hier um ein Kind, das von einem Kellner jeden Tag mit einem Silbertablett misshandelt und das von seiner Schwester mit einem Ast geschlagen werde. Wenn sie das mal anmerken dürfe.

Sie dürfe anmerken, was sie wolle, befand mein Vater, nur eben in ihrem Apartment, wenn die Tür geschlossen sei, oder eben nachts am Strand, wenn außer ihr niemand da sei, sie sei eine übergriffige, letztlich unverschämte Person … und so weiter.

Vorfälle wie diese, ehrabschneidende Anschuldigungen also, Anwürfe, Stillosigkeiten und die daraus resultierenden Debatten auf Ausflugsbooten, in offenen Tier- wie Menschengehegen, hielten uns am Leben. Wir vertrödelten die restliche Zeit in einem Ausmaß, das an die Existenz unseres Familiendaseins rührte. Wir waren noch diese Familie (deshalb die Diskussionen, die wir vor allem aufführten, um uns zu vergewissern, dass wir noch die Rituale draufhaben), aber wir waren in Canyamel eigentlich in einem anderen Aggregatzustand.

Das von meinem Vater favorisierte Stück »Flamenco Sketches« von Miles Davis und Bill Evans atmet seinen Zauber nicht zuletzt durch die Spanisch-Phrygische Tonleiter; es ist einerseits alles Jazz und Miles Davis und Bill Evans und John Coltrane, es ist als solcher Jazz unverkennbar, es ist aber andererseits durch die spanischen Elemente, als habe wer neben den blauen auch die roten Lampen angemacht, alles erstrahlt in Violett. Erinnere ich mich an diese Tage und Nächte, so ist die Insel heiß und orange, und meine Familie violett und schwebend, unterwegs auf einer anderen Tonleiter und auf dieser Tonleiter wie in einem federleichten Rausch.

Am Abend kamen die anderen deutschen Kinder ins Bett und meine Schwester und ich machten es uns zur Gewohnheit, mit den paar einheimischen Kindern bis in die Nacht durch die Bucht zu rasen. Meine Eltern standen derweil in der Bar der Vaca, hörten Musik, tranken und rauchten und redeten. Es lag im Nordosten der Insel Merengue und Kuba in der Luft, die Bar der Vaca war dunkel, mit Leder und Holz ausgekleidet, alte Vitrinen, schwere Sodaflaschen und Aschenbecher, groß wie Wackersteine. Vom Terrorregime der weltweiten *Lounge,* das Jahrzehnte später sämtliche Hotelbars der Welt zunächst entkernt und dann weiß kalkt, die Wände mit weißem Plastik verschalt, die Räume mit weißen Kuben und lichter Minimal Art zustellt, blieb die Generation meiner Eltern verschont, sie hätte sich das verbeten, da sie sich bei diesen Anlässen zum Rum, zum Gin Tonic, zum Rauchen und Tanzen zusammenfand und nicht zu einer Zahnwurzelbehandlung. Also legte man Wert auf ein verruchtes, laszives, höhlenhaftes *surrounding,* die Bar der Vaca sieht damals aus wie eine Schatzhöhle, dunkel und *cosy,* voller schwerer, glänzender, sprudelnder, tönender Sachen. Betrat ich die Bar als Kind zu später Stunde, lief ich wie vor eine Matratze, es war eine Wand aus Gelächter, die meine Eltern elektrisierende Musik der Machucambos (»Ooooh, el pepito!«) und, natürlich, Rauch. Mir war sogleich klar, dass dies eine erstrebenswerte Welt ist: die der Bar. Die Menschen hier waren würdig. Sie trugen, wie mir später beim Blick durch die Foto-Alben noch einmal klar wird, im Sommerurlaub zu später Stunde dunkle, schmal geschnittene Anzüge, mein Vater auch noch in den Jahren, in denen die Kragen und Revers eigentlich breiter wurden. Sie sehen auf wirklich sämtlichen Fotos dieser Zeit brillant aus, mein Vater und seine deutschen wie einheimischen Freunde, es regierte eine lässige, nie dozierte oder auch nur ausgesprochene, aber eben *bindende Verabredung auf Coolness:* Es war eine Zeit, die keine Mode schuf, sondern einen Stil. Es ist egal, ob mein Vater auf diesen Fotos in Sommerhose, Loafers und seinem nun mal blau-weiß gestreiften Sommerhemd am Strand steht und raucht, ob er abends im Anzug an der Bar steht und raucht, er sieht zugleich in sich ruhend *und* gespannt aus. Färbe ich die Vergangenheit in schöne Farben? Filme und Filmchen aus diesen Jahren, auch Super-8-Filme aus Mallorca, hochgeladen auf YouTube, dokumentieren sie nicht Enge, Spießerei, Hütchenhaftigkeit, den Wanst von Onkel Erwin in den Gassen von Palma, dazu den Nussflips-Sound von James Last? Alle Indizien und auch sogar Beweise sprechen aber nun mal dafür, dass meine Eltern sich aus der Gegenwart der 60er- und frühen 70er-Jahre das Beste nahmen und den Rest so kühl lächelnd wie möglich liegen ließen.

Natürlich wäre es meinem Vater alleine schon aus Gründen der *Waffengleichheit mit dem Feind* unmöglich gewesen, auf die Kampfmittel Smartphone und hier besonders auf Twitter zu verzichten, das hätte er sich nicht nehmen lassen, aufwendig inszenierte Kurzfilme oder auch nur Grimassen als Nachricht nach Meerbusch-Büderich oder in die Welt zu schicken aus der Bar der Vaca. Nicht einmal er bildete sich ein, er könnte die Welt von seiner Auffassung der Freiheit überzeugen. Aber er wollte, dass halt gesagt wurde, was gesagt werden musste: Bill Evans, John Coltrane und Miles Davis sind Genies. Canyamel, wie er seine *follower* bittet, auf anhängendem Bild zu betrachten, ist die schönste Bucht der Welt, und es ist nicht akzeptabel, in den Coves del Drac den Tannhäuser abzuspielen.

Ja, er hätte getwittert.

Die Fotos meiner Kinderjahre in Canyamel decken sich jedenfalls überraschend exakt mit meiner Erinnerung an diese Zeit, in der meine Eltern ausschließlich in der Gegenwart lebten, die Zukunft und das, was Forscher und Sachbuchautoren dafür hielten, waren Kinderzimmer-Visionen von fliegenden Autos und raketenschnellen Flugzeugen. Möglichkeitsformen waren es, die meine Eltern mit der interessierten Gleichgültigkeit jener betrachten, die an *die* Zukunft nicht mehr glaubten, weil sie im Ernst ja noch mit den Traumata *der* Vergangenheit beschäftigt waren. Die war damals erst wenig mehr als zwanzig Jahre her. Es gab jetzt wirklich keine Zeit mehr zu verlieren.

Sollten sie betrunken gewesen sein in der Bar (natürlich waren sie betrunken, nicht nur in der Bar, sie fingen ja mittags an mit ihren Camparis, Martinis, Cognacs und Brandys), dann nicht in einem lärmenden, sondern in einem warmen, heiteren Ausmaß, das nicht übergriffig war. Kinder fürchten sich vor ihren Eltern, wenn sie betrunken sind, ich fürchtete mich vor meinen Eltern nicht, sondern ihr Umgang mit dem Leben war in Canyamel runder, nicht so eckig. Ich hockte auf Vaters Arm, dann auf dem Arm vom Barkeeper Antonio (ein anderer Antonio, nicht der Beklopfer), dessen Fliege ein Propeller war, mit dem er nachts durch die Bucht flog und in die Fenster schaute, um zu prüfen, ob die kleinen Kinder alle in ihren Betten lagen. So wurde es mir aufgetischt, so glaubte ich es.

Während ich herumgereicht wurde und gut damit zu tun hatte, süß zu sein, stellte ich mir Antonio vor in seinem weißen Hemd, seiner Frackhose, mit seiner rotierenden Fliege, der durch Brillantine auch bei Ostwind nach hinten betonierten ölschwarzen Frisur, wie er durch die Bucht rast und in die Fenster schaut. Antonio war das Gegenteil zur bösen Hexe. Ich nahm mir vor, nachts durch das Fenster nach Antonio Ausschau zu halten, aber da ich nachts schlief und nicht weckbar war, verpasste ich ihn jedes Mal. Ich hockte schließlich wieder auf dem Arm meines Vaters. Hatte er die Kraft eines Bären? Er ist damals, wie gesagt, eher drahtig statt massiv. Aber ich bin noch klein.

Also ist er ein Bär. Ein Fiat 500 ist ja auch ein großes Auto. Und die kleine Bucht von Canyamel, sie ist endlos.

Adorno 2016

Xisco Pico, seine endlose Weisheit,
der einsame Schimmel und die
Barcarole von Offenbach in der Drachenhöhle

Nicht alles kehrt als Tragödie oder Farce zurück, sondern noch profaner, womöglich nur in anderen Farben, in anderem Tempo, mit anderer Oberfläche. Die alte Telefonzelle neben dem Laguna ist jetzt eine Telefonhaube. Sie war sinnvoll, jetzt ist sie sinnlos. Die Drachenhöhlen in Porto Cristo waren eine halb rustikale, halb wirre Attraktion mit einem staubigen Parkplatz, auf dem sich ein, zwei Dutzend Fiat 500 ballten. Heute sind die Drachenhöhlen eine auf der ganzen Insel beworbene Fun-Explosion wie der Europapark Rust oder das Phantasialand in Brühl. Nur sind es halt immer noch Höhlen, einerseits Spektakel, andererseits Verlangsamung, man kann keine Achterbahnen und dergleichen hineinbauen.

Wir werden sehen: Die Farce kehrt als Farce zurück, und zwar als Superfarce. Möglich, dass inzwischen sogar mein Vater verstummt wäre. Sicher wäre er verstummt und hätte all das, was er noch analog in Gesichter oder auch Ansammlungen von Gesichtern zu rufen hatte, in sein Smartphone gedrückt: #Adorno, #Arschlecken, #Drachenhöhlen73.

So oder so aber ist das *Mallorca des Spektakels* das Mallorca, das ich seit meiner Rückkehr bis jetzt ignoriert habe, also das Mallorca des organisierten Rummels, des *spanisch* organisierten Rummels, was heißt, dass die Menschen, die hier arbeiten, Ströme von Menschen gewinnbringend verfrachten und beschallen. Allerdings verrichten sie diese Arbeit in der Höhle und um die Höhle herum nun mal als Anhänger der mallorquinischen Stoa, also mit einem Gesicht, als seien sie gerade aus einem ironischen Traum erwacht, nachsichtig lächelnd, eigentlich müde.

Die Drachenhöhlen in Porto Cristo und die Gaststätte Bierbrunnen in Cala Ratjada, eine Open-Air-Location mit mehr Flachbildschirmen als im Münchner Media-Markt an der Einsteinstraße, muss ich mir *geben* auf meiner Reise. Taft und Tand des Massentourismus interessieren mich randseitig wirklich, und zwar vor allem die Tatsache daran, dass es mich als Thema eigentlich *nicht* interessiert. Dieses Desinteresse finde ich bemerkenswert. Was war es also, das mich so langweilte am Halligalli? Waren die Attraktionen wirklich so langweilig, oder war ich einfach zu faul?

Rezeptionist Xisco hatte mir in langen, schönen Gesprächen schon dies und das über deutsche Urlauber erklärt. Er hat uns besser verstanden als wir uns. Xisco Pico ist einer der klügsten Menschen, die ich je getroffen habe, seine Beobachtungsgabe ist phänomenal, und er kann Deutsche gut einschätzen. Grundsätzlich hegt er warme Gefühle für uns, sagt aber, wir seien nur für ironiebegabte Mallorquiner wie ihn wirklich zu ertragen, da wir verrückt seien und, als habe er sich mit meinem Vater abgesprochen, der das auch immer beklagte: größenwahnsinnig in unseren Überzeugungen.

Zum Beispiel seien wir der Auffassung, dass es Tiere gebe, die in ihrer Liebenswürdigkeit über anderen Tieren stünden, weswegen diese Tiere ein Lebensrecht hätten, die anderen nicht. Mallorquiner knallen manchmal, und immer nachts, damit es kein Gejammer von deutschen Touristen gibt, Tauben und Katzen ab. Die Tiere verbreiten Krankheiten, es gibt zu viele von ihnen, viel zu viele, sie sind eine Plage.

Auf der Terrasse des Laguna lag am Morgen eine tote Taube mit einem roten Fleck auf der Brust, wie gemalt. Ines aus Capdepera, die gerade die ersten Kaffees und Frühbiere servierte, packte die Taube mit der Gravitas einer gelangweilten schmalen Leinwandgöttin in eine Einwegserviette, leicht genervt stakste sie auf langen Beinen, dazu der wippende Zopf, über die Terrasse mit dem Bündel in der Hand und schmiss es dann draußen in der Ladenstraße in den Mülleimer. Als ich Ines besonders verlogen fragte, wie die Taube wohl ums Leben gekommen sein mochte, lächelte sie knapp, die schöne, kluge Einheimische machte aus der Hand eine Pistole, zielte in den Himmel und hauchte: »Boooooom!«

Ein rohes Volk. Nicht?

In einer Mail an meine Lieblingszeitung, das unerschöpfliche Mallorca Magazin, das ich als treuer Abonnent mit Vorfreude jeden Donnerstag aus dem Briefkasten ziehe, beklagt sich im Spätsommer 2016 die Leserin Renate nach ihrem Urlaub über die Hinrichtung eines Katers, der ihr und anderen Gästen einer Urlaubsfinca eben noch den Aufenthalt nahe Cala Ratjada versüßt hatte:

»Betr.: Mord an Kater Willi«.

Renate verbringt jedes Jahr zwei Wochen in Cala Ratjada, wo sie sich »bisher« (wie sie droht) immer wohlgefühlt habe:

»Doch dieses Wohlsein wurde sehr getrübt, als ich erfuhr, dass der wunderbare und überaus zutrauliche Kater Willi mit drei Kopfschüssen … niedergestreckt wurde.«

Drei Kopfschüsse. Hier könnte ein Irrer, ein Sadist am Werk gewesen sein. Oder, wie mir ein, zwei einheimische Gesprächspartner, die ich namentlich nicht nennen darf, andeuteten, könnte es sich auch um einen Ureinwohner Cala Ratjadas gehandelt haben, der einfach nur sichergehen wollte, dass Willi wirklich tot ist und nicht leiden muss.

Katzen und Kater in den Gassen Mallorcas: Schmaläugig und öfter mal überraschend dick liegen sie in aufgelassenen Baustellen und Brachen herum oder schnurren durch Gartenlokale. Deutsche Residenten, wenn sie nicht gerade Spanferkel und Döner verspeisen, kaufen für diese Katzen Tiernahrung. In den örtlichen Lidls, Aldis und restsozialistischen Kooperativen gibt es diese unter den Deutschen beliebte Tiernahrung in lagerhallengroßen Sonderabteilungen. Mein Freund Xisco aus Cala Ratjada weiß: Katzen waren einst etwas Gutes in seiner schönen Hafenstadt. Sie erlegten Mäuse, Ratten, Kakerlaken und Tauben. Die Katzen waren nützlich und glücklich, schlank und selbstbewusst rasten sie durch Cala Ratjada, verspeisten die Fischreste am Hafen, bevor die Ratten kamen, und wenn die Ratten doch noch kamen, verspeisten sie die Ratten.

Dann kamen die Deutschen.

Die Katzen sind nun, wofür sie nichts können, faul. Viele von ihnen gelten als klinisch depressiv. Sie liegen herum, und wenn eine Maus vorbeiläuft und ihnen die Zunge rausstreckt, sind sie nicht mehr in der Lage, die Maus zu fangen. Xisco: »Sie wollen die Maus immer noch töten, aber sie wollen, dass die Maus von selbst in ihr Maul läuft. Das Essen liegt überall herum, einige Deutsche kochen sogar für sie. Die Katzen bewegen sich nur noch, wenn sie ficken. Danach warten sie, bis ihnen neues Essen in hübschen Schalen aus Ton hingestellt wird. Und so werden es immer mehr. Sie bekommen laufend Junge. Bald gibt es in Cala Ratjada nur noch den Bierbrunnen, Deutsche und Katzen.«

Um das Gespräch voranzubringen, schlage ich etwas robust vor: »Knallt sie doch ab, Xisco!«

Er schaut. Dann sagt er leise: »Das ist nicht erlaubt, Alexander.«

Bei Kater Willi waren es drei Kugeln. Xisco liest das und sagt: »Armer Willi.« Xisco weiß, dass man sich als Einheimischer vor den Deutschen in Acht nehmen muss. Sie sind nicht immer sensibel, die Deutschen, aber sie sind immer sentimental. Einmal Willi, immer Willi. Sie essen Spanferkel in der Porxada de Sa Torre, und am nächsten Morgen kaufen sie Tiernahrung in Zwanzig-Liter-Säcken und streuen es für den Willi vor die Finca. Die Mäuse lachen, die Kakerlaken tanzen Rumba.

Renate schreibt ans Mallorca Magazin: »Was mag das wohl für ein Jäger gewesen sein, den der Willi vermutlich noch im Angesicht seines Todes mit seinen warmen Augen angeschaut hat?« Sie richtet sich am Ende direkt an den Mörder: »Ich wünsche dir nichts Gutes und glaube an Gerechtigkeit.«

Da ist sie wieder, diese Sehnsucht nach Vergeltung. Die Enttäuschung im Urlaub, ein niedergestreckter Kater, kein Fensterplatz im Lokal, Stromausfall, ein Fremder auf der schon bezahlten Liege, kein Mengenrabatt beim Postkartenkauf, all dies sind Zutaten einer Demütigungsorgie, all dies ergibt, nehmt alles nur in allem: ein neues Versailles.

Deutsche, die um sich selbst oder Tiere trauern, gelten auf Mallorca unter Einheimischen als gefährlich. Absolut gemeingefährlich sind sie, wenn sie Hunger haben. Xisco sagt, jedes Kind auf Mallorca weiß, dass es zur Sommersaison täglich ab achtzehn Uhr schlimm wird im Straßenverkehr, es gilt dann besondere Vorsicht, Kinder sollten gar nicht mehr auf die Straße: Denn jetzt, um diese Uhrzeit, haben die Deutschen Hunger.

Stieläugig rasen sie in den Kreisverkehr. Erwischen sie die falsche Ausfahrt, legen sie mit gefletschten Zähnen den Rückwärtsgang ein. Sie eilen zurück vom Ausflug nach Artà, an die Buffets, an die Feuerstelle, ins Hotel. Gleich werden die im Preis inbegriffenen Buffets ihre Speisen feilbieten, aus den Koben wird es dampfen, der Deutsche sieht ihn vor seinem inneren Auge ab dem Nachmittag schon vor sich, den Koben, er beginnt zu speicheln und zu hassen, er muss noch eine halbe Stunde fahren bis zum Hotel, das nervt ihn wahnsinnig, bis dahin wird sich am Buffet eine Schlange gebildet haben aus *anderen Deutschen.*

Im Sommer 2016 beschließe ich, auch mal etwas normal Sinnloses zu unternehmen. Nach der unterirdischen Adorno-Katastrophe mit meinem Vater und nach weit mehr als vierzig Jahren kehre ich zurück in die Drachenhöhle, um mir *ein Bild zu machen.* Als ich Xisco Pico an der Rezeption sage, meine freudig erregte, gerade eben über den Tresen schauende Tochter an der Hand, dass wir nun die Coves del Drac in Porto Cristo besichtigen werden, nimmt er mich zur Seite, senkt besorgt Kopf und Stimme.

»Warum, Alexander?«

»Es ist bewölkt. Also machen wir mit dem Kind einen Ausflug. Wo ist das Problem?«

»Das Problem ist, dass es bewölkt ist.«

»Was interessieren mich Wolken, wenn wir durch eine Höhle laufen? Gib zu, Xisco, dass es eine gute Idee ist!«

»Sie ist so gut, Alexander, dass viele andere deutsche Väter mit kleinen Mädchen an der Hand sie jetzt gerade auch haben. Die restlichen paar Millionen, die nicht in die Drachenhöhlen reisen, fahren nach Palma und *schauen sich die Stadt an.* Ich wünsche euch viel Spaß. Bitte kauf Charlotte alles, was sie will, ein Eis, den Coves-del-Drac-Stoffdrachen aus dem Souvenirshop. Bitte erzähl mir nachher alles. Ich hatte heute schon einigen Ärger hier an der Rezeption und ich möchte nach eurer Rückkehr heute Abend etwas zu lachen haben.«

Er macht eine Pause, dann sagt er: »Lass es, Alexander!«

»Nein, Xisco, einmal müssen auch wir so etwas unternehmen.«

»Was ist *so etwas*?«

Ein weiterer Gast erscheint. Er ist gestern eingetroffen, am Abend gab es im Hotel einen Stromausfall, einige Gäste machten sich einen Spaß daraus, sie kauften Kerzen in der Ladenstraße und stellten sie auf den Balkon und lachten. Andere waren ungehalten, sie filmten das dunkle Hotel, mit Smartphones liefen sie sich entgegen und knapp aneinander vorbei auf dunklen Fluren, Beweismaterial, so würde man die Rechnung anzweifeln können, wenn das so weiterginge. Eine Frau weinte. Sie hatte sich so auf den Urlaub gefreut, nun gab es keinen Strom.

Der Gast hier an der Rezeption hat einen Zettel dabei, es ist die Quittung, die bestätigt, dass er für die laufende Woche für sich und seine Frau je eine Liege am Pool gemietet hat. Auf die Rückseite hat er mit Kugelschreiber notiert: »Ankunft: Stromausfall am Abend, 2. Tag: Gemietete Liegen belegt von anderen Gästen.«

Seine dünne Hand zeigt auf den Zettel, er ruft: »Unsere Liegen sind belegt. Hier, Nummer 42 und Nummer 43.«

Xisco Pico macht einen geriffelten Mund und schaut auf den Zettel. Leise sagt er: »Oooh, das ist unerfreulich.«

»Allerdings«, sagt der Mann, der eine Schirmmütze trägt, auf der New York City steht: »Auf Holidaycheck habe ich gelesen, dass das einem anderen Gast auch schon passiert ist.« Er putzt sich die Nase, offenbar eine aus Deutschland importierte und im Flieger kultivierte Erkältung: »Meine Frau und ich sind nicht bereit, das alles hinzunehmen.«

Ich frage: »Alles? Was denn noch?«

Er sagt: »Wer redet mit Ihnen?«

Ich überlege, ihm seinen hageren Arm auf den Rücken zu drehen, ihn zusammenzuschlagen und draußen vorm Hotel in den Zierbrunnen zu werfen, aber Xisco sagt, noch leiser als eben: »Mein Herr, ich kümmere mich. Natürlich bekommen Sie zwei neue Liegen, ich werde mitgehen und zusehen, dass Sie dort in Ruhe Platz nehmen können.«

Der Mann sagt nichts und schaut nur.

Xisco wendet sich wieder mir zu: »Was ist *so etwas*? Was müsst ihr unternehmen?«

»Xisco, wir hängen hier nur im Hotel oder am Strand herum, nachmittags fahre ich mit dem Kajak von einer Bucht zur nächsten, ich rede mit Kormoranen und Möwen, die ich inzwischen mit Namen kenne, sie wenden sich gähnend ab, wenn ich angepaddelt komme, der schon wieder, denken die, gestern habe ich sogar einen Fisch im Wasser nahe der Steilwand wiedererkannt, es war exakt derselbe vom Vortag.«

»Und?«

»Was und?«

»Was ist schlecht daran? So haben deine Eltern hier Urlaub gemacht, so machst du es jetzt auch. Abgesehen davon, dass dein Vater niemals diese verrückten Ruderausflüge unternommen hätte.«

»Wir waren damals im Safari Park und auch in den Drachenhöhlen.«

»Und, wie war es damals?«

»Entsetzlich. Meine Mutter wurde von einem Lama bespuckt, in den Drachenhöhlen lief der Tannhäuser, mein Vater hatte einen Nervenzusammenbruch.«

»Und jetzt möchtest du wieder hin?« Wie traurig sein akkurater Schnurrbart unter der Nase herumliegt.

Er fragt: »Es ist Ironie?«

»Nicht direkt. Es ist Recherche.«

Er beugt sich über die Rezeption, nimmt meine Hände und drückt sie zu einer Art Ball zusammen, er fixiert mich: »Alexander, wieso macht ihr Deutschen euch das Leben so schwer? Was ist das?«

»Bitte?«

»In endlosen Kolonnen reist ihr nach Valldemossa oder auf den Wochenmarkt in Santanyí, in Formentor quälen sich eure Mietwagen die ganz schmale Straße bis zur Spitze hoch, dort findet ihr keinen Parkplatz, rückwärts quält ihr euch wieder hinunter, und entgegen kommen euch dabei mit leiernden, heulenden Motoren eure Landsleute, die dann *auch* oben keinen Parkplatz finden und die dann ebenfalls rückwärts weiteren Landsleuten entgegenkommen werden, die gerade hinauffahren in ihren Kleinwagen und dann oben keinen Parkplatz finden. Ein Strom der Verzweiflung. Absurdes Theater.«

»Nach Formentor wollen wir auch noch.«

»Was ist das, Alexander? Wieso genießt ihr nicht den Urlaub? Woher dieser … dieser, wie sagt man, *Druck*?«

Ausdruckslos schaut der Liegenlose von Xisco zu mir, von mir zu Xisco, seine krummen Stäbchenfinger klopfen auf der Rezeption herum, den Beschwerdezettel schiebt er von hier nach dort.

»Wieso Druck, Xisco? Was ist denn los?«

»Woher dieses Talent zum *Unglück*? Sag es mir!«

Der Liegenlose wird unruhig, er nuschelt irgendwas mit »Also«.

»Unglück?«, zische ich, »jetzt reicht es aber, Xisco! Ich bin nicht unglücklich, ich bin sehr glücklich.«

»Du bist unglücklich. Wenn du die Falte zwischen deinen Augen sehen könntest, mein Freund, so würdest du verstehen. Und so glaubst du, du musst jetzt etwas unternehmen. Du könntest mit deiner Frau und deiner Tochter stattdessen im Meer schwimmen. Das Meer ist sehr kalt. Es hat siebenundzwanzig Grad. Ihr liebt es so, richtig? Aber immer reicht es euch nicht, ihr seht das Glück nicht und glaubt immer, ihr müsst es noch suchen, finden und erobern. Dann kriecht ihr in Formentor den Berg hoch, ganz, ganz traurig, mit euren weinenden kleinen Kindern hinten im Auto.« Pause. »Ich sage es ja nur dir.«

»Warum?«

»Weil ich dich liebe. Dich, deine Frau und deine Tochter, die eine Prinzessin ist. Du bist mein Freund, Alexander«, flüstert er.

»Ich liebe dich auch, Xisco«, flüstere ich zurück.

»So!«, ruft der Mann ohne Liege.

Noch lässt Xisco Pico nicht von mir ab: »An deinem ersten Morgen hier, weißt du noch? Du bist morgens vom Schwimmen zurückgekehrt.«

»Du warst außer Rand und Band und aus der Puste. Weißt du noch … der Hai?«

»Ich glaube nicht, dass es ein Hai war, Xisco. Dies war eindeutig die Rückenflosse eines Delfins, sicher war irgendwo auch ein zweiter und dritter Del…«

»Ein Hai?«, fragt der Mann.

»Nein, es war sicher ein Delfin. Ich konnte halt nur nicht zu absolut hundert Prozent ausschließen, dass …«

Xisco: »Es gibt viele Tausend Delfine rund um Mallorca und Menorca, Alexander, es werden immer wieder Delfine hier in der Bucht gesehen, erst neulich waren wieder welche unterhalb des Felsens vom Can Simoneta.«

»Delfine?«, fragt der Mann.

»Dir schwimmt das Glück vor der Nase herum«, sagt Xisco, »und du rast davon wie ein Torpedo.«

Er schüttelt den Kopf, endlich lässt er meine Hände los, dann wendet er sich dem Verzweifelten zu. Aber nur kurz. Denn gerade als der Verzweifelte endlich anheben will, sich zu beklagen, bedeutet ihm Xisco: »Nur eine Sekunde noch, mein Herr!«

Und: »Weißt du, Alexander, was Delfine machen, die verliebt sind? Sie sammeln etwas Seegras vom Boden des Meeres mit der Schnauze auf, schwimmen davon. Dann lassen sie das Seegras los, der andere Delfin schnappt sich das Seegras, schwimmt, lässt es los, der erste Delfin soll es fangen, und so geht es immer weiter.«

»Ja, und?«

»Was, ja und, Alexander?«

»Willst du sagen, der Delfin ist zu mir an den Embarcador gekommen, weil er verliebt ist?«

»Du weißt es nicht, Alexander, du weißt es nicht. Du wusstest nur: ein Hai. Und: Ich werde sterben.«

Es wird dann unser einziger Familien-Ausflug zu einer *touristischen Attraktion* in vielen Wochen, und nachher (im Grunde schon vorher) weiß ich auch, warum. Der Ausflug nach Palma zuvor war leider erschreckend erfreulich gewesen. Seit Wochen hatten wir in den *klassischen Medien* gelesen, gehört und gesehen, dass Palma dem Untergang geweiht sei. Zu viele Touristen. Spiegel-TV zeigte einen (natürlich) deprimierenden Film, der unter anderem davon handelte, wie die alteingesessenen Einwohner des alten Hafenviertels Portixol von blutjungen Immobilienmaklern aus Deutschland über den Tisch gezogen werden, damit Gesocks aus Berlin, München und Stockholm hier einsteigt, die alte Bausubstanz wird neu verschalt, die Fenster sind blickdicht und drinnen sitzen dann neue Menschen in ihrer neuen Immobilie und warten auf das Kokain.

Der Chefredakteur meines geliebten Mallorca Magazins, Bernd Jogalla, hatte mir an seinem ersten Urlaubstag *sein* Palma gezeigt, statt mich nach einem Mittagessen am Hafen meiner Ahnungslosigkeit zu überlassen. So liefen wir viele Stunden durch die Stadt, ich überlegte, ob ich mich verschulden soll, um, wie die anderen Deutschen, Skandinavier oder Russen, einer finanzgeplagten Großfamilie in Santa Catalina ein Häuschen abzukaufen, um also ebenfalls *hier zu leben*. Der kluge Bernd hatte vor vielen Jahren eine Mallorquinerin geheiratet und sich dann als Journalist auf der Insel niedergelassen, statt jeden Morgen auf dem Weg zur Arbeit in einer deutschen Großstadt an Zeitungskästen vorbeizulaufen, auf denen steht »Hoher Blutdruck: Die unsichtbare Gefahr!« oder »Wie düster wird unsere Zukunft? 7 Experten geben Antworten!« oder, im Winter: »Kälte-Infarkt! So gefährdet ist Ihr Herz!«

War Mallorca das Thema, gab es in den Blättern und Sendern diesen endlosen Mahlstrom aus Abzocke, Trash, Überfüllung, Kotze und Scheiße.

»Wie passt das zusammen, Bernd?«, fragte ich ihn am Ende unseres Spaziergangs. »Wieso immer dieses Elend über Mallorca in den deutschen Zeitungen und dann diese schöne Insel?«

»Das passt nicht zusammen«, sagte er und lächelte das milde, weise Lächeln des fast schon Eingeborenen. »Aber da kannst du nichts machen. Es gibt in Deutschland diese Mono-Brille auf Mallorca. Das wird sich auch nicht mehr ändern. Es ist aber eher das Problem meiner *alten* Heimat. Den Mallorquinern ist das, wie so vieles: egal.«

Einmal mussten auch wir, meine kleine Familie und ich, nun etwas wirklich Erniedrigendes unternehmen. Einmal durfte es nicht reichen, mit Juan, Cati und Xisco den ganzen Tag lang Witze zu reißen, alleine mit dem Kajak um den Felsen herumzufahren, abends essen zu gehen und dann nachts mit Juan, Cati und Xisco im Chiringuito wieder Witze zu reißen, während das Kind auf den zusammengestellten Stühlen im Meeresrauschen langsam und tatsächlich lächelnd wegdämmert, am Horizont der Vollmond das Meer beleuchtet, drei Paare, eine Familie sowie eine alleinstehende Dame derweil simultan über ihre Smartphones wischen.

All dies, all diese Tage, Abende und Nächte, sie sind einfach zu schön. Irgendwo auf dieser Insel ballen sich derweil

Tausende in Aquazoos, Safari Parks, Höhlen. Ein knapper, poetischer Eintrag im Mallorca Magazin im Sommer 2015:

Die Lokalpolizei hat am Sonntag einen Deutschen festgenommen. Der 30-Jährige hatte an der Playa de Palma »aus Spaß« eine Spanierin, die an der Promenade entlangspazierte, ins Meer geworfen.

Ende der Durchsage. Was gibt es da auch groß zu erklären, oder?

Tatsächlich erinnert mich die Meldung an die knappen, dabei welthaltigen Beobachtungen des großen Franz Kafka in seinen Tagebüchern: »1. Verdauung 2. Neurasthenie 3. Ausschlag 4. Innere Unsicherheit«. Ein Universum in nur einem Tweet.

Irgendwo, aber ständig gibt es auf dieser Insel Weinproben für deutsche Residenten aus Hamburg (nämlich nahe dem Hamburger Hügel) in weißen Kleidern und mit schweren Siegelringen, es gibt Golfturniere für einen guten Zweck und derlei. Irgendwo auf dieser Insel feiert, wie die *Bunte* begeistert vermeldet, während der eine oder andere Deutsche in Palma aus Spaß eine Spanierin ins Meer wirft, »Luxusmakler Marcel Remus aus der Vox-Serie Mieten, kaufen, wohnen mit rund 300 Gästen bis zum Morgengrauen – samt heißen Models«. Das Mallorca Magazin berichtet vom Turnier des MC-Fincaservice auf dem Golfplatz von Son Gual, zu dem der Geschäftsführer Thomas Krauß unter dem Motto The Taste of Cuba gebeten hat: »Er hatte viele Freunde und Geschäftspartner eingeladen – also Hausbesitzer, deren Mallorca-Anwesen seine Firma an Urlauber vermietet. Krauß und sein Team bewiesen wieder Liebe zum Detail. Dass jeder Teilnehmer einen typisch kubanischen

Hut mitnehmen durfte, kam gut an. Eine Zigarrendreherin versorgte die Gäste mit frischen Stumpen.«

Makler Christian Völkers veranstaltet auf seiner Finca Son Coll bei Port d'es Canonge Poloturniere, in diesem Jahr verleiht zusätzlich sein Hamburger Freund Daniel Crasemann den Barralina Copa del Majorca Polo Cup. Auf einem Foto leuchten und lachen Crasemann und Völkers zufrieden und ganz in Weiß, sie sehen aus wie ein sympathisches, okayes Paar. In Wahrheit geht es den beiden um die Entzerrung des Ballungstourismus. Mallorca, das schon so vieles ist oder sein soll, muss nun zwingend zur Polo-Insel Europas werden. Man muss dann nicht immer nach Argentinien. Außerdem, so Crasemann: »Auch für den Tourismus leistet Polo genau das, was alle wollen. Es findet überwiegend in der Nebensaison statt, und die wenigen Gäste, die zum Spielen kommen, geben viel Geld auf der Insel aus.«

So weiß jeder einzelne Deutsche, was für Mallorca gut, wenn nicht sogar die Rettung ist. Rammeln auf der Straße, mit dem Jet-Ski umherfahren, Golf spielen, Polo spielen, Bewässern, Entzerren, Arbeitsplätze schaffen, Geld ausgeben, Mottofeste feiern, Spanferkel essen, die Sau rauslassen, die Stille genießen.

Mutter, Vater und Kind zahlen an einem der vielen Ticketcounter der Coves del Drac in Porto Cristo im Jahre 2016 etwas happige, zugleich völlig korrekte achtunddreißig Euro. Ich bin dafür, dass die Menschen auf Mallorca mit uns, den Touristen, richtig Geld verdienen, zumal in Zeiten, in denen viele Touristen sich weigern, es auszugeben, weil sie rund um die Uhr schauen, wie sie ein Schnäppchen noch dann machen, wenn sie bei Catalina Massanet im Zeitschriftenkiosk in Canyamel zehn Postkarten à vierzig Cent kaufen und dann nur drei Euro bezahlen wollen, also fett und dämlich und mit einem plärrenden Balg an der Hand im Kiosk stehen und tatsächlich nach einem *Mengenrabatt für Postkarten* fragen. Ich habe es erlebt, und es war entsetzlich.

Oberirdisch besteht die Höhlenattraktion heutzutage aus einem Parkplatz, der, glaube ich, größer ist als der Ort Porto Cristo an sich. Er ist in vielfältige Zonen unterteilt sowie in eine zusätzliche Sonderzone für Busse, auf denen »Let's go!« steht. Unglaubliche Menschenmengen strömen an diesem sonnenarmen Tag durch den Park, so hatte es Xisco geweissagt, sie verteilen sich auf Toiletten, Imbissbuden, Ticketschalter, Souvenirläden. Es ist halb Mallorca, halb Mekka. Auch erinnert mich die Anlage an die Hollywood Bowl, wo ich mal vor einem Konzert der fast komplett tauben Band The Who eine Bratwurst gekauft habe, die aussah wie der Penis eines Toten und die ich in derselben Sekunde, in der der kalifornische Grillmeister sie mir überreicht hatte, in die Mülltonne neben dem Grillstand warf, bevor The Who das schlechteste Konzert ihrer langen Karriere gaben.

Wir sind ungefähr fünfhundert Menschen, die durch die schmalen Höhlen gehen, in Zweierreihen. Man hört Englisch, Französisch, Russisch, Chinesisch, Rheinländisch, Hessisch, Pfälzisch. Ich frage meine Tochter, ob dies nicht ein toller Stalagtit sei und dies ein toller Stalagmit, und brav sagt das Kind »Ja, Papa« und dann endlich nach zehn Minuten im tropfenden Märchenwald: »Wann sind wir da?«

»Wo?«

»Draußen.«

»Na hör mal, so eine schöne Höhle. Und gleich kommen wir an einem unterirdischen See an.«

»Gehen wir schwimmen?«

»Nein, der See ist zu kalt. Aber er ist von innen beleuchtet.«

»Warum?«

Gute Frage, denke ich und sage: »Damit man ihn sieht. Gut, oder?«

»Ja, Papa.«

»Und dort gibt es dann Musik, Mäuschen!«

»An dem See?«

»Ja, schöne Musik.«

»Warum?«

»Wie, warum?«

»Warum gibt es dort Musik?«

Das war die zweite gute Frage in nur wenigen Sekunden. Mein im Gegensatz zu meiner sechsjährigen Tochter im Jahre 1972 achtundvierzigjähriger Vater hat sie sich und, wie es seine Art war, allen anderen Höhlenbesuchern auch gestellt, ich mir oder meinem Vater damals allerdings nicht, denn im Gegensatz zu meiner Tochter war ich damals zwar auch sechs, aber nicht süß und intelligent, sondern nur süß.

Die Wanderung endet vorläufig auf einer stadttheatergroßen Zuschauertribüne am unterirdischen Lago Martel. Hier, an dieser Stelle, nur eben da vorne auf dem Wasser, war es: Hier brüllte mein Vater Adornos reine Lehre in die Höhle. Nach und nach nehmen die um die Ecke biegenden Menschen auf der Tribüne Platz, und zwar jeweils, nachdem jeder von sich oder seinen Lieben ein Bild mit dem Smartphone vor dem See für Instagram gemacht hat, auf dem (Blitzlichtverbot) nichts zu erkennen ist, weshalb jeder das schwarze Bild löscht und ein neues Bild macht, das wieder schwarz ist. Bis jeder zwei schwarze Bilder gemacht hat und sitzt, vergeht eine halbe Stunde. Alles ist überwältigend länglich.

Ich stelle mir Sangriaabende mit Heidi Klum und Michael Michalsky länglich vor, aber dies hier, der Höhlenbesuch, ist ebenso sinnlos und im Sinne des Wortes *lebensmüde.* Erste Kinder wimmern, eine deutsche Familie jammert über die lange Wartezeit (»Is datt geil, du wirs bekloppt«), ein junges spanisches Liebespaar bekommt einen Lachkrampf. Ich beschließe erneut, die Spanier für ihre Sehnsucht nach Quatsch zu lieben, dafür, Katastrophen aller Art mit Freude und Wurschtigkeit zu begegnen.

Das Leben besteht nicht aus einer Handlung, es besteht aus Bildern. Der Psychoanalytiker unter den Regisseuren, Federico Fellini, wusste das. Vor einigen Tagen kam mir und meiner kleinen Tochter im Rahmen einer realen Traumsequenz auf einem Feldweg nahe Capdepera ein Schimmel entgegen, und zwar in einem irgendwie aufgebrachten Trab. Kein Sattel. Das große Tier war durcheinander. Was, wenn es uns zertrampelt? Ich stellte mich vor meine wimmernde Tochter und machte: »Feiner Schimmel, so ein feiner Schimmel, wo ist denn der liebe, feine Schimmel?« Er blieb stehen, so standen wir da, Nase an Nase, wie groß so ein Tier ist, dachte ich, und wie kräftig. Meine Tochter vergrub sich in meinem Rücken und fragte: »Ist das Pferd weg?«

»Nein, aber es ist lieb.«

»Wo ist die Mama?«

»Die Mama ist im Hotel. Feiner Schimmel, feiiiiiiiner Schimmel.«

Er versetzte mir einen Hieb mit seinem Kopf auf die

Schulter. Als wolle er sprechen: *Komm mit, ich zeig dir was, das Kind kannst du mitnehmen.*

Das Kind lugte wieder hervor.

»Was hat das Pferd da am Bein?«

»Wo?«

»Dahinten, das Große.«

»Das ist ein Penis.«

»Pferde haben keinen Penis, Papa.«

»Doch, die Männer schon.«

»Echt?«

»Echt.«

Langsam gingen wir weiter. Ich schnurrte auf den Schimmel ein. Lieb (und unberechenbar) lief er neben uns her, immer wieder neigte er seinen langen Schädel zu mir runter. Meine Blicke rasterten die Umgebung auf Fellini ab. Was, wenn der Meister gar nicht tot ist, dachte ich, wenn er hier rumsteht mit seinen Leuten, Schienen für die Kameras, Wohnwagen, Lichtinstallationen? Durchs Megafon brüllte Fellini eine seiner berühmten, unscharfen Anweisungen: »Scheißt aufs Drehbuch, Leute! Macht einfach! Und los!«

Das Pferd fiel wieder in Trab, es stöckelte voran, blieb stehen, schaute sich nach uns um, wartete. Hatte es jemanden zum Spielen gesucht und freute sich jetzt? Der Bauer kam mit einem Jeep. Er legte dem Pferd Geschirr an, laberte uns voll, etwas deutsch, etwas mallorquín, wir sollten Abstand nehmen, dies sei eine gefährliche Situation, ich dachte, du hast gut reden, er öffnete ein Holztor in der Steinmauer, da galoppierte das Pferd davon. Der Bauer erzählte, dass letzte Woche der Freund des Schimmels gestorben sei – ein alter Esel. Nun sei der Schimmel verwirrt. Er habe Gesellschaft gesucht und sei über die Mauer gesprungen, als er uns gesehen habe. Erstaunlich, erklärte der Bauer. Eine ungeheure

Anstrengung, dieser Sprung, so etwas habe der Schimmel noch nie gemacht. Aber er war eben einsam. Der Esel war tot. Da sah er uns. Warum wir eigentlich hier rumliefen, wollte der Bauer wissen.

»Weil es schön ist.«

Der Bauer schaute sich um. Schön? Er nickte, sagte »Sí« und zog ab.

Meine Tochter sagte: »Das Pferd war lieb.«

»Ja.«

»Es war traurig, weil sein Freund, der Esel, gestorben ist. Jetzt ist es alleine. Wir waren seine neuen Freunde.«

Ich sagte nichts.

»Stimmt's, Papa? Das Pferd war einsam. Jetzt hat es uns als neue Freunde.«

Ich sagte nichts.

»Ist der Esel jetzt im Himmel, Papa?«

Noch ein Wort, dachte ich, und ich weine los wie eine Zwölfjährige auf einem Adele-Konzert. Ich: »Freust du dich auf die Mini-Disco heute Abend im Laguna?«

»Warum?«

»Nur so.«

»Das Pferd war einsam, Papa, da ist es über die Mauer zu uns gesprungen.«

In den Drachenhöhlen reibt sich das Kind nach der endlosen Warterei müde die Augen, da taucht aus der Finsternis des Lago Martel ein Ruderboot auf, begleitet von zwei weiteren Booten. Alle drei sind matt beleuchtet, eine Art Leichenzug auf dem Wasser, alles ist sogleich völlig wahnsinnig. In dem ersten Boot sitzt ein Musikquartett, bedient werden zwei Violinen, ein Cello und ein Clavicord. Das Traumbild nimmt Fahrt auf, in Streifen stößt die Bugspitze das von innen beleuchtete Wasser des Lago ab, und wie der Wind, so wehen nun im sachten Schaukeln des Todesbootes hier, weit unter der Erde, die ersten Töne der Barcarole aus Jacques Offenbachs Les Contes d'Hoffmann herüber. Es ist die berühmte Eröffnung des 4. Aktes, sie spielt statt auf einem unterirdischen See eigentlich in einem Palast in Venedig. Niklaus, Giulietta und ihre Gäste feiern in der Oper ihre Liebe: »Belle nuit, ô nuit d'amour!« Gleich wird es zum Duell zwischen Hoffmann und Schlemihl kommen. Ich muss bei schöner Musik schnell weinen, bei Hoffmanns Erzählungen sowieso. (Es ist natürlich nichts Rührseliges, eher was Chemisches, ich werde getriggert.)

Das Quartett macht seine Sache gut. Ich denke an den Schimmel und seinen toten Freund, den Esel, ich schluchze auf, tue dann so, als müsse ich niesen. »Heulst du?«, zischt meine Frau.

»Bist du verrückt?«, fauche ich.

Die Musiker sind erstklassig ausgebildete Konservatoriumsabgänger aus Barcelona, seit der großen Immobilienkrise verarmt. Ganz Spanien, auch Mallorca, ist voll von jungen, brillanten, bildschönen Akademikerinnen und Akademikern. Sie tragen Tabletts herum, legen Platten auf, kehren Hotelterrassen, verpacken Orangen für den Versand, flechten Körbe, stellen Bio-Marmelade her, arbeiten im Ausland. Künstlerinnen und Künstler jetten hier nicht auf Kosten des Goethe-Institutes durch die Welt oder werden Stadtschreiber oder so etwas: Sie spielen die Barcarole in einer Höhle unter der Erde. Es rührt mich bis zum Wahnsinn.

Und so friert die Zeit ein, sie hält an. Kein Handyempfang. Kaum Licht. Kein Gewimmel. Kein Gebimmel. Nur ein paar Hundert in der Finsternis sitzende Menschen, die einem mit einem Lichtkranz geschmückten Ruderboot dabei zusehen, wie es im Kriechgang durch den See schneidet, wendet, wieder zurückfährt: *Belle nuit, ô nuit d'amour.* Es gibt kein Entkommen. Ein Baby nörgelt und jemand zischt tatsächlich: »Pst!«

Nach neunzig Minuten verlassen wir mit der Herde die Höhle, meine Tochter bekommt oben ein erbärmliches Sandwich, das sie so schnell verneint wie ich damals den Todespenis in der Hollywood Bowl. Ich trinke ein fabelhaftes, eiskaltes San Miguel. (*Einfache* Sachen gehen in Spanien immer, Spanferkel, Bier, Schinken, heikel wird es bei Verfeinerungen und *Schichtungen,* schon ein Sandwich sollte man nur dort essen, wo Juan Massanet einen Tisch bestellt hat.)

Ich tue massiv unbeeindruckt.

»So ein Quatsch, meine Güte«, zischt meine Frau.

Bevor wir die Höhle verließen, sind wir noch einige Meter mit einem Ruderboot über den Lago Martel gefahren worden. Ich hielt mit dem rechten Arm meine Tochter umschlungen, die linke Hand ins kalte Wasser. Mein Vater. Adorno. Meinem Vater ging es nicht um den Sieg. Es ging ums Prinzip. Es ging immer ums Weitermachen. Ich frage meine Tochter, wie ihr der Ausflug gefallen hat.

Sie sagt: »Mmh.«

»Geht so, oder?«

»Die Musik war schön.«

Als wir ins Hotel zurückkommen, nimmt Xisco Pico mich schon draußen auf der Treppe in den Arm.

»Geht es dir gut?«

»Es war entsetzlich, Xisco.«

»Wenn du jetzt auf der Terrasse ein Bier trinken möchtest, setze ich mich zu dir. Später habe ich keine Zeit, denn dann beginnt Bingo. Aber jetzt trinken wir ein Bier und du erzählst. Ich höre zu. Ich mache auch keine Witze.«

Xisco Pico war der erste Mensch, den ich nach meiner Rückkehr nach Mallorca vor einem Jahr im Laguna angetroffen habe. Er beruhigte damals gerade einen Gast, der hier in Laguna mit seiner Schwimminsel schon auf den Aufzug gewartet hatte, als ich noch in Palma meinen roten Nissan bei der Billig-Autovermietung auslöste.

Xisco sagte »Hola«, und ich sagte als Erstes nicht »Hola«, sondern ich schaute auf sein Namensschild und sagte dann, als sei etwas ganz und gar Ungeheuerliches vorgefallen: »Guten Tag, Herr Pico, ich war drei Jahrzehnte nicht hier in Canyamel, jetzt bin ich wieder da.«

Xisco ging nicht an das läutende Telefon damals, sondern begleitete mich nach draußen auf die Terrasse zum vom Veranstalter garantierten Begrüßungsdrink. Mein Koffer wurde auf das Zimmer gebracht, ich saß auf der Terrasse, trank einen süßen Saft, und etwas zu lange für einen normalen Rezeptionisten blieb Xisco bei mir, strich über seine Krawatte, zupfte an seinem Sommerhemd herum und betrachtete mich. Dann erst ging er, drehte sich an der Treppe noch einmal um und rief: »Willkommen zurück.«

Seit diesem Moment, wie mir heute klar ist, sind wir Freunde.

Schönheit

Das große Erbrechen auf der Insel Jersey, ein Besuch im Bullshit Empire von Hyatt in Canyamel und die Macht der Träume am Strand

»Laguna? Das heißt Blues, Jazz und Rambazamba.«

Juan Massanet, Hoteldirektor

An einem Sommersamstagmorgen sitze ich auf der Terrasse des Laguna, es ist zehn Uhr früh, am Tisch gegenüber liest ein rund achtzigjähriger, dem älteren Pablo Picasso ähnlicher Mann in seinem hochgestellten iPad die Zeitung vom Tage, mit weit aufgerissenen Augen und auch offenem Mund starrt er durch eine schwarze Hornbrille und wischt an einem politischen Kommentar aus Le Monde herum. Er ist anderer Meinung, schüttelt langsam den Schädel und nippt dazwischen jetzt, am frühen Vormittag, am ersten San Miguel des Tages. Vermutlich ist er nicht aus Frankreich, sondern aus dem französischsprachigen Teil der Schweiz, Genf, Lausanne, wie so viele Gäste des Laguna seit mehr als fünfzig Jahren.

Als er von seinem iPad aufschaut, proste ich ihm mit meinem Cortado zu, was mir in derselben Sekunde behämmert vorkommt. Er schaut kurz, als sei ich von Sinnen, dann bin ich froh, dass er den Gruß erwidert, sogar mit einem störrischen Lächeln, andernfalls wäre ich nun hier im Laguna, da meine Frau und meine Tochter noch lange nicht aus Deutschland eingetroffen sind, der Sonderbare. Samstag ist An- und Abreisetag, ich habe den alten Mann hier noch nicht gesehen, er ist also heute angekommen, mit der frühen Maschine aus Genf oder Basel. Jedenfalls wäre er nun gleich mal aufs Zimmer zu seiner nach dem Morgenflug übermüdeten Frau, dann hätte er gebrummt: »Vor dem Idiot da unten mit dem Laptop musst du dich in Acht nehmen, Suzanne. Er ist verrückt. Oder einsam.«

Wiederum am Tisch neben ihm liest eine Dicke wie hypnotisiert das Buch »Mut« von Osho. Alle anderen Menschen in allen Hotels dieser Bucht wie auch an allen anderen Stränden und in allen anderen Buchten der Welt lesen übrigens immer noch die Bücher von Ken Follett. (Vergesst die neuesten Empfehlungen, Leute. Der Kerl hat den Dreh raus. Wir alle sollten uns vor ihm in Anerkennung und Respekt verneigen.) Wiederum neben der Osho-Frau, an einem weiteren Tisch, sitzt mein Lektor Olaf und korrigiert die Fahnen eines Buches, das im Herbst erscheinen soll, angespannt macht er hier ein Häkchen und dort ein Häkchen, dann und wann kichert er. Olaf besucht mich für einige Tage im Laguna, um sich *ein Bild von Canyamel* zu machen, wie er behauptet, in Wahrheit, vermute ich, soll er sich im Auftrag des Verlegers ein Bild *von mir* machen. Olaf ist auf der Stelle begeistert von Canyamel. In nur wenigen Tagen hat er sich fabelhaft erholt. Mit je einer Bierdose liefen wir gleich nach Olafs Ankunft durch das unter einer Hitzehaube brütende Cala Ratjada zur Mittagszeit, dann noch mal etwas betrunken nachts.

Cala Ratjada, *mi amor.* Mittags: Notgeile Fitnessbudenbesitzer aus dem rheinischen Hinterland, lackierte Herrenfußnägel, ausrasierter Nacken, oben einen Scheitel bis zum Himmel, nackt bis auf die Shorts, latschen die Bonobos vom Strand in Son Moll zur allmächtigen Dönerpizzeria auf der Rummel- und Rammelstraße Carrer d'Elionor Servera, in den Shorts führen sie eine Prä- oder Post-Erektion spazieren, sie sind Bullen, stierer Blick, das Konter-Superbock in der Linken gegen den Totalkater vom Vorabend, Smartphone *immer* in der Rechten, auf dem Nackenmuskel steht für die Ewigkeit »Bundesrepublik Deutschland« (Bundesrepublik! Ist es nicht rührend?), Stecher, prall gefüllte Urlaubshodensäcke, Spritzmaschinen, nachglühend von der Nacht im La Santa, im Chocolate oder, wenn es sehr arg geht, im Bierbrunnen, wo der Reintreiber nachts die Damen von der Straße grapscht, das große Versprechen: »Heute Jörg & Dragan, die singenden Autohändler! Bekannt aus RTL!«, der XXXL-Porno-Longdrink für 8,50 Euro aus dem Eimer: »Reinspaziert, Mädels, hier werdet ihr auch von innen feucht!« Mittelalter plus WLAN und Sonne.

Olaf ist außer sich. Er strahlt wie ein leckes Kernkraftwerk. Leicht angetrunken führen wir im Cacao Garden gegenüber vom Bierbrunnen eine Diskussion über *Milieus,* ungefähr für drei Minuten, dann kommt die Bedienung, sie lacht wie die Frau früher aus der Lätta-Werbung, als Olaf und ich noch jung waren, von ihrem bretthartem Bauch führen zwei Seitenmuskeln stramm in die ganz knapp über dem G-Punkt beginnende Jeans, hinten steckt in einer Tasche die Packung Marlboro light, in der anderen das iPhone 7. Als sie vorbeiläuft mit illuminierten Zähnen und klar, rein und geil einen Herrenduft hinter sich herzieht, brülle ich zu Olaf gegen die Eurodisco/House/Egalmusik: »Porno!«

Sie kommt zurück: »Hey, hallo, habt ihr eine gute Zeit? Was darf ich denn euch eigentlich servieren?«

»Äh …«

»Gut seht ihr übrigens aus – wo geht ihr denn hier hin zum *Ausarbeiten*?«

»Hä?«, lallt Olaf.

»Wo geht ihr denn hier zum Workout?«

»Wo du denn?«, lalle ich.

Dann lallt Olaf: »Wir fahren immer schön mit dem (lall) Ka…«

»Kajak«, lalle ich.

»Jak raus, der Alexander und ich, das finden wir schöner, als im Urlaub in so einem Fffffitness Schu…«

»Hey super! Und was wollt ihr trinken, Seemänner?«

Im Bierbrunnen gegenüber ist Party, ein Biergarten als mit Beton ausgegossene Schüssel, im Grund ein einziges gigantisches Urinal. Sieben rotgesichtige Rentner in Jérôme-Boateng-Trikots zum Spiel gegen Italien, es ist Europameisterschaft, Massen von deutschen Menschen, die die Nationalhymne singen, und im Vorbeigehen sagt wer kurz vor Anpfiff: »Pitschi, das bringt nix, das Klo ist zu weit weg, wir machen einfach hierhin, wo wir gerade stehen. Das merkt keiner, zu voll.«

Ich zeige Olaf am kommenden Tag die von einem atemberaubenden Park umgebene Casa Marc, das berühmte Domizil über der Stadt, dort hingestellt einst vom Bankier Juan Marc, Gründer der Banca Marc, der, wie viele Gründer von Banken, moralisch so verkommen aufgestellt war, dass er nicht nur den Aufstieg des Diktators Franco mitfinanzierte, sondern auch sonst mit einer funkelnden Auswahl von politischen wie geheimdienstlichen Horrorfiguren des zwanzigsten Jahrhunderts paktierte, je nach politischer Windrichtung, ist doch alles egal, Hauptsache Geld. So kam Juan Marc zu all seinem materiellen Reichtum.

Still, minimal angetrunken (die Bierdosen haben wir am Eingang des Parks entsorgt) und zufrieden streiften Olaf und ich mittags durch die Gärten des schon lange in der Hölle schmorenden Totalkorrupten Marc und seiner durchgeknallten Familie, die all dies samt der teils lächerlichen, teils nicht so üblen Skulpturen der klassischen Moderne in eine Stiftung überführt hat, da man sich in der Familie wegen all der schlechten Aura ja eh nur in den Haaren liegt.

An den anderen Tagen spazierte ich mit Olaf durch Canyamel oder Artà, ich zeigte auf Steine, Winkel, Einbuchtungen, Mauerdurchbrüche, Uferwege und Felder, auf denen einst Esel standen oder sogar heute noch stehen. Begeistert jammerte ich herum: Hier stand ich mit meinem Vater, Olaf, da gibt es ein Foto davon. Auf dieser Mauer saß meine Mutter, Olaf, da gibt es ein Foto davon. In dieser Höhle haben wir Schutz vor den Komantschen gesucht, Olaf, da gibt es ein Foto davon. Hier lag ich mit Susanne, 1981, Olaf, sie lag genau hier, wo ich jetzt stehe, Olaf!

Immer wieder sagte Olaf, dass ihn dies alles sehr interessiere.

Wir standen schließlich in den Gärten der Casa Marc, ich erzählte ihm die Geschichte der deutschen Exilanten in Cala Ratjaca, die hier in den wenigen Jahren nach Hitlers Machtergreifung und vor Francos Machtergreifung eine feierwütige Kommune gegründet hatten, bevor sie sich auch wieder davonmachen mussten, darunter nicht zuletzt Kafkas Gefährte Franz Blei, wenn der ernste Blei selbst auch an den großen Gelagen in der am Strand errichteten Waikiki-Bar wohl eher gar nicht oder nur unlustig teilgenommen hatte. Olaf stand vor der Casa Marc, schaute auf das unter uns liegende Cala Ratjada und war illuminiert. Wie interessant alles sei, unterschätzt, letztlich in seiner Schönheit überwältigend.

Der Olaf, denke ich, wie glücklich er ist.

Da weiß er noch nicht, dass sein Flug heute Abend zurück ins regennasse Deutschland nicht wie geplant um Mitternacht in Köln/Bonn aufsetzen wird, sondern erst um ein Uhr früh. Und auch nicht in Köln/Bonn. Sondern in Münster/Osnabrück. Außer sich vor Hass wird Olaf nach seiner Ankunft daheim in seiner Kölner Wohnung um 3:47 Uhr in der Früh eine SMS schicken. Er wird schreiben, dass nach Durchsage der routinierten Air-Berlin-Stewardess in Köln/Bonn die Landebahn *zu kurz und zu nass* sei und ausgerechnet die in Münster/Osnabrück nicht, er wird schreiben, dass er Air Berlin den Tod wünsche (kein Problem, antwortete da der Weltgeist), dass er gerade für dreihundertneunundvierzig Euro mit dem Taxi aus Münster nach Köln gefahren sei. Scheißmallorca. Nie mehr.

Zunächst überlege ich: Wieso ist die Landebahn in Münster länger als die in Köln?

Dann denke ich, dass einige von uns ihren Urlaub nicht selbstbestimmt beenden dürfen, um sich vorsichtig wieder ins furchtbare Leben zurückzutasten. Ihr Urlaub wird stattdessen ermordet. Die Bilder von kupferfarbenen Steilwänden Canyamels, aus denen sich die Kormorane zum Flug über das Blau der See erheben, von Kiefern, die seit Jahrhunderten aus Felsen wachsen und über den Rändern kathedralengroßer Höhlen hängen, während man von unten aus seinem schaukelnden Kajak in den Höhlen-Himmel starrt, der Duft von Salz und gegrilltem Peterfisch, vom Honig des Harzes, all dies wird für Olaf und für die Millionen Olafs dieser Welt nicht langsam verblassen in den Tagen, die sie im Büro sitzen und auf den immer selben Hinterhof, die immer selbe Autobahn starren und der Klimaanlage beim Pusten zuhören: Diese Bilder und Düfte einer schönen Welt werden stattdessen vor ihren Augen weggesprengt.

Gestern Abend bin ich mit Juan in der Bar S'Estiu am Ortsausgang Canyamels abgestürzt. Es ist sonderbar, dass man einige Fehler im Leben immer wieder macht, immer wieder. Auf der Terrasse des Laguna erinnere ich mich, wie ich mal vierzehn Guinness getrunken habe an einem Abend mit siebzehn Jahren, ich war Austauschschüler auf der Kanalinsel Jersey, es war ungefähr die Zeit Mitte der 80er, eine für die Weltläufte im Vergleich zu heute harmlose, für mich persönlich aber lebensbedrohlich stupide Epoche, die schlimmste überhaupt. Es gab eine Hochzeit auf Jersey und der große Bruder meines Austauschkumpels Simon, David, packte Simon und mich in seinen Mini, dann stellte er mir in dem Pub am Strand, in dem kurioserweise später eine Stripshow die Hochzeit krönen sollte, ein Guinness nach dem anderen hin, das müsse ausgetrunken werden, so David, das hier auch, und das, und dieses bitte, und das hier, und das, und das, bitte alles austrinken, alles andere, so David, wäre eine grobe Beleidigung seines besten Freundes, des Bräutigams: Gerade ich als Deutscher mit meinem *geschichtlichen Hintergrund* solle seinem besten Freund, dem Bräutigam, einem respektierten Einwohner der Insel Jersey, meinen Respekt erweisen, immerhin hätten meine Vorfahren die Insel überfallen und sich schlecht benommen, so der spitznasige, zugleich bleiche David.

So wurde mir schlecht.

David hätte mich auf eine Bank legen können oder etwas entfernt in den Sand des Strandes. Dort hätte ich in Ruhe erbrechen und mir danach die Stripshow ansehen können, auf die ich mich innerlich schon seit Tagen vorbereitete. Verschwommen sah ich David stattdessen mich angrinsen und vorschlagen, dass er mich jetzt heimfährt, ich sei offenbar *extremely pissed.* Um mich herum glockiges Gelächter, ein dicker Kumpel von David mit nur drei sichtbaren Zähnen baute sich vor mir auf und brüllte: »Scheiße, Saukraut, Fliegeralarm!«

Ich saß im Mini vorne neben David, der mit rechts durch die Kanalinsel-Serpentinen lenkte und mit links meinen nach vorne kippenden Kopf stabilisierte, indem er ihn gegen die Kopfstütze drückte. Einmal hörte ich ihn »Fuck« sagen, einmal »Ouuu«. Ich weiß noch, dass ich David bat, jetzt bitte keine Kurven mehr zu fahren, nur noch geradeaus. Dann sagte er »Shit«. Er beugte sich während einer Kurve über meinen Schoß, um das Fenster neben mir zu öffnen, aber da war es schon zu spät. Irgendwo zwischen Magen und Hals war eine Tüte mit warmem Bier geplatzt. Vierzehn Guinness schossen von unten in den lieben Mund zurück. Ich überlegte, ob sich das, was zwischen den jetzt fußballgroßen Backen hin und her schwappte, nicht wieder *runterschlucken* und also *in Sicherheit* bringen ließe. Das dunkle, alte Bier hatte ja noch andere Sachen dabei, Backfisch aus der Fritteuse und Pommes frites, eine Spezialität sogar auf der französisch angehauchten Kanalinsel, sogar auf Hochzeiten, von unten drückte weiteres Bier nach *and it's not over till it's over* – die Melange kärcherte ich jetzt, endlich, mit der Energie eines Hochdruckreinigers, wie sie für das Reinigen von Oberdecks von Öltankern eingesetzt werden, über den über mich gebeugten David hinweg an die Windschutzscheibe des Minis, und zwar oben und unten und an die Seiten und auch in jeden der vier Winkel der Windschutzscheibe. Es war kein Zentimeter dieser Windschutzscheibe nicht bekotzt, mählich machte sich der Brei von dort nun auf den Weg nach unten in die Belüftung. Meine letzte Erinnerung: dass ich zu David »idiot« sagte, weil er im Affekt und während er ja fuhr und nichts mehr sah, den Scheibenwischer angemacht hatte, aber der Backfisch klebte *innen* an der Scheibe, nicht außen.

Am kommenden Tag erwachte ich gegen siebzehn Uhr, und ich musste gleich losweinen, so grausam war das Theater in meinem Nazi- und Besatzerkopf. Aus winzigen, flimmernden Augen schaute ich von meinem Zimmer, in dem Davids alte Showaddywaddy-, T.Rex- und Rubettes-Platten lagerten, in den Innenhof des schönen Hauses in St. Peter Valley. Damals konnte man noch relativ problemlos das Armaturenbrett aus einem Auto herausmontieren, man musste das Auto noch nicht gleich verschrotten lassen nach einem solchen Vorfall, weil die lächerliche *Bordelektronik* hinüber war. Die Armatur lag minus dem einsam in den Fahrgastraum ragenden Lenkrad neben dem Wagen, viele kleine Teile drum herum auf einem alten, großen Tuch im Hof, David saß im Schneidersitz auf diesem Tuch, er tauchte eine Zahnbürste in einen Eimer mit Lauge und putzte dann eine Schraube oder so etwas. Als er sah, wie ich aus dem Fenster schaute, schaute er still weg.

Die Bar S'Estiu in Canyamel ist ein unter Hoteldirektoren wie Juan teils berüchtigter, teils dann und wann von diesen

Canyamel-Alphamännchen selbst angesteuerter Treff der Dienstleister, *Canyamel backstage,* ein dionysischer Stresskatalysator für junge Kellnerinnen und Kellner, Animateure, Rezeptionistinnen, Köche, Restaurantchefs. Hier, wo es niemanden stört und kurz darauf die Landstraße zum Torre und nach Artà beginnt, versammelt sich ab dreiundzwanzig Uhr, wenn die Bucht schweigt, das *Personal der Bucht* zur Aftershowparty. Es gibt bis um vier Uhr früh Hamburger mit Pommes frites. Die Gäste haben ihre Hotel-Uniformen abgelegt, impressionistische, balearische Schönheiten in Kellner-Schwarz-Weiß entpuppen sich nun, in der nächtlichen Wärme und durch Alkohol angewärmt, als durchtätowierte Gazellen im Unterhemd, die ihre brillantweißen Zähne leuchten lassen und lachen wie die Bauarbeiter, wenn vom Nebentisch einer Witze über uns macht, über die Gäste, die kurz nach der Ankunft am Pool schnarchen wie Bohrmaschinen und dabei in nur einer Stunde so blasenwerfend rot werden, dass die Gattin weinend nach dem Arzt verlangt.

Trotz zweier Aspirin plus C habe ich nach der Nacht im S'Estiu sägende Kopfschmerzen, im Resthirn schwappt wie ein totes, schon wurmstichiges Tier der Gedanke herum, mir ebenfalls ein San Miguel zu bestellen. Stattdessen schwimme ich, wie jeden Morgen nach dem Aufstehen, eine Stunde zur Bootsanlegestelle Richtung Tropfsteinhöhlen und wieder zurück. Das ist der Weg, den mein Vater früher mit mir auf dem Rücken bewältigte.

Als ich aus dem Wasser komme, sägt die Säge weiter, und jeder Mensch, der zu viel getrunken hat, fragt sich wieder und wieder, wie dumm man sein kann: Warum trinkt einer, der komplexe politische Zusammenhänge erklären kann, im Verlaufe eines Abends erst San Miguel gegen den Durst im Chiringuito am Strand, dann Wein zum Essen im Hotel, dann einen anderen Wein wieder im Chiringuito am Strand, dann zwei Gläser des berühmten mallorquinischen Anislikörs Mescladis (Motto: »Der Saft Mallorcas!«) in derselben Strandbar mit dem inzwischen angerückten Juan Massanet, der selbst, wie jeden Abend, seinen Dalwhinnie auf Eis trinkt und dabei metaphysisch auf das ihn seit sechsundfünfzig Jahren anrauschende, jetzt am Abend ölschwarze Meer starrt und, wie alle Mallorquiner, dabei fortwährend verlegen seine Krawatte glatt streicht. Solche Abende folgen einer, wie man weiß, perversen, weil zwingenden Absturzlogik. Als würde ein schon beim Start baufälliger Kriegsbomber zunächst durch einen Sturm fliegen, dann in eine Gewitterfront geraten, und sofort, nachdem er es endlich über das feindliche Gebiet geschafft hat, wird ihm das Heck weggeschossen. So sieht man die Sache aber nicht am Abend, sondern erst am nächsten Morgen.

Der finale Akt – der, an dem ich mir selbst das Heck wegschoss – vollzog sich in Form von vier, fünf, lass es sechs Carlos Primero gewesen sein in der erwähnten Kellnerbar S'Estiu, die einem vierschrötigen Wirt gehört, der den Woyzeck spielen muss, wenn Pedro Almodóvar, was eine gute Idee wäre, Büchners Meisterwerk zwischen Canyamel und Artà verfilmen würde. Das gewaltige, glöcknerhafte Wirtstier der rauschhaften Kellnerbar im Kampf um Würde und Selbstbehauptung in einer selbstvergessenen, dem tranigen, sonnigen Nichts anheimgefallenen Umgebung eines Urlaubsdorfes, auf das von der einen Seite seit Millionen Jahren das Meer knallt und aus dessen Felsenlage auf der anderen Seite nur ein schmaler Weg führt, vorbei an einem alten Wehrturm, neben dem sich massakrierte, dann aufgespießte Ferkel über dem Feuer im Kreis drehen, damit die eskapistische, schwatzende, jammernde, weiße Menschenfracht an verbranntem Fleisch herumnagen kann, während sie heimlich unter dem Tisch den Kater Willi füttert. Das Festessen vor der Apokalypse. Dass Almodóvar daraus eine gewaltige, im Gewand archaischer Bilder supermoderne Parabel über unser mitteleuropäisches Verderben gestalten würde, ist wahrscheinlich.

Ich habe nach der Schwimmerei gefrühstückt, die Aspirin genommen, immer noch die Säge, sodass nun ein *Konter-Bier* die Lösung sein könnte. Als ich länger drüber nachdenke und Picasso dabei beobachte, wie das San Miguel in seinen Kopf läuft, wird mir mau, zur Säge kommt Schwindel, also bestelle ich einen Cortado. Toni, der Terrassenkellner, begrüßt mich mit einem »Hola«, das ich hier auf der Insel inzwischen exakt so erwidere, wie es bei mir ankommt, nämlich kehlig, man presst das Hola innen gegen die Gurgel, so klingt es ländlich, frugal, nahezu indigen, als würde man in eine leere Dose würgen. Für die armen, blassen, wie frisch gekalkt aus dem verbitterten Deutschland oder der lustigen Schweiz hier im Laguna eintreffenden *Neulinge* klingen Toni und ich, wenn wir uns Hola zurufen auf der Terrasse, wie Blutsbrüder. Außerhalb des Hotelgeländes spreche ich das Hola beim Kontakt mit Mallorquinern übrigens inzwischen betont deutsch aus, wie *Olla.* Ich habe damit begonnen, nachdem mich ein Taxifahrer, den ich kehlig begrüßte, die komplette Strecke von Alcúdia bis nach Canyamel in breitem *Mallorquín* vollschwatzte, als sei ich kein Mensch, sondern ein Aufnahmegerät. Obwohl ich außer hier und da »Sí« kein Wort sagte, stellte er mir am Stadtrand von Artà seine

Mutter (seine Schwiegermutter?) wie auch seine Schwester (seine Frau?) vor, jedenfalls zwei Frauen, die er gut kennt. Es hat ihn nicht gekümmert, dass ich nicht sprach, sondern nur das erwähnte »Sí« sowie halt möglichst begeistert »Hola« den beiden Frauen zubrüllte, von denen die Ältere wie zur Verhöhnung eines jeden Menschen, der beim Schreiben Klischees vermeiden will, eine Sobrasada in der Hand hielt, so groß wie ein Baseballschläger, also ausgerechnet die seit drei Millionen Jahren inseltypische Paprikawurst, die in Containern täglich im spätkapitalistischen, perversen Duty-Free-Bereich des Flughafens Palma herumliegt und fett und lecker duftet.

Eher ironisch schlappen die zufrieden in ihrer karamellisierten Sprache vor sich hin knurpselnden Schweizer in Richtung der Liegen am Pool oder zum Kartenspiel auf die Terrasse, viele von ihnen seit Jahrzehnten im Laguna im Sommer zu Hause. Misstrauischer durchmessen die *deutschen* Gäste das Gelände, sie haben daheim Bürotage damit verbracht, auf Holidaycheck und Tripadvisor *Informationen* einzuholen. Sie haben Dutzende, Hunderte Bewertungen gelesen, darunter die vielen Spitzenbewertungen das Laguna betreffend, erster Anlass zur Sorge schon lange vor der Abreise: Geht es in diesem Hotel mit rechten Dingen zu? Wieso geben hier Gäste in wirklich jeder einzelnen Kategorie (Essen, Trinken, Freundlichkeit des Personals, Sauberkeit) die volle Punktzahl, also sechs von sechs Sternen. Was soll der Unsinn? Ist das noch ein Urlaubshotel? Werden hier Ehekrisen geschlichtet, tödliche Krankheiten geheilt? Ist man bei der Urlaubsbuchung einem *fake* aufgesessen, der Verschwörung eines händereibenden, panzerknackerhaften Hoteldirektors und gefügig gemachten Urlaubern? Meschugge nach all der Sonne und den Geschenken, die man abends beim Bingo gewinnen kann?

Auch heute früh ist der zu Werbezwecken in der Lobby aufgestellte *Bingo-Tisch* reich geschmückt mit den Dingen, die wir am Abend abräumen können, wenn wir die richtigen Zahlenreihen auf unseren Kärtchen haben. Auf dem Gabentisch liegen ein Rucksack, eine Perlenkette, ein Strandbadetuch, auf dem die Umrisse Mallorcas abgebildet sind, es gibt ein grünes Stoffkrokodil sowie, mein Favorit an jedem einzelnen Bingo-Abend, den kombinierten Rückenkratzer und Schuhanzieher aus lackiertem Holz, auf dem ein zorniger, sich am Rücken kratzender Mann abgebildet ist, über dem wiederum der rätselhafte Schlachtruf »Mallorca – Rascador! Calzador!« steht, also: »Mallorca – Rückenkratzer! Schuhanzieher!«.

Ich sitze unter Kiefern und Palmen auf der Terrasse, vor mir liegt der sich mit schlurfenden Urlaubern füllende Strand mit seinen Tamarisken-Bäumen und blauen Strandliegen unter den windschiefen Strohdächern, die Sonne schaute vor exakt neunzig Minuten hinter dem Felsen von Cap Vermell hervor und es geht in der Bucht das Licht an, wenn die Sonne den Berg geschafft hat. Canyamel ist davor, am frühen Morgen, eine matte, pastellfarbene, nahezu kühle Melange aus hingewürfelten Hotels und Häusern.

Durch den noch vom Vortag malträtierten, Falten und Hügel schlagenden, erschöpften Sand fährt von sechs Uhr fünfzig am Morgen für zwei, drei Stunden ein Traktor herauf und herunter. Der Traktor, Marke New Holland ML-180, ist blau und zieht einen grünen Anhänger hinter sich her. In dem Anhänger rasselt eine Trommel, die den Sand filtert, bis er jung und rein aussieht, unberührt. Der Traktorfahrer ist ein weißhaariger Mann, der wenig Worte macht, ersichtlich will er ausschließlich seinen Sand reinigen, dafür wird er bezahlt. Seit Jahrzehnten, erfahre ich, zieht er hier in der Saison an jedem Morgen die Streifen in den Sand, danach geht er mit seinem Freund, dem Liegenwart, erst in dem einen Chiringuito einen Cortado trinken, dann in dem anderen, also in Juans Chiringuito, einen weiteren Cortado trinken. All dies, Traktor fahren, Cortado trinken, essen und sicherlich auch lieben tut er mit nur einem Gesichtsausdruck.

Dieses Leben ist strukturiert, seine täglichen Aufgaben und Gewohnheiten haben einen Anfang und ein Ende, es diffundiert nicht täglich das eine ins andere, ich beneide den Traktorfahrer sehr. Auch bin ich beleidigt, vor allem heute, an diesem Morgen, schmerzgeplagt, denn seit meiner Rückkehr nach Canyamel ist für mich doch klar, dass dieser Ort und die Hügel von Cap Vermell nicht weniger sind als meine eigentliche Heimat. Und so frage ich mich, während die im S'Estiu hart erarbeiteten Kopfschmerzen sägen: Wieso grüßt er nicht, der Mann auf dem Traktor, wenn ich ihn grüße? Was will er? Wo eigentlich sind seine Augen unter den tiefen Augenbrauen? Sieht er mich nicht? Erkennt er nur Liegestühle und Unrat, keine Menschen? Bildet er sich etwas ein auf sein strukturiertes Leben?

Juan sagt, ich solle mir nichts draus machen, genau so habe der Traktorfahrer vor vielen, vielen Jahren schon auf seinem Traktor gesessen, mit ausschließlich diesem einen, geschnitzten Hundegesicht, der dichten, feucht nach hinten gekämmten Frisur. Direkt nach der Geburt, und zwar nach der Geburt Mallorcas aus den Tiefen des Meeres, habe der Strandreiniger sich auf seinen Traktor gesetzt und sei losgefahren, sofort als die Felsen von Cap Vermell erkalteten und alles außer dem Treiben im Hotel Laguna noch lebensfeindlich gewesen sei. Haare und Schnurrbart des Traktorfahrers seien damals dicht und schwarz gewesen, so sei es losgegangen mit dem Traktorfahrer, im blauen Arbeitsanzug und mit dichtem Haar habe er sogleich nach dem Traktor mit dem Anhänger verlangt, um auf der Stelle seine Runden zu drehen. Nun sind Haare und Schnurrbart weiß, und New Holland liefert ihm alle paar Jahre das neueste Modell, und so zieht er täglich zentimetergenau seine Bahnen entlang der Liegestühle und grüßt nicht zurück, wenn ich vor dem Frühstück meine Dehnübungen aufführe, bevor ich ins *göttliche* Wasser laufe, oder, schlimmer noch, wenn ich meine Tour beendet habe und dem Meer *entsteige*. Erspäht er liegen gelassene Klappstühle und Handtücher, stoppt er den Traktor, dann klettert der Widerspenstige herunter und wirft das Zeug vorne in die Schaufel des Baggers, um es, egal, wie neu es sein mag, am Ende des Strandes in einen Müllcontainer zu kippen. Sind alle Linien in den Sand gezogen, so ist der Sand sauber und die Arbeit fertig.

Ich beneide ihn, oh, wie ich ihn beneide. Fürchte ich ihn?

Aus der Trommel und in Pedros Anhänger fliegt, als er mich passiert, all das, was das Meer und die Menschen hier hinterlassen, natürlich Zigarettenkippen, denn es ist einfach nicht zu verlangen, die Glut im Sand zu ersticken und die kalte Kippe am Ende des Tages in den drei Meter entfernten Mülleimer zu werfen. Die Menschen machen hier Urlaub. Da können sie schon verlangen, dass man mal die leer gerauchten Kippen in den Sand stecken und dort lassen darf. Außerdem in Pedros Anhänger: die Früchte der See. Muschelschalen, trockenstarre Algen, Holz, Zeugs, von dem ich gestern Nacht im S'Estiu betrunken behauptete, dass all das, was der furchterregende Traktorfahrer Pedro in seiner Anhänger-Trommel sammelt, im neuen Hyatt Resort im Hinterland von Canyamel den Menschen als Paella serviert wird!

Es gibt das neue Hyatt, es handelt sich um ein Albtraumgemälde, aber da es nun mal wirklich existiert, ist es kein weiteres Traumbild, sondern die nackte und jetzt schon, direkt seit seiner Eröffnung, legendär beschissene, neureiche, an Sinnlosigkeit nicht zu überbietende Realität. Zur Verstörung der Cap-Vermell-Bewohner wurde das Resort in den letzten Jahren in die Berge zwischen Canyamel und Artà gehauen – im Juni 2016 öffnete es seine Tore, wie es immer so schön heißt. Langbeinige Damen servierten Champagner und Häppchen, die Herren der Grupo Cap Vermell (die amerikanische Hyatt-Gruppe ist nur der *Betreiber*) mit geölten Haaren hießen die verstörten, eher buschigen Lokalgrößen der Umgebung mit einem höhnischen Lächeln willkommen und fletschten ihre neonweißen Haifischzähne.

Kommt man nachts mit dem Auto von einem Essen in Artà zurück, leuchtet die Gated Community des Hyatt linker Hand und zum Glück ein paar Kilometer entfernt im Felsen wie ein Hochsicherheitsgefängnis, was es ja auch ist. Hinauf vom Tal bis an die lächerlich überkandidelte, halb renaissancehafte, halb südstaatenhafte *Pforte* führt eine kurze, dafür autobahnbreite pechschwarz geteerte Straße, die in den Berg geschmiert wurde wie ein platzendes Ausrufezeichen. An den Rändern dieser schwarzen, in der Hitze schwärenden Piste von unten nach oben stehen die verstaubten, lächerlichen, hilflosen, verbeulten Billig-Kleinwagen der *Angestellten,* sie stehen hier Spalier und laden sich mit Hitze auf, eine erste, vom Hyatt dem einheimischen Proletariat abverlangte Unterwerfungsgeste, da all diese Zwerg-Seats der Putzleute und Kellner nicht in die Tiefgarage dürfen, wo die Vehikel der Gäste herumstehen, Autos, die nicht in die engen Gassen Artàs oder Capdeperas passen, da sie konstruiert sind wie viele ihrer Fahrerinnen und Fahrer: zu schwer, zu breit, zu kompliziert in ihren Ansprüchen.

The Bullshit Empire besteht aus hundertsechsundzwanzig Zimmern, vierzehn Suiten à hundert Quadratmetern, zwei Suiten à hundertfünfzig Quadratmetern und vier dunklen Restaurants, von denen vermutlich das Restaurant Balearic den Reis für die Paella mit den Zutaten aus Pedros Meerestrommel zubereitet, denn es behauptet von sich in der Onlinewerbung, »tief mit der kulturellen Tradition Mallorcas verwurzelt« zu sein: »Das Angebot umfasst feine spanische und mallorquinische Küche mit Zutaten aus der Region«.

Die Region, das Meer, also Canyamel, ist von hier zu Fuß nur erreichbar, wenn sich die Gäste, wenn sich also arabische wie deutsche Waffenhändler, an ihrer Abgas-Software herumfummelnde deutsche Automanager, russische Hautärzte, deutsche Vereinspräsidenten und chinesische Parteikader, aus diesem vierundzwanzig Stunden lang bewachten Unsinn *hinaus*begeben. Sie müssen dann, wenn sie nicht sowieso gefahren werden, laufen, und zwar nicht, wie sie es kennen, auf einem *Runner* von Technogym. Sondern wirklich. Über schmale Wege, entlang alter, nordostmallorquinischer Mauern, vorbei an Einheimischen, deren Vorfahren diese Mauern vor dreihundert Jahren dorthin gebaut haben, und auf den Mauern rasen Killereidechsen herum, die in der Lage sind, den Emir von Katar (angeblich der eigentliche Investor hinter dem Hyatt Cap Vermell) zur Strecke zu bringen.

Es wird den Gästen, da dies alles nicht zumutbar ist, also ein Fahrer zur Verfügung gestellt, wenn sie tatsächlich an den Strand von Canyamel wollen, wo sie nun auf etwas treffen, das sie so noch nie gesehen haben: Menschen.

Junge, schöne Eltern, ausgezehrt von Monaten der Schlaflosigkeit und der Nahrungsbeschaffung, wie Amseln, die dreitausendmal pro Tag mit jeweils neuem Wurm im Schnabel zum Nest mit den Amseljungen hetzen. Sie sehen *Werktätige,* die sich und ihre von der Digitalisierung torpedierten Leben von daheim mitgebracht haben, immer noch bekümmert oder schon etwas erleichtert mit müden Füßen durch die Gischt spazierend. Sie sehen das, was fünfzig Berufsjahre und ein langes Familienleben ohne Personal, was Freude, Trauer, im Stau stehen, was böse Kollegen und abgefeimte Banken von diesen Werktätigen übrig gelassen haben: Menschen von endloser Würde und Weisheit mit der Patina eines erlebten, gefeierten, erlittenen Lebens, ja, mit der jeweiligen Patina von Lederschildkröten aus der Zeit Karls des Großen. Sie sehen, was man im Laguna sieht: uns. Die verdammte, grauenvolle, herrliche, hasserfüllte, liebesbedürftige, liebende Bevölkerung.

Sie sehen *alte Menschen,* also nicht nur solche, die, wie möglicherweise einige Bewohner des Hyatt selbst, alt sind, sondern auch so aussehen. Rentner, nur mit Badehose und Strohhut bekleidet und immer derselben Sonnenbrille seit 1970, auf dünnen Beinen. Sie sehen die Frauen dieser Rentner mit ihren Schirmmützen und den an den Strand geschleppten Stapeln, hier vom Seewind auf- und wieder zugefächerten, cremeverschmierten, Monate alten Zeitschriften, die Frau im Trend heißen, und auf dem Cover steht oben »Torten-Träume mit Quark & Co« und drunter

»Die leckere Eiweiß-Diät mit Hack«. Begierig blättern sie herum und studieren im Übrigen Geschichten von dochtdünnen Königinnen, die in Palästen weinen und die Kraft fürs Weiterleben nur finden, weil sie an die Existenz von Engeln glauben. *Soso, Engel,* denkt die alte lesende Dame, *mir doch egal.*

Bald wird sich im Resort Hyatt Cap Vermell herumsprechen, dass einzelne ihrer neureichen Ausflügler von ihrer strapaziösen Reise nach Playa Canyamel traumatisiert zurückkehrten. Dabei ist extra für sie am äußersten Rand der *Familienbucht* eine Art Deck reserviert, ein Golden Circle, eine VIP-Plattform aus Ebenholz, darauf Liegen, bespannt mit dem seidigen und natürlich weiß gefärbten Leder noch ungeborener, artgerecht aus dem Fleisch ihrer Mütter herausgetrennten Felsenziegen aus der Region. Der Golden Circle befindet sich eben dort, wo sich die artenreiche Süßwasser-Lagune, der Torrent de Canyamel, dem Meer nähert. Tennisballgroße Insekten mit Propellern auf dem Rücken und glänzenden, schwarz lackierten helmartigen Köpfen, an denen weit hervorstehende Zangen befestigt sind, schicken von der Lagune aus ihre Späher auf den Weg Richtung der Canyamel-Besucher vom Hyatt Resort. Still und verwirrt sitzen die Hyatt-Gäste im abgedunkelten Shuttle zurück nach *Bullshit Empire,* um während eines Zwölf-Gänge-Menüs, in das der Molekularkoch den destillierten Strandmüll aus der Region meisterhaft untergemischt hat, bitterlich zu weinen und dann um sich zu schlagen.

In der Mitte der beigegrauen Festung befindet sich das, was vom Hyatt in einem Flyer als »traditioneller mallorquinischer Dorfplatz« beworben wird, der »zum Austausch in entspannter, gemütlicher Atmosphäre einlädt«. Zusätzlich existiert dort auch eine »Kirche«, und zwar nicht, weil die Gäste beten wollen (geschweige denn sollen), sondern weil eine »Kirche« halt zu einem »Dorf« gehört wie eine Kirche zum Dorf. Ein halbes Jahr vor der Eröffnung sagt der für das Monsterprojekt nach fast vierzig Arbeitsjahren aus Asiens Hyatt-Ablegern ans Cap Vermell abbestellte, schottische Hoteldirektor John Beveridge (der dann lustigerweise wenige Wochen nach der Eröffnung in Rente geht) dem Mallorca Magazin etwas auch nach objektiven Kriterien vollkommen Wahnsinniges: »Wir werden ein echtes mallorquinisches Hotel sein – für Gäste, die das natürliche und authentische Mallorca genießen möchten.«

Als ich das seit zwei Wochen eröffnete Hyatt besuche, stelle ich den Wagen auf der in den Berg betonierten Horrorpiste in die Reihe der wertlosen Kleinwagen des Personals und fahre nicht in die hoteleigene Tiefgarage. Damit weise ich mich als Niederer aus und errege sogleich die Aufmerksamkeit des Sicherheitspersonals, ein kleines Fensterchen öffnet sich linker Hand neben der Pforte und gegen die Sonne schaut ein Mann aus der Mauer heraus. Ich sage »Hola«, er »Hello«. All dies wirkt sowohl von Weitem wie absurderweise auch, wenn man auf dem »traditionellen mallorquinischen Dorfplatz« steht, wie die Kulisse für einen Monumentalfilm, der an der Kasse Schiffbruch erleiden wird.

Der große, weithin unbekannte Liberale Rudolf Gorkow hat der Familie in stundenlangen Vorträgen, in denen er bekanntlich nicht unterbrochen werden durfte, Popper und Dahrendorf, aber auch Bloch zitierend die Werte der individuellen Freiheit vermittelt. Zu denen gehörte wesentlich das erste Gebot, ein Gebot, das so oft gefordert und zu Tode zitiert wird, wie es Kirchentage gibt, und das deswegen ausgerechnet heute ein wenig aus der Mode gekommen ist: Du sollst tolerant sein. Mein Vater war damals theoretisch tolerant. Theoretisch war er zum Beispiel der Meinung, dass auch *die Proleten* das Recht haben müssen, im Süden Urlaub zu machen, statt mit ihren rasselnden VWs immer nur bis auf den Campingplatz ins Sauerland zu fahren. In der Praxis sah die Sache öfter mal anders aus, vor allem, wenn er schlecht gelaunt war. War er hingegen noch gut gelaunt, übernahm er in einer Gruppe von Proleten, die ihm auf die Nerven fielen, mühelos die Rolle des Conferenciers, so baute er bei sich selbst Stress ab, ein meisterhafter Kniff der Selbstbeherrschung, denn wer moderiert, rastet nicht oder erst danach aus.

Als wir in den frühen bis mittleren 70ern mit einem randvollen Jumbo der Condor von Düsseldorf nach Palma flogen (die Caravelle war inzwischen ausgemustert), saß ich zwischen meiner Mutter und meiner großen Schwester, und als wir den Garten in Meerbusch-Büderich überflogen und uns vor Aufregung über die winzigen Gartenmöbel mal wieder nicht einbekamen, flüsterte meine Schwester wie nach jedem Start, dass wir leider abstürzen werden: »Die Flügel wackeln einfach *zu* sehr, Brüderlein, die schweren Triebwerke werden abfallen. Schau, wie sie wackeln. Vor allem die kleinen Kinder werden das Inferno nicht überleben.« Ich wollte nicht sterben, also weinte ich los und klammerte mich an meine Mutter. Mein Vater saß derweil mit seiner FAZ neben drei Damen im Mittelgang und war der Hahn im Korb. Alle, eine nach der anderen, teilten ihm das Gleiche mit, zum einen, dass sie bei der berühmten Düsseldorfer Firma Klüh Cleaning als *Gebäudereinigungsfachkräfte* angestellt waren, zum anderen, dass sie jetzt eine Woche zusammen nach Mallorca fliegen, um dort *auf den Putz zu hauen:* »Wir fliegen nach Mallorca!«

Mein Vater ist die Attraktion in Reihe 75, was ihm nicht passt, da er seine Ruhe haben und die FAZ lesen will. Er hat außerdem seit zehn Minuten nicht geraucht, das macht ihn zusätzlich nervös. Die erste Zigarette seit dann fünfzehn oder zwanzig lebensgefährlichen Minuten würden er, meine Mutter, die Gebäudereinigungsfachkräfte und alle anderen Väter, Mütter und Gebäudereinigungsfachkräfte in diesem Jumbo erst anstecken und damit das komplette Flugzeug einnebeln dürfen, sobald *der Startvorgang abgeschlossen* war. Für die Raucher an Bord war all dies demütigend, zusätzlich beleidigend war ja, dass sie sich im Duty-Free-Shop in Düsseldorf-Lohausen gerade erst stangenweise mit herrlichen Stuyvesant- und Krone- und HB-Zigaretten eingedeckt hatten. All die weißen Tüten mit dem Stuyvesant-Piloten drauf und dem Schriftzug »Düsseldorf International Duty Free« drückten sie verzweifelt in die Fächer für das Handgepäck, die restlichen Tüten mussten unter die Sitze, oder sie legten sie schließlich resigniert auf die Schöße, wo sie die Zigaretten dann mit anschnallten.

Begeistert, auf Entzug und panisch brüllten die Frauen von Klüh Cleaning auf meinen Vater ein. Wie kalt es sei im Flugzeug, letztes Jahr sei es zu warm gewesen vorm Start, jetzt zu kalt, *hoffentlich stürzen wir nicht ab* (so etwas hörte man früher wirklich noch hier und da vor einem Start), bla, bla, bla, und gut, dass sie im Flughafen noch einen Cognac getrunken hätten: »Dat wärmste Jäckschen is dat Conjäckschen.« Hahaha.

Mein Vater machte dann neben den drei Frauen einen

schmalen Mund, wie jemand, der massiv über etwas nachdenkt oder gerade eine schlimme Nachricht überbracht bekommen hat. Er machte vor Anspannung Sachen mit seinem Mund, die Backenzähne mahlten, der Mund *arbeitete.* Nickte er auf eine Frage (»Fliegen Sie auch nach Mallorca?«), kreischten die Frauen vor Begeisterung auf. Sonor höre ich ihn sagen: »Canyamel, ein kleines Dorf im Nordosten.«

»Watt? Canjamell? Wir sin in Kalla Mijor, datt is doch um de Eck. Da könn wa uns besuchen, schöner Mann, da wirsse bekloppt ... Guten Tach, sind Sie die Frau von unserem netten Begleiter? Wir fliegen auch nach Mallorca.«

Kurz nach dem »Mittagessen« greift mein Vater zum Äußersten: Er reicht den Frauen den ganzseitigen Artikel über Horkheimer und Adorno aus der FAZ-Kupfertiefdruckbeilage »Bilder und Zeiten« und säuselt: »Das müssen Sie lesen. Hochinteressant.« Ein elitärdiplomatisches Meisterstück in Sachen *anger management,* als die entsprechenden Seminare für die vielen Verhaltensauffälligen (zu denen er damals zweifellos zählt) noch lange nicht erfunden waren. Denn tatsächlich war für den Rest des Fluges Ruhe, die Frauen lasen und lasen, vielleicht schauten sie auch nur auf die große, glänzende Zeitungsseite, in deren Mitte Adorno abgebildet war, ein ahnendes, altes Baby, und erst als die Boeing eine weite Kurve um Mallorca herumflog und die Landung eingeleitet wurde, da gab die Klüh-Cleaning-Fraktion die Seite wieder her, eine der Frauen war eingeschlafen, die zweite schaute leer auf die Rückseite des Vordersitzes, und die dritte sagte nur: »Man dankt, schöner Mann.«

Sollte wer annehmen, dass die Vater-Strategie die Strategie eines elitären Riesenarschlochs ist, so müsste er fairerweise auch bedenken, wie solche Konflikte heute gelöst werden. Nämlich durch Gegengebrüll, Beschwerden beim Bordpersonal oder, natürlich, in der Hotline der Condor oder auf Fluglinien-Bewertungsportalen (»Ich kann mich all den positiven Bewertungen über die Condor nicht anschließen, da sich das Personal der Fluglinie auf unserer Reise von Düsseldorf nach Palma de Mallorca, auf die wir uns das ganze Jahr gefreut hatten und die wir nach dem zu frühen Krebstod meiner Tante auch nötig hatten, weigerte ...«). Stattdessen leitete mein Vater damals an Bord die Schubumkehr bei sich selbst ein, bevor der eigentlich unausweichliche Konflikt (»Wenn Sie jetzt weiter in dieser Lautstärke herumschwatzen, meine Damen, bekommen wir unweigerlich ein Problem!«) überhaupt erst wuchs und gedieh.

Niemals im Leben wird sich eine Putzfrau das schon nach fünf Erfahrungsminuten schockierend geschmacklose Hyatt Cap Vermell leisten können, in dem die Zimmerpreise bei fünfhundert Euro pro Nacht beginnen und bei mehreren Tausend Euro für die üblichen mit Obst- und Pralinenschalen vollgestellten Präsidentensuiten enden, in denen man Tage braucht, um zu verstehen, wie die drei Dutzend Leuchtmittel pro Zimmer an- und ausgehen. Aber ich beschließe, die Sache ähnlich hochnäsig durchzustehen wie mein Vater damals im Jumbo die rheinische Wuchtgruppe von Klüh Cleaning, statt jetzt hier im Hyatt die Gäste anzupöbeln. Ich werde dem Horror blasiert begegnen.

Übrigens könnte ich hier keine Gäste anpöbeln, da es nämlich zwei Wochen nach der Eröffnung keine Gäste gibt. Oder nur einen Gast. Von dem ich nicht restlos sicher bin, dass er ein Gast ist, vielleicht ist er auch ein Verrückter, der sich verfahren hat: Irgendwann huscht jedenfalls ein blonder Mann in Versace-Jeans, einem roten Polo-Ralph-Lauren-Shirt und roten Wildlederschuhen über den »Dorfplatz« mit der »Kirche«, er steigt in einen weißen Miet-Mercedes, obwohl man hier nicht parken darf, was aber keine Rolle spielt, da ja, wie gesagt, außer ihm und mir und übrigens meinem verstummten, verbitterten Lektor Olaf niemand da ist, den er überfahren könnte. Dann ist auch der Verrückte weg, *and there is no more life on this planet.* Als ich durch das »Dorf« spaziere und es betrachte, habe ich den Eindruck, es betrachtet auch mich. Wie die Villa in Jacques Tatis *Mon oncle* haben die dunkeltoten Fenster des Hyatt Pupillen, die mich verfolgen, als ich auf leisen Sohlen über »Plätze« und »Gässchen« schleiche. Gemeinsam mit meinem Hass suche ich nach menschlichem Leben in den Gassen, eigentlich nach Leben überhaupt, denn auch die unten in Canyamel epidemischen und frohsinnigen Spatzen hört man hier oben zwar irgendwie, aber das Gezwitscher wird offenbar künstlich eingespielt, denn man sieht sie nicht.

Am »Dorfplatz« schließlich finde ich ein pompöses Portal, darüber steht: Reception. Leise wimmert (in meiner Einbildung, aber immerhin) Morricones Mundharmonika durch die Sierres de Llevant.

Eine Halle. Dunkel. Zwei junge lächelnde Männer in ihren Kostümen stehen links hinten und nicken, als ich eintrete. Sie sind verlegen. Ihr Nicken klingt wie »Tja«. Offenbar sind sie unbewaffnet. An einem langen Tisch rechter Hand hingegen: Drei vollkommen unfassbare Instagram-Schönheiten sitzen, ebenfalls kostümiert, hinter je einem Laptop. Das ist der Mann, auf den sie gewartet haben. Dreimal je zwei Zahnreihen leuchten, je zwei schwarze Augen glühen, ich höre: »Hola«, »Hello« und »Hallo«. Ich bleibe ruhig, all dies könnte eine Falle sein.

»Sprechen Sie Deutsch?«

»Better English?«

Da ich außer dem Verrückten noch keinen Gast gesehen habe, frage ich: »Äh, the hotel is already open?« Sie sieht aus wie Audrey Hepburn, als sie in »Frühstück bei Tiffany« zum ersten Mal durch das Fenster vom Hof ins Schlafzimmer des neuen Mieters steigt. Man könnte verrückt werden. Klimper, klimper.

Sie sagt: »Since two weeks.«

»Since two weeks open?«

»Sí, Mister.«

Um Zeit zu gewinnen, die Fluchtmöglichkeiten abzuwägen und alle hier weiter zu verunsichern, sage ich im herkömmlichen Sinne nichts, sondern knurre nur: »Hmmmm.« Stille. Alle lächeln, außer mir.

Dann frage ich: »How many rooms are occupied right now?«

»Well …«

»Tell me.«

Die Zeit vergeht. Leises Zupfen an den Celli von Morricones Orchester. Allgemeines Sichangeglotze.

»Twenty? Roundabout? You know … we just opened.«

Ich frage sie nach einem Hotelprospekt. Sie reicht mir ein weißes DIN-A4-Blatt mit einigen Informationen (»Das südasiatische Spezialitätenrestaurant Asian ist exklusiv wie eine Privatvilla gestaltet, deren Bewohner von der Kultur und Küche dieser Region inspiriert wurden. Es bietet eine große Auswahl an authentischen asiatischen Speisen aus China, Indien, Indonesien und Thailand, die von spezialisierten Gastköchen zubereitet werden«).

Sie sagt: »You can make a *virtual walk* through the resort!«

»Virtual?«

»Yes! In the internet!«

»But I am here.«

»Pardon?«

»Why should I be here virtually as I am here *really* … you know? I am here!«

Die Sache wird mir zu bunt. Offenbar sind sie nicht darauf aus, mich zu töten, und sie haben auch nicht den Berg zerstört, weil sie böse sind. Sondern sie sind wirklich verrückt mit ihren »authentischen asiatischen Speisen« für all die Gäste, die, wie der Direktor und Fastpensionär John Beveridge doch versichert hatte, »das natürliche und authentische Mallorca genießen möchten«. Natürlich spreche ich in Gedanken mit meinem Vater über die schicke neue Einrichtung, die, weil Hyatt nun mal Mallorca und seine Menschen liebt, viele Menschen aus Mallorca beschäftigt. Auch kann man in den Hotelshops Öl, Wein, Salz und Muschelschmuck aus Mallorca kaufen, all dies in Handarbeit gefertigt, bei Manufactum heißt diese Produktlinie, wie man weiß: »Gutes aus Klöstern«.

Die Freiheit des einen endet bekannterweise dort, wo die Freiheit des anderen beschränkt oder eben sogar durch eine besonders infame und in weltweitem Maßstab schon führend geschmacklose Baumaßnahme regelrecht vollgekotzt wird. Ist dies beim Hyatt und mir der Fall? Schränkt es meine Freiheit ein?

Mein Vater: »Nein. Nur weil es dir nicht gefällt, schränkt

das neue Resort keinesfalls deine Freiheit ein! Im Grunde nicht einmal ästhetisch. Von Canyamel aus siehst du es gar nicht. Du siehst es nur, wenn du aus Artà oder vom Torre heim nach Canyamel fährst. Du lehnst es dann ab. Aber eigentlich politisch – und aus Gründen der Sentimentalität. Dir passt es nicht, dass sie *deinen* Berg kaputt gemacht haben. Und dir passt es nicht, weil dir die Leute nicht passen. Du hättest vielmehr die Freiheit der Firma Hyatt und die ihrer Kunden eingeschränkt, wenn du den Bau verhindert hättest und …«

»Aber, Papa, ich …«

»Lass mich bitte ausreden! Es ist ungeheuerlich: Ich versuche, dir hier etwas zu erklären, ich kann es auch lassen, und du …«

»Reg dich ab.«

»Also: Es kann sein, dass dir die Leute nicht passen. Aber es sind immerhin keine Proleten.«

»Du weißt ganz genau, dass es auch reiche Proleten gibt! Sie sind die Schlimmsten!«

»Unweigerlich kommen ein paar reiche, deutsche Proleten. Aber es werden hauptsächlich Chinesen und andere Asiaten dort buchen. Wenn überhaupt jemand dort bucht. Was glaubst du, warum sie in ihrem *authentischen mallorquinischen Dorf* ein eigenes Restaurant für *authentische asiatische Speisen* haben, was glaubst du, wieso Hyatt einen Direktor dort hinbestellt, der vierzig Jahre Erfahrung aus Asien mitbringt, bevor er in Pension geschickt wird? Ein paar Golfspieler aus Düsseldorf, ein paar Polo-Idioten von *Bodos Bootssteg* in Hamburg, Texaner, eine dicke Familie aus Kuweit, gut. Aber das Gros: Asien.«

»Ach.«

»Lass die Sentimentalitäten, Junge! So ist der Lauf der

Dinge. Und das hier ist die Gegenwart. Und das heißt: Es ist eine andere Welt. Lerne das zu respektieren. Auch die Chinesen dürfen reisen, sie geben noch mehr Geld aus auf Reisen als die Araber, und viele, viele mallorquinische Arbeitskräfte werden durch die Chinesen Geld verdienen.«

»Findest du das Resort schön, Papa?«

»Das ist nicht die Frage.«

»Doch. Findest du es schön?«

»Das tut nichts zur Sache.«

»Bitte sag es mir, denn natürlich tut es was zur Sache.«

»Es ist grauenhaft, ungeheuerlich, die Leute haben den Verstand verloren, man sollte es wegsprengen.«

Als ich nach dem Ausflug ins Hyatt mit meinem Kater und einer neuen Depression ins Laguna zurückkehre, beschließe ich, direkt über die Terrasse zu gehen und bis zum Chiringuito durchzulaufen. Dort sitzt in einer Ecke Pedro, der Treckerfahrer, mit seinem Kumpel Antonio, dem Liegenvermieter. Kurz linst Pedro herüber und entweder träume ich oder er hat mir gerade zugenickt. Euphorie, ein Schauer, Erotik, wie wenn einem wer über den Nacken streicht. Draußen vor der Tamariske sitzt Juans Vater, der alte Tomeu, mit seinen alten Freunden. Ich sitze noch gar nicht, da haben sie mir schon ein großes Bier bestellt, sie feixen, weil ich so verzweifelt schaue. Der Deutsche hat wieder einen melancholischen Anfall. Oh, er ist so lustig.

Ich erzähle ihnen vom Park Hyatt Mallorca, was für ein Horror, und nach meinem Vater erklären nun sie, die mallorquinischen Gesandten seiner unternehmungslustigen Generation, seine Los-Machucambos-Kumpel aus dem alten, lange verwehten Mi Vaca Y Yo der 60er-Jahre: dass sie neulich im Hyatt auf der Eröffnungsparty gewesen seien und dass alles dort fabelhaft sei, der verbaute Stein im Grunde nicht zu bezahlen, die Hölzer von Farbe und Struktur besonders schöner Mulattinnen, die fließenden Tuche in den Suiten aus Ägypten, das freundliche Personal, die Damen, die dort alles servierten, von überirdischer Schönheit. Ob ich blind sei? Besser geht's nicht. Sie sind so begeistert, dass sie mich vergessen und eine Weile nur noch spanisch reden. Ich erfahre, dass es um den »Hass des Deutschen« geht, meinen, ein Rätsel. Der Deutsche hat sie nicht alle.

Als ich wie ein Dreijähriger herumjammere, dass ich dort niemals Urlaub machen würde, winkt Tomeu fröhlich ab. Er sagt: »Du nicht. Aber die Chinesen.« Große Freude am Tisch. Weitere Biere.

»Und Obama.«

»Obama?«

»Er kommt. Womöglich noch in diesem Sommer.«

»Ins Hyatt?«

»Was glaubst du? Ins Laguna?«

Krachendes Gelächter unter den Achtzig- bis Neunzigjährigen. Dann wird Tomeu ernst. Er habe Informationen, dass die Chinesen tatsächlich kommen werden. In sehr großer, in überwältigender Zahl. Nicht nur nach Canyamel, sondern eben überhaupt nach Mallorca, und eben nicht nur nach Mallorca, sondern nach Europa. Das Hyatt sei für das kommende Jahr quasi ausgebucht. Alles Chinesen.

So würde hier in der Serres de Llevant also schon 2017 wahr, was der Untergangseuphoriker Michel Houellebecq im Jahre 2010 in Karte und Gebiet für seine französische Heimat vorausgesehen hat, und zwar vorsichtigerweise erst für das Jahr 2035: eine innovationsunfähige Nation Frankreich, die nach dem Untergang sämtlicher Schlüsselindustrien nur noch als Folklore-Version ihrer selbst funktioniert und in die nun Horden von Chinesen einfallen, um den kostümierten Franzosen ihre altertümlich hergestellten Kupferkessel abzukaufen oder ihnen bei der traditionellen Enten-Rillette-Herstellung zuzusehen. Bei Houellebecq entscheiden sich die Franzosen regressiv, doch eigentlich klug für das Korbflechten, die Renovierung ihrer Ferienquartiere, die Herstellung von Käse, und *die Neuen* danken es ihnen: Die Chinesen zeigen Respekt, ja Begeisterung für die Pornoversion alter französischer Bräuche und, wie der böse Houellebecq schreibt, »so konnte man immer deutlicher das Wiederaufleben regionaler Kochrezepte, Tänze und Trachten beobachten«.

Nach dem ersten, vor allem aber nach dem zweiten Bier mit Tomeu Massanet und seinen heiteren Freunden ist der am Vorabend im S'Estiu erarbeitete Kater endlich erlegt. Mein komplettes dreimonatiges Sabbatical im Sommer 2016 auf Mallorca lebe ich in einem Land ohne Regierung, insgesamt fast ein Jahr lang blockieren sich Konservative und Sozialisten gegenseitig. Im Gegensatz zu fast allen anderen Ländern Europas unterbleibt trotzdem jegliche Form von aggressivem Nationalismus, es regiert nackter Pragmatismus, teils das Phlegma, und sicher, wie gesagt: die Stoa. Ich beschließe: Dann sollen halt die Chinesen kommen. Es kamen ja auch mal wir, die Nordeuropäer. Da war Tomeu jung, und der kleine Juan raste durch das Laguna, das damals aber im Gegensatz zum Hyatt direkt ans unschuldige Wasser geknallt wurde wie eine Sandburg aus Beton. Keiner von uns traf hier damals auf Jammerlappen wie heute auf mich, also auf mürrisch aufs Meer blickende Fünfzigjährige.

Was ist schön?

Das klare Licht in der Bucht von Canyamel, jetzt, am späten Nachmittag, das die Farben sättigt, das Türkis des Meeres unter dem Wanderweg zu den Höhlen von Artà, der nun dunkelbeige glühende Sand, das Grün der Kiefern, die ihre toten, braunen Nadeln vorgestern Nacht in einem Sturm abgeworfen haben, sodass die Bäume jetzt aussehen wie frisch gereinigt. Das Licht räumt die Verhältnisse auf, und wenn man ein wenig die Straße hochgeht Richtung Torre durch die Felder der Serres, dann möchte man sich in diese Wärme aus gedroschenen Feldern und glühenden Steinen, in die Weite aus Mandelbäumen, Feigenbäumen und Olivenbäumen legen. Das ist schön. Schön ist in Canyamel, dass der Ort noch nie so getan hat, als könnte er mit der Schönheit dieser Natur in eine irgendwie geartete Konkurrenz treten. Gegen die Willkür der Natur haben wir keine Chance, also sitze ich abends im Chiringuito und sehe, wie die Sonne dem Horizont des Meeres einen blasslila Streifen malt, der dann dunkellila wird. Im Chiringuito sitzen wir mit unseren Motto-Shirts und salzigen Latschen, wir sind die Gestalten, die hier einweichen wie schmutzstarre Wäsche im Vorwaschgang, und nach und nach beginnen wir wieder zu strahlen. Am Nebentisch begrüßt einer, der gerade angereist ist, seinen Kumpel, der schon ein paar Tage hier ist: »Na, du Eiersack.«

Zwar gibt es schon zwei Fünf-Sterne-Hotels im Ort, und da ist das Hyatt gar nicht mit eingerechnet, aber noch wirkt das *Canyamel der Menschen* wie aus Pappe zusammengenagelt, das ist so unambitioniert im Vergleich zum überwältigenden *Canyamel der Natur* – und deshalb lässt dieser kleine Ort einen in Ruhe. Mir ist bewusst, dass die Verherrlichung des vermeintlich Unperfekten im Kontrast zum vermeintlich Perfekten hassenswert ist, noch dazu, wenn der Autor gerade im Chiringuito J. J. Cales Magnolia hört, sentimental wird und ausgerechnet in diesem Zustand die immer prekären Kategorien der Echtheit beschwört. Aber da kann ich ebenso wenig aus meiner Haut, wie ja auch die Herrscher über das Hyatt nicht aus ihrer Haut konnten, als sie ihr *authentisches Hotel* erfanden, die perfekte Natur zerstörten, eine autobahnbreite Zufahrtsstraße in den Berg planierten und drei mallorquinische Engel an den Empfang setzten. Wir, die und ich, passen nicht zusammen. Das Hyatt ist Trump, der in wenigen Monaten Präsident der Vereinigten Staaten werden wird, als Ferienanlage: Es ist vulgär und zerstörerisch.

Was ist schön?

Was ist schöner als achtzehn Monate alte Kinder mit riesigen Sonnenhüten, die an den Händen ihrer Eltern am Rand des Meeres stehen und bei jeder Minimalwelle vor Freude in den Knien wippen? Kinder am Meer sind in überwältigende Verhältnisse geworfen, sie sind die zunächst Überraschten und schließlich Euphorisierten. Vieles hat sich in Jahrhunderten wie Jahrzehnten verändert, auch am Strand, einiges aber überhaupt nicht: Der Mensch, zumal der kleine, will im Sand spielen, und wenn er ins Meer steigt, jauchzt er. Das Meer ist *unglaublich,* für das Kleinkind ist es ein empörender, eben anarchistischer Kamerad, es ist für Kinder nicht einfach Wasser, sondern ein Wesen, mal rau, mal schillernd, das Meer ist um Welten erstaunlicher als alles, als jedes erdenkliche Spielzeug. Das Kind muss sich vor ihm in Acht nehmen, andererseits trägt das Meer das Kind, und so sieht man auch in Canyamel kleine Menschen auf dem

Schoß ihrer tretbootfahrenden Eltern in die Weite schauen wie Könige, die aus der Sänfte über die Latifundien blicken. So sehen Menschen aus, die glücklich sind und endlich müde. Das ist schön.

Schön sind Müdigkeit und Träume in der Bucht. Einen Menschen, der morgens eine Stunde hinaus- und wieder zurückschwimmt und der danach viel in der Sonne ist, und sei es im Schatten, umfängt gegen Mittag oder am frühen Nachmittag diese besondere Form der Müdigkeit. Es ist nicht dieses stumpfe Wegsacken, das üble Brüten. Es ist stattdessen eine den Menschen anhebende Müdigkeit. Sie ist luzide. Sie ist irre. Sie ist schön.

Darmspiegelungskandidaten kennen sie exakt, diese Müdigkeit, denn das Wundermittel Propofol schafft sie auf chemische Art und Weise. Propofol ist mittelmeerig. Alles wird nicht schwer, sondern leicht, alles, was eben noch kalt war, verschwindet, sogar die Erinnerung an das scheußliche Glaubersalz, den niagarafallartigen Stuhlgang und die letzte Frage des Arztes vor dem Schlauch: »Haben wir vollständig abgeführt, Kamerad?« Stattdessen entstehen vor dem inneren Auge Bilder von profaner oder, je nach Begabung, sogar überwältigender Schönheit (bei mir sind sie natürlich überwältigend) Unvorstellbares wird wahr, Hemmungen sinken, und wie nach dem Genuss von Kokain hält man sich nebenbei auch noch für interessant und labert alle voll. Ausgerechnet jetzt ist man endlich glücklich. Dann geht's los. Davon aber bekommt man nichts mit oder man kann sich eben anschließend nicht mehr daran erinnern. Allerdings bekommen die anderen einen mit.

In meinem Fall ging das einmal so aus, dass ich zur Anästhesistin exakt in dem Moment, als ich auf der ersten Wolke davonraste, sagte: »Wir können ja auch mal ins Schumann's gehen.« Danach sang ich bis zum Ende der Spiegelung das bittere Lied Comfortably Numb von Pink Floyd, das ich mag, allerdings sang ich nur die Strophen von David Gilmour, die von Roger Waters habe ich weggelassen. All dies berichteten mir nachher nüchtern und tonlos der Arzt, der das Lied auch mag, und die gackernde Anästhesistin, die sagte, sie sei verheiratet und habe zwei Kinder und wenn sie mit mir ins Schumann's gehe, gebe es Gerede. Ich entgegnete nur »Tut mir leid«. Besonders peinlich war mir die Sache aber nicht, ich habe im Rausch niemanden beleidigt, außerdem war ich ja nicht im natürlichen Sinne ich, sondern im übernatürlichen. Zu irgendwie ein paar Prozent jedenfalls bekommt man die Realität unter Propofoleinfluss noch mit, man subtrahiert im Rausch nur Demütigendes raus und addiert Spaß dazu, und so entstehen dann im Vierfünftelschlaf auch ein paar korrekte Wahnvorstellungen und Allmachtsfantasien. Ich bin David Gilmour von Pink Floyd und singe mein Lied, ich zeige der Anästhesistin meinen Po mit einem Schlauch drin und lade sie zu einem Abend in meine Bar ein.

In Canyamel baue ich die Felsen, die Bäume, das Meer und die Menschen in meine Träume ein, und womöglich ist es schlicht das Salz des Meeres und das Harz der Kiefern, was macht, dass es in der Rübe rauscht. Das Meer höre ich eh, es untermalt meine Siesta, meinen Vierfünftelschlaf, mit Brian-Eno-artiger Ambientmusik sich nähernder und dann wieder verfügender Wellen. Ich liege oben im Laguna in meinem Zimmer, also höre ich auch, während ich *loslasse*, die jubelnden Kinder, das *Pick* und *Pock* und *Umpf* Strandtennis spielender Paare.

Meine Träume am Meer sind ähnlich bunt und rauschhaft wie die unter Propofol, aber es sind zudem auch *nachholende* und vor allem stilistisch, also in der Bauart, *kindliche* Träume. Zu Hause erinnere ich mich so gut wie nie nach dem Aufwachen an Träume, und träumte man nicht angeblich immer, so würde ich Morgen für Morgen sagen: »Stell dir vor, Schatz, ich bin so einfältig, ich habe schon wieder nichts geträumt.« Also hole ich in Canyamel weniger nachts, sondern vor allem während der mittäglichen Siesta, im Unterbewusstsein fiebriger Sonne und des Strandes draußen vor den Gardinen, Träume *nach*. Ich nehme Menschen und Zutaten aus den letzten Monaten oder sogar Jahren in München mit und verlege sie hier nach Canyamel. In Canyamel besteige ich in einem dieser Träume mittags den Felsen von Cap Vermell, eine nicht besonders anspruchsvolle Tour, die ich öfter schon gemacht habe, man klettert rund eine Dreiviertelstunde lang ein paar Hundert Meter hoch, sieht dabei die eine oder andere Bergziege davonrasen, bis man oben ein Türmchen erreicht, einen alten, für die Küsten Mallorcas typischen Feuerturm. Hier standen früher Wachposten und glotzten aufs Meer und wenn sich die Vorfahren des Islamischen Staats oder normale Piraten näherten, machten die Wachposten oben Feuer, das Feuer entwickelte Rauch, woraufhin die Bauern und ihre Familien unten wussten: Piraten. Eine frühe Version der SMS also oder eines nützlichen Twitteraccounts. Sie verschanzten sich dann seit 1288 unten in der Serres im Torre, meinem vorne im Buch schon erwähnten weltweiten Lieblingsbauwerk, bis die Piraten draußen aufgaben, weil sie, während sie die Tür vom Torre nicht aufkriegten, von oben mit Urin begossen wurden. Also trollten sie sich. Heute hat man vom Feuerturm aus denselben atemberaubenden Ausblick wie damals, man schaut nicht nur über die Bucht und das Tal von Canyamel, sondern nordostwärts auch bis nach Alcúdia, bei klarer Witterung bis nach Menorca.

Unterhalb des Turms sind im Felsen zwei, drei Höhlen, die man vom Strand aus gut sehen kann und die seit jeher die Vorstellungskraft der Menschen anregen, seien es Ureinwohner wie meine kleine Strandfreundin Patricia oder wegdösend im Sand auf den Berg starrende Ordnungsbeamte aus Hannover. Mit fünf oder sechs Jahren träumte ich in Canyamel, und ich habe diesen Traum nie vergessen, dass in diesen Höhlen Hexen leben und von hier aus abends, wenn die Sonne unter- und der Mond über dem Meer aufgegangen ist, auf ihre Besen steigen und runter in die Bucht hinabschweben, um Kinder zu fressen. Zwar beteuerte meine Mutter wieder und wieder, dass es *in der Wirklichkeit* keine Hexen gebe, aber wozu hat man eine große Schwester? Ihre Aufgabe ist es, auf ihren kleinen Bruder aufzupassen, der sie bedroht: »Wenn du mir kein Eis kaufst, schreie ich so lange, bis Leute kommen und dir eine Abreibung verpassen, weil du nicht gut genug auf deinen süßen kleinen Bruder aufpasst!« Also erzählt sie ihm mit gutem Recht vor dem Schlafengehen: »Sie leben oben in den Höhlen, Brüderchen, und sie haben immer Hunger. Am liebsten fressen sie kleine süße Jungen aus Düsseldorf.«

Da ich damals (und immer noch) die Geschichten Otfried Preußlers mochte, malte ich die Schauergestalt in meinem daraus resultierenden Traum exakt nach Art der berühmten Zeichnungen Winnie Gebhardts, die neben F. J. Tripp die Originalausgaben Preußlers gestaltete. Konkret: Obwohl Preußlers Kleine Hexe eine liebe Hexe ist, sah die sehr (sehr!) böse Hexe, von der ich träumte, aus wie die fast senkrecht in der Luft auf ihrem Besen hockende, drahthaarige, spitznasige, grinsende Kleine Hexe auf dem Buchumschlag Preußlers. So schwebte sie in meinem Traum scherenschnitthaft an den Gardinen unseres Apartments im Mi Vaca Y Yo vorbei, ich sehe dieses Bild klar. Sie flog eine kleine Kurve, wendete, landete auf unserem Balkon und stieg ab. Sie stellte den Besen in die Ecke und näherte sich, wie zu Fuß weiterschwebend, der Balkontür. Ich erwachte – und schrie in die Bucht von Canyamel mit meiner epochemachenden Stimmgewalt, alle Kiefern in der Serres de Llevant warfen die Doppelnadeln ab, die Grillen verstummten und das Meer zog sich zurück.

Zwar sind meine Siesta-Träume heute und hier in Canyamel ähnlich vibrierend wie die halbaktiven Fantasien bei meinem Gastroentorologen, sie flimmern gewissermaßen und haben einen Sound, den des Meeres. Aber es sind diese Träume im Vergleich *einfach,* keine Spur von komplexen Traumstrukturen. Der folgende Traum kam mir vor ein paar Tagen fast schon beleidigend naheliegend vor. Dabei gaben die für mein Leben und die Bucht von Canyamel so entscheidenden Höhlen jetzt, rund fünfundvierzig Jahre später, wieder das *Setting* ab.

Ich besteige in diesem Traum also den Berg Richtung Feuerturm, mache diesmal aber kurz vor dem Gipfel einen linken Haken und klettere in die größte der Höhlen. Keine Hexe weit und breit. Ich lösche mit diesem Höhlentraum also zunächst mal den Höhlentraum von 1971. Genial. Stattdessen sitzt dort am Höhlenrand, halb im Schatten, mein Lektor Olaf mit einem Stapel Schulhefte. Er ist genervt. Ich sage:

»Komm, Olaf, wir machen unseren Ausflug mit dem Kajak.« Darauf er: »Keine Zeit. Muss Klassenarbeiten korrigieren.« Ich drehe mich um, vor mir liegt der weite Weg zurück. Ende des Traums. Aufwachen.

Ich blinzele verstört erst auf meine Füße, dahinter auf das Meer. Ich war nach einer dreistündigen Kajakfahrt so erschöpft gewesen, dass ich neben Sebastian, dem Kajakverleiher, am Strand eingeschlafen bin, gerade als ich das Kajak mit Mühe noch in den Sand geschleift hatte. Ein Traum, der sogleich ungeheuerlich wie etwas unterkomplex ist: Dass ich anhand von Olaf nicht nur den Traum, sondern das Hexen-Trauma von 1971 aus meinem Kopf radiere, werde ich ihm, Olaf, nicht vergessen. Die Handlung hingegen basiert auf etwas simplen Zutaten. Olaf hatte mir vor unserer Kajakreise, beim Morgen-Cortado auf der Terrasse des Chiringuito, erzählt, dass seine Frau Lehrerin ist. (Sie ist übrigens bezaubernd *und* Lehrerin. Das nur nebenbei. Wahnsinn.) Und da sei es, so Olaf, mit dem Unterricht sowie der Vorbereitung des Unterrichts nicht getan: »Sie muss ja auch die ganzen Klassenarbeiten korrigieren, das haben die Leute nicht auf der Rechnung, wenn sie sich über die lässigen Arbeitszeiten von Lehrerinnen und Lehrern ereifern. Das regt mich immer so auf!«

Was ist schön?

Es ist jetzt, an diesem Tag nach der Nacht im S'Estiu, später Abend. Eben kam Juan auf die Terrasse des Laguna, wütend, er brüllte einen erstaunlichen, überwältigenden Satz: »Alexander, die Tapas sind prostituiert!«

Dann stampfte er weiter ins Chiringuito. Stinksauer. Was redet er? Seine Frau Cati sitzt nun bei mir, ungerührt und wortwörtlich bestätigt sie, dass die Tapas »prostituiert« seien. Ich frage sie, was los sei. Sie winkt ab, verbittert. Ich bin in Sorge, stupse sie an, was denn los sei? Catalina Massanet zündet sich eine Zigarette an und schaut erst einmal eine Weile. Dann erzählt sie, dass sie mit Juan, ihren Töchtern, Enkeln und dem Schwiegersohn in Artà essen waren in ihrem Lieblingslokal. Die Tapas, die bis vor einer Woche noch fabelhaft gewesen seien, seien jetzt, nach dem Ferienbeginn in Deutschland: schlagartig von miserabler Qualität gewesen, *unwürdig*. Für Juan und seine Familie ist schlechtes Essen so etwas wie für halbwegs anständige Menschen in Deutschland, sagen wir, die AfD. Es ist nicht einfach *okay* oder *nicht okay* – es ist mehr, es ist eine Frage des Anstands.

Was ist schön?

Ich bin schon fast eingeschlafen nach diesem Spätsommertag, als mir mein iPad ein Angebot der profanen Reisegesellschaften TUI und Dertour ins Gesicht leuchtet: drei Tage Park Hyatt Canyamel, das in der niedrigsten Kategorie normalerweise fünfhundert Euro pro Nacht kostet, inklusive Flug: 648 Euro. Flug ab Eindhoven. Reisezeitraum: November.

Wer's mag.

No porn

Ich habe ein Rafael-Chirbes-Erlebnis an der Cala Romàntica. Es folgt die Frage: Wurden im Hotel Mi Vaca Y Yo am Ende Sexfilme gedreht? Eine Recherche im Internet belastet mich, aber dann wird alles gut

»Die Silhouette eines Mannes, der mit halb
und verschiedenartig in die Höhe gehobenen Armen sich
gegen vollständigen Nebel wendet, um hineinzugehen.«

Franz Kafka, Tagebücher

Im Hochsommer des Jahres 2016 habe ich einen schlechten Tag. Im Mallorca Magazin hatte ich zuvor in einem Bericht von Alexander Sepasgosarian von einer der größten Bausünden in der Geschichte der Insel gelesen. Von Canyamel aus fahre ich die Ostküste hinunter, um Cala Romàntica zu besuchen, einen Ort, der nicht immer diesen lächerlichen Namen hatte, sondern früher S'Estany d'en Mas (Die Lagune des Mas) hieß. Als in den 60er-Jahren meine Familie und andere Deutsche verrückt wurden und nach Mallorca aufbrachen, versprachen sich Bauherren von dem Namen Cala Romàntica mehr Profit, also benannten sie den Ort kurzerhand um. Wie zur Strafe stehen in Cala Romàntica seit der Finanzkrise im Jahre 2008 nun hundertneunundachtzig fertige und unbewohnte Doppelhäuser in einer

Landschaft herum, die grundsätzlich an der Ostküste so besonders kernig und *ursprünglich* ist oder: so schön.

Das hier oben ist nicht Port Andratx oder sonst wie *Mallorca-Südwest,* wo Deutsche versuchen, die in die Jahre gekommene Raffaello-Werbung nachzuspielen. Rafael Chirbes, der große Erzähler der spanischen Jahre seit Francos Ende, beschreibt in seinem opus magnum »Krematorium« diese Häuser als letzte weiße Ruhestätten, dargeboten in Immobilien-Anzeigen auf Fotos, die sich gleichen, als seien sie geklont. Der Bauunternehmer Rubén Bertomeu weiß in diesem Roman von Chirbes: »Er verkauft Frieden, wie die Bestattungsunternehmer. Die ganze Ruhe des Mittelmeers versprechen die Prospekte seiner Projekte … das ganze Licht des Mittelmeers und der ganze Luxus und das ganze Blau, der ganze Himmel, was auch immer, doch stets steht vorne etwas mit ganz und hinten dann Mittelmeer. Das ganze Grün, das ganze Blau, der ganze Himmel, das ganze Salzwasser. Als würde der Käufer die ganze Badewanne, von Algeciras bis Istanbul, kaufen, dazu das ganze Heizungssystem mit seinen Wunderwerken (Sonne, Mond und Sterne), alles komplett.«

Natürlich ist der Hunger von Spekulanten, Immobilienhaien und Baufirmen immer nur zeitweise gestillt, da geht es diesen Menschen beim Geldverdienen wie meiner Familie damals beim Essen. Irgendwann bekommt man wieder Appetit. Aus diesem Grund steht das Hyatt Resort, das man nun leider nicht mehr wegsprengen kann, mitten im Naturschutzgebiet der Serres de Llevant, denn nur dieser eine Fleck der Llevant war in der entscheidenden Phase des Genehmigungsverfahrens plötzlich *kein* Naturschutzgebiet mehr. Und aus diesem Grund, aus Gründen früh- wie neokapitalistischen Hungers, stehen nun hundertneunundachtzig leere Doppelhäuser an der nicht nur deprimierend anzuschauenden, sondern sogar selbst deprimiert aufs Meer schauenden Cala Romàntica.

2008 wurde der Inhaber der Baufirma Terrapolis angezeigt. Ihm wurde vorgeworfen, so lernte ich von Sepasgosarian, mit krimineller Energie Geld aus der Firma gezogen und sie bewusst in den Bankrott manövriert zu haben. Dies (sowohl die Energie vom Herrn über Terrapolis wie auch, dass das Urteil noch aussteht) verstehe, wer will, ich jedenfalls verstehe es nicht und will es auch nicht verstehen. Was ich in Cala Romàntica sehe, ist niederschmetternd und verbrecherisch. Ich überlege, Juan oder Cati Massanet anzurufen, um sie am Handy vollzuheulen, statt noch zu warten, bis ich zurück bin. Juan würde mir raten, zurückzukommen und mit ihm einen Cortado zu trinken, statt, wie er mir eh vorwirft: *immer das Hässliche zu suchen.* Catalina würde mir haarfein erklären, welcher Idiot damals die Idee hatte, dem Ort den Namen Cala Romàntica zu verpassen, als handele es sich um ein abgefeimtes spanisches Restaurant. Dann würde Catalina mir mit Namen und Adressen aufzeigen, wie der Ort an die Halunken gefallen sei, sie weiß immer alles und ist trotzdem ein guter Mensch.

Um meine Beine herum streunt in Cala Romàntica eine Katze. Aus meinem Wagen, der mit offener Tür und laufendem Motor (ist jetzt auch schon egal) am Straßenrand steht, höre ich die ersten Takte von Metallicas Enter Sandman, für das sich mir zu Ehren jetzt gerade ein balearischer Heavy-Metal-Sender entschieden hat: »Exit: light / Enter: night / Take my hand / We're off to never never land.«

Vor einem Zaun stehend schaue ich auf eine Landschaft aus deutsch verspachtelten, jeweils identischen Doppelhaushälften. Dies alles war klar die Idee eines bösen Menschen: *Ich lasse es besonders leblos und gewissenlos aussehen, dann kommen sie schon, die Deutschen.* So wie die hundertneunundachtzig Doppelhäuser sehen Häuser in den trostlosen Beiträgen von Brisant aus, nachmittags im öffentlich-rechtlichen Fernsehen, und meistens geht es dann um Familienväter, die ihre sechs Kinder, dann ihre Frau, dann sich selbst getötet haben. Solche Siedlungen wie die in Cala Romàntica entstehen, wenn in Deutschland mittelgroße Städte an ihren Rändern neues Bauland ausweisen, um der durchgedrehten City-Mieten Herr zu werden und die Zahl der Hausbesitzer zu mehren, die ihm, dem Staat, später nicht auf der Tasche liegen, sondern stattdessen noch als Tote bei verbrecherischen Banken für ein solches Haus bezahlen, bezahlen, bezahlen und die den Rest ihrer Zeit, also morgens und abends, im 3er-BMW im Stau stehen. Einhundertneunundachtzig seit bald zehn Jahren totenstille Doppelhäuser.

Wie eigentlich wäre es, wenn hier wirklich Menschen lebten? Ist es sogar besser, dass hier alles fertig ist, leer steht und in Ruhe vor sich hin schimmelt? Wieso steht dies alles hier? Statt ein Loch im Zaun zu suchen oder einen klugen Umweltschützer, der mir das Verbrechen erklärt, sodass ich alles notieren und dann die Zitate autorisieren lassen kann, setze ich mich auf einen Stein und verharre. Wieder denke ich an Rafael Chirbes. In seinem Roman verhandelt er die spanische Immobilienblase, und er beschreibt einen Mittelmeerort im Bauwahn, hochgezogen von der ersten spanischen Generation, die keinen Krieg und keinen Hunger erlebt hat, »eingedickt vom Leben«. Er schreibt: »Wenn wir nicht glücklicher gewesen sind, dann vermutlich deshalb, weil das Wesen des Menschen nicht viel mehr hergibt.« Dieser Generation ist also einfach nicht mehr eingefallen, als die Landschaft, »und mit ihr alle Werte«, wie Sebastian Schoepp in seinem grundsätzlich optimistischeren und schönen Buch »Mehr Süden wagen« schreibt: zuzubetonieren. Eigenartig, wie deprimierend Menschen wie Chirbes oder mein Freund Juan über Spanien, seine Parteien und seine Menschen reden und wie umgänglich und pragmatisch und liebevoll sie dann im Alltag ihre Dinge regeln.

Wenn Schoepp den Romancier aus Beniarbeig an der Costa Blanca traf, begegnete er einem »mediterranen Intellektuellen alter Schule, knorrig wie eine Steineiche, dabei kumpelhaft-unkompliziert«: »Als ich im September 2008 mit Chirbes telefoniere, berichtet er, dass er von seinem Fenster aus 72 Baukräne im Visier habe. Als ich ihn 2010 bei den Münchner Literaturtagen treffe, erzählt er, dass von den 72 Kränen nur mehr einer übrig sei.« Aufgeräumt, genau und sarkastisch erzählt Chirbes dem Chronisten Schoepp, das Mittelmeer sei zu einer »billigen Badewanne« verkommen, er beklagt absolut zu Recht das auch auf Mallorca von Golfplatzinvestoren und Luxusresortbetreibern und Immobilienhaien wie denen in Cala Romántica betriebene individualistische Bauen als »Flächenfraß«.

Wollte man zum Beispiel den Wohnraum des Touristengettos Benidorm von der spanischen Mittelmeerküste aus in die Fläche verlegen, so Chirbes, »es wäre bis Madrid alles zugebaut«.

Wenige Jahre vor seinem Tod im Sommer 2015 serviert der Schriftsteller im Gespräch mit Schoepp eine Rechnung, die nicht auf Mallorca grundsätzlich zutrifft, aber auf diesen Cala Romántica geheißenen Horrorplatz, der an der Ostküste der Insel Mallorca seit bald zehn Jahren vor sich hin modert: »Tatsächlich zehrt die Touristikindustrie noch heute von der Faszination, die *Ortsnamen* auf uns ausüben. Aber es gibt keine anderen Welten mehr, alle sind auf die gleiche Art und Weise ruiniert.«

Man kann eine Geschichte auch kaputt recherchieren. Enter Sandman ist vorbei. Fünfzehn Minuten sind eine lange Zeit, getroffen habe ich eine Katze, gedacht habe ich an Chirbes, ich werfe ihm, dem Meister, einen Kuss in den Himmel, gesprochen habe ich mit mir selbst, Ende der Recherche.

Auf dem Heimweg beschließe ich, dass ich mir Hässliches auf der Insel nicht mehr gebe, und in Canyamel wird mir Juan in seinem Chiringuito zu diesem Entschluss gratulieren und mir in netter Runde einen Whisky ausgeben. Gemeinsam sitzen wir da, Deutsche und Spanier, Reiche, Arme und ich: der Idiot, der das Buch schreibt, Anlass monatelanger scheppernder Freude für alle Eingeborenen. Ein Buch? Über Canyamel? Hahaha.

Hinter *vorgehaltener Hand* erfahre ich an dem Abend dann, wie runtergewirtschaftet in den letzten Jahren seiner Existenz *meine* Vaca war, das kleine Hotel meiner Kindheit mit seinem traumhaften Garten. Da, wo sie stand, steht schon seit Jahren ein neues Hotel, es gehört Juan, dieselbe Form, andere Farbe, anderer Inhalt. Das Hotel ist weiß und modern, ich erwähnte es, und dort, wo mein Vater in seinem extra für Mallorca gekauften Anzug abends mit Teo zwischen den Schlingpflanzen entlangspazierte und sich für die Bar der Vaca warm rauchte, sieht man nun keine *Gäste* mehr, sondern *Touristen* in Adiletten, die ein Gesicht machen, als seien sie gerade am Strand bestohlen worden. Wir waren Gäste und sind nun Frühbucher, wir waren Gäste und buchen nun entweder beim Veranstalter etwas teurer oder wir buchen billiger über ein Portal und beschweren uns dann trotzdem, wenn das Zimmer nach hinten rausgeht.

Vom Mann mit der vorgehaltenen Hand erfahre ich, als der Horror von Cala Romàntica langsam verschwimmt, nicht nur, dass die Vaca, das Hotel mit der schönen hellblauen Kachel, ein Problem mit der Feuchtigkeit hatte und verschimmelte. Ich erfahre auch, dass in den letzten Jahren der Existenz des Hauses sonderbare Männer mit Schnurrbärten und Koffern voller technischer Geräte mit der LTU aus Deutschland angerückt seien, und zwar jeweils mit stark geschminkten und schon bei der Ankunft in Canyamel kaum bekleideten Frauen, die hinter den Männern hergelaufen seien wie eine gelangweilte Schulklasse aus älteren, kaugummikauenden Mädchen. Die Gruppen belegten dann geschwind und desillusioniert die runtergewirtschafteten Zimmer und drehten Filme. Mein Informant fragt, ob ich verstehe? Meine Augen brennen. Tränen.

»Will ich gar nicht«, sage ich, »ich will es nicht wissen. Die Vaca war ein Paradies. Ich will alles, was jetzt kommt, nicht hören … Pedro.«

»Ich heiße nicht Pedro, sondern Antonio.«

»Antonio.«

Mit der Faust der rechten Hand haut Antonio dreimal auf die Handfläche der linken: »Filme, amigo.«

»Na und?«

»Bumsi, bumsi. Du verstehst?«

»Das kann nicht sein.«

»Wieso nicht?«

»In der Vaca? Bumsi, bumsi? Vergiss es! Das war ein Familienhotel. Oh, mein Gott, oh, oh, oh.«

»Wie lange warst du nicht mehr hier, Alexander? Wie lange hat dich die Vaca nicht interessiert?«

»Oh, oh, oh.« Tränen, kein Halten mehr.

»Glaubst du, Amigo, da wird eine Plakette ans Hotel gemacht und dann wird es unter Denkmalschutz gestellt? Nur weil dein Vater hier mit dir auf dem Arm zu den Machucambos getanzt hat?«

»Die haben dort keine Bumsfilme gedreht.«

»Doch.«

»Dann haben sie das Hotel entweiht«, rufe ich. »Man kann in so einem Hotel nicht einfach rumrammeln und Filme machen, Pedro!«

»Antonio.«

»Antonio. Das haben sie nicht gemacht. Das ist ekelhaft.«

»Doch. Bumsi.«

»Nein.«

Antonio spendiert mir einen weiteren Whisky. Ich rufe: »Wusste Miguel Blanche davon? Hatte er eine Ahnung?«

»Miguel war zu dieser Zeit schon im Seniorenheim in Artà, mein Lieber, er hat noch ein bisschen Tango getanzt, das war's dann, er war schon so gut wie tot.«

Pause.

Dann sagt Antonio: »Du bist *strange*, Amigo, okay? Du bleibst mehr als dreißig Jahre weg, interessierst dich nicht für Canyamel, irgendwie sausen andere Sachen durch deinen deutschen Kopf all die Jahre.«

»Ja, und?«

»Dann kommst du zurück und wunderst und ärgerst dich und verteilst Noten. Das und das ist gut gelaufen, das Hyatt soll weg, das Chiringuito darf bleiben, der Torre sowieso. Und so weiter. Das ist, wie sagt man, auf Deutsch …?«

»Egozentrisch?«, schluchze ich.

»Ich denke, das ist das richtige Wort, ja. Und etwas sentimental.«

Oben auf meinem Zimmer beschließe ich, der Sache nachzugehen. Recherche ist mal wieder alles. Ich öffne die Seite des Rammeluniversums Youporn. Ich will den Beweis für das Gerede. *Wenn* sie in der Vaca Filme gedreht haben, dann weiß die mächtige Fickdatei Bescheid, sie archivieren bei Youporn mit endloser Gewissenhaftigkeit alles. Nebenbei würde ich so neben der Gewissheit über das tragische Ende meines Kinderhotels noch einmal die Gelegenheit haben, die Vaca *zu sehen.*

Das Hotel ist weg. Ich habe von Juan nur die alte Kachel bekommen, bei eBay gibt es hier und da alte Postkarten, daheim habe ich noch Fotos von früher, das ist alles. Außenaufnahmen, meine junge Mutter rauchend auf einem Mäuerchen, mein Vater rauchend mit Teo im Garten, nur die Bar sieht man von innen, meine Eltern rauchend mit dem rauchenden Barkeeper Antonio und dem anderen rauchenden Antonio, dem Frühstückskellner mit dem Silbertablett, schließlich ist auf dem Bild ein dritter rauchender Spanier zu sehen, den heute keiner mehr zuordnen kann, aber sicher sind sich alle, dass er Antonio hieß.

»Wie hieß der Dritte, Mama?«

»Antonio«, sagte meine rauchende Mutter fünfundvierzig Jahre später.

»Der Dritte auch?«

»Ja, Antonio. Wie die anderen beiden.«

»Hießen alle Antonio in Canyamel?«

»Fast alle. Ja. Außer Teo. Dann gab es noch die Juans und Miguels. Sonst hießen alle Antonio.«

Nun, nachdem mich Jahrzehnte später ein weiterer Antonio über das Schicksal der Vaca informiert hatte, würde ich im Erotikportal *die Zimmer* der Vaca noch einmal sehen, die braunen Holzbetten, die schweren Lampenschirme, die Holzstühle mit der geflochtenen Sitzauflage, diese in der Erinnerung teils natursteinhafte, teils lichte, teils fusselig finstere Mischung aus angedeutetem Frank Lloyd Wright und frühem Vorstadtmöbelhaus. Nicht dass Julius Shulman die Vaca hätte fotografieren *müssen,* aber wäre er hier vorbeigekommen, er hätte dem sonderbar länglichen Hotel und noch mehr der unabsichtlichen Super-Eleganz des Laguna ein paar Aufnahmen gewidmet, die nun Teil wären von »Modernism Rediscovered«, und verspannte Architekturstudenten und Feuilletonredakteure würden nach Canyamel pilgern, um sich das mal anzusehen mit ihren ironischen Gehirnen.

Auch gibt es auf Youporn womöglich alte Aufnahmen vom Strand, aus den diversen Grotten und den hiesigen Grill- und Spezialitätenrestaurants, denn damals wurde in erotischen Filmen gegessen, gefeiert und miteinander geredet, bevor es zur Sache ging. Als Fördermitglied der Schillergesellschaft und also des Marbacher Literaturarchivs und entsprechend als Abonnent des Marbacher Magazins sinniere ich: Heute Nacht heißt *mein* Marbach Youporn, denn wenn ich in Marbach die Prozesse der Entstehung und Veränderung von Textmaterial studiere, so werde ich im großen Erotikarchiv nun Canyamel und besonders die Vaca wiederfinden, bevor das eine verfeinert und das andere vernichtet wurde.

Ich hocke mich an den kleinen Tisch am Bettende und schaue beim Tippen zwangsläufig in den über dem Tisch an der Wand montierten Spiegel. Seit Monaten schaue ich mich beim Schreiben dieses Buches selbst an, die Möblierung des Zimmers im Laguna ist nicht verhandelbar, Bett, Stuhl, Tisch, Spiegel, und wenn ich mein Gesicht überraschenderweise zwischendurch nicht mehr interessant finde oder mir sogar auffällt, dass ich ausgerechnet beim Schreiben besonders dumm gucke, muss ich halt auf den Balkon oder auf die Terrasse gehen mit meinem Laptop und dort weiterschreiben. Ich sehe jetzt gerade in das Gesicht eines Mannes, der aus beruflichen Gründen www.youporn.com in die Maske tippt, der bestätigt, dass er über achtzehn ist. Ins Suchfeld gebe ich dann dummerweise erst einmal nur »Mallorca« ein.

Filmvorschläge ploppen auf, und zwar circa hundertfünfzigtausend. Ich lerne, dass es außer meiner Frau und mir keinen Touristen auf der Insel gibt, der sich nicht beim Sex selbst filmt und dies dann Youporn zur Verfügung stellt. In einem Film entdecke ich das Parkhaus des Flughafens in Palma wieder, wo ich damals meinen roten Nissan bei der Billigvermietung abgeholt habe, bevor ich wieder auf Sixt umgestiegen bin. Der Film heißt Flughaven Palma, aber man weiß, was gemeint ist. Eine junge Frau ist gerade gelandet, sie läuft auf das Café vor dem Parkhaus zu. Sie wird von dem »Kameramann«, der in Wahrheit ein geiler Strolch ist, auf dem Weg gefilmt, ihre Brüste sind nur knapp bedeckt, offenbar saß sie schon halb nackt im Flugzeug. Sie rollt einen rosafarbenen Koffer hinter sich her, den sie alleine in den Kofferraum wuchten muss, da der Kameramann sie filmt, wie soll er ihr da helfen? Im Auto öffnet der Mann seine Hose und sie sagt: »Ich merk schon, kaum bin ich da, schon muss ich ackern.«

Einen deprimierenderen Film habe ich seit Joachim Fests Hitler, eine Karriere nicht gesehen, damals, 1977, als mein

Vater mich mit in die Lichtburg auf der Königsallee nahm, weil ich nun alt genug war, um zu *begreifen.* Lange saßen wir anschließend im Nachrichtentreff auf der Kö, er rauchte, schaute streng und fragte, ob ich Fragen zum Film hätte.

Flughaven Palma ist auch noch deprimierender als die hundertneunundachtzig Doppelhäuser in Cala Romàntica. Außerdem ist Flughaven Palma nicht das, wonach ich suche. Also: »Mallorca, Vintage«. Wieder das Aufploppen der Fensterchen, dieses Mal hat es etwas länger gedauert, es sind auch weniger Fensterchen, es handelt sich um einen spezielleren Kundenwunsch. Ich stelle mir vor, wie in der Youporn-Zentrale, wo immer sie ist, unter den dicken, bärtigen Porno-Nerds Verwirrung ausbricht: Mit »Mallorca, Vintage« hatten sie nicht gerechnet, jetzt müssen sie zeigen, was sie draufhaben, weil nämlich die Algorithmen durchbrennen, es qualmt aus dem Zentralcomputer. Da die vom braven Portal nun servierte Vorauswahl auf den ersten Blick erfolgversprechender aussieht (viel dunkles Holz, Korbgeflecht), wird es auch gleich mühsamer, weil ich nun öfter mal wo reinklicken muss, um zu schauen, ob ich einen Treffer lande.

Menschen mit riesigen Haarhaufen fallen übereinander her wie in Mel Gibsons Braveheart. Frühe Giorgio-Moroder-Musik. Speichelfäden. Gelbweißbeige gestreifte Zähne. Haarige Arme und Beine. Weiche Haut mit Dellen. Heute nicht mehr gängige Natürlichkeit. Sich Überlappendes. Quietschende Orgeln. Männer, die aussehen wie Friedrich Nietzsche, mit brettharten Slips am Strand, ein Penis, der aus einem fußballgroßen Berg von Haaren herausschaut wie ein Wurm seitlich aus der Frisur von Lenny Kravitz, er dringt in eine andere Frisur ein …

Oh, oh, oh.

Zur selben Gattung gehören John Coltrane und Bill Evans, Lino Ventura und Teo aus Artà? Dieselbe Gattung schuf in Gestalt Joaquín Sorollas mediterrane Kunstwerke von zeitloser Schönheit? Genau an dieser Stelle, am Mittelmeer, wo Nietzsche nun die Zähne fletscht unter seinem Wald aus Schnurrhaaren? Der Arsch nagelt zur Euro-Disco in der Sonne herum, im Hintergrund rauscht das von Sorolla noch gepriesene, nun geschändete Meer, und ja, es ist jenes *meiner* Kindheit.

»Mein Gott«, stöhne ich, all die Getränke, all die Wahrheiten, nun die Bilder, Licht im Quadrat, Supernova. Grauen.

Letzter Versuch, ich tippe »Canyamel« in die Suchmaske und frage mich begeistert, wieso mir das jetzt erst einfällt. Youporn reagiert sofort. Canyamel kennt das Portal nicht, allerdings kennt es »Caramell«. Lässig vermutet der Algorithmus, dass ich mich beim Eintippen vertan habe, er stellt zehn Millionen Kurzbeiträge zur Verfügung, in denen karamellfarbene Männer über karamellfarbene Frauen herfallen. Soll ich mir aus Gründen der inneren Hygiene noch einen *geschmackvollen* Porno ansehen? Mit diesen Bildern im Kopf würde ich nun zu Bett gehen?

Also: Tür auf, Luft rein, Mineralwasser, passend dazu hier auf der 509 einen erotischen Kurzfilm *Klagenfurt style*? Junge blasse Kulturjournalisten und Dichter, ebenmäßig, alabasterfarben, rehäugig, waidwund und verwirrt? Müde schaue ich in den Spiegel. Ein Mann schaut zurück. Das bin ich.

Ich fahre den Rechner runter, gehe auf den Balkon. Belle nuit. Das atmende, das ein- und ausatmende Meer. Erst dann erkläre ich die erfolglose Recherche zur guten Nachricht. Da ich (mal wieder) alleine bin, spreche ich (mal wieder) mit mir selbst. Und so sage ich, leise vom Balkon herunter in die Bucht meiner Kindheit, in der man nichts hört, gar nichts, nur das Meer: »Canyamel, no porn.«

Service

Das Verhalten italienischer Strandliegenvermieter, das gute Gefühl, das Beiprogramm in Hotels und das ganz besonders rücksichtsvolle Verhalten meiner Familie in Ländern, in die Deutschland mal einmarschiert ist

Nachdem ich einige Stunden in routinemäßiger Verzweiflung in meinen Laptop gestarrt und kein Wort geschrieben habe, peilt mich auf der Terrasse des Laguna der Haus-Animateur Benjamin an. Benjamin ist ein junger, kräftig gebauter Nürnberger mit Zopf, ausweislich seines schwarzen Shirts ist er Fan von Metallica, was heißt, dass er, wie phänomenalerweise jeder einzelne Metallicafan, den ich bisher kennengelernt habe, okay ist. Benjamin war mal Barkeeper in Nürnberg und lieber ist ihm inzwischen ein Job in der Sonne draußen statt in der Nacht drinnen.

Mit der Kraft eines Roadies knallt Benjamin eine durchsichtige Plastikdose mit ungekochten Fusilli auf den Tisch: »Buenos días, Mallorca! Wie viele Nudeln sind in dieser Dose, Meister?« Er strahlt. Wäre ich Peter Handke, würde ich ihm jetzt die Augen auskratzen. Sieht er nicht, dass ich schreibe? Im Park Hyatt Mallorca könnte sich Benji so etwas auch nicht erlauben, kein Gast, wenn es dort welche gäbe, würde die Anzahl von Nudeln in einer Dose schätzen.

Das Laguna ist ein Familienhotel und Familienhotels am Mittelmeer leisten sich seit inzwischen Jahrzehnten ein *Beiprogramm.* Im Laguna hat man sich für ein *moderates* Beiprogramm entschieden, mitunter wird es laut und sonderbar, dann ist es wieder für viele Stunden ruhig und man starrt von seiner Liege im schönen Garten oder vom Pool aus tagträumend auf die unablässig mit ihren Tabletts hin und her eilenden Servicekräfte, also auf den flinken Chef der Bar, der Antonio heißt, sowie auf die überirdisch schöne, giacomettihafte Inés. Im Übrigen wird von sieben Uhr bis um dreiundzwanzig Uhr auf dem Gelände gefegt, gefeudelt, gekehrt und gewischt, also *sauber gemacht,* es werden auch die Flächen, Ecken, Stangen, Markisen, Steine, Planen, Tore, Treppen und Zimmer sauber gemacht, die ganz klar schon sauber *sind,* besser, man macht sie noch einmal sauber, denn nichts ist für den Gast von so überwältigendem Wert in einer seit 2016 endgültig bedrohlichen Welt wie *die Sauberkeit.* Terabyte von Urlauberbewertungen im Netz heben darauf ab, das Buffet vielseitig, das Showprogramm abwechslungsreich und, wenn man ein Zimmer direkt über der Bühne hat, ein wenig laut, das Personal freundlich, aber, vor allem: sauber, sauber, sauber.

Das Beiprogramm im Laguna ist mal furchtbar, gelegentlich turbulent, fast immer burlesk, und, wie die Bucht, wie das Hotel: nie zynisch. Mit den Auftritten der schief singenden Merseybeats kann ich leben, der falsche Tom Jones war sehr gut, und wenn Benjamin aus Nürnberg Michael Flatleys Riverdance aufführt, und zwar alleine mit einer Assistentin statt in einer Gruppe aus siebzig einbeinigen Tänzerinnen und Tänzern, so sieht er vom Balkon im fünften

Stock aus wie der um sein Leben tanzende Narr des Mittelalters. »Wahnsinn«, sage ich, oben auf meinem Ausguck, schaue noch ein wenig in die Bucht, mache ein weiteres Foto mit der Leica und gehe dann entweder in einem weiten Bogen um die Laguna-Terrasse herum ins Chiringuito oder direkt ins Bett. Damit kann ich leben, und wenn ich nicht damit leben kann, fahre ich zum Torre, oder ich gehe ins Café L'Orient nach Capdepera, oder ich laufe, nachdem ich erst ins Bett gegangen bin, doch noch die paar Meter ins Chiringuito am Strand und warte, bis der Riverdance vorbei ist und auf der Terrasse des Laguna wieder Ruhe ausbricht.

Da Juan im Laguna Direktor ist und ihm das Chiringuito am Strand sogar gehört, kann man von einer 360-Grad-Vermarktung sprechen. Der amerikanische Konzertveranstalter Live Nation arbeitet auch so, ihm gehören von den Konzerthallen bis zu den örtlichen Radiostationen, die für die Bands werben, so viele Einheiten der Vermarktungskette, dass der Kunde nicht entkommt. Bei Juan könnte man, auf kleinere, also auf deutsche Verhältnisse heruntergebrochen sagen: Den ZDF-Fernsehgarten regelt er ebenso wie den Arte-Themenabend und das Chiringuito ist natürlich Arte. Man entkommt allem Quatsch, wenn man ihm entkommen will, und dies unterscheidet das Laguna vom einen oder anderen *geschlossenen Konzept.*

Der Service an den Stränden hat sich professionalisiert, die Veranstalter wissen sich zu helfen und bieten *Abwechslung,* die Urlauber wissen sich zu helfen, sie lassen die Animateure mit den Kindern malen und spielen und sind beleidigt, wenn die Kinder den Animateur nicht mögen und einfach bei Mama und Papa bleiben, statt sich, wie die Kinder in dem Hotelvideo, das der Veranstalter zu Werbezwecken auf YouTube hochgeladen hat, Clownsgesichter zu malen.

Allein reisende Frauen, die in Cala Ratjada keine Gelegenheit finden, Sex mit einem anderen Menschen zu haben, greifen zur Abhilfe, wie eine Werbeanzeige über eine halbe Seite im Mallorca Magazin im Sommer 2016 nahelegt, in der sich eine junge Frau zufrieden über die Lippen leckt. Statt sich von einem Idioten am »Flughaven« abholen und schon im Parkhaus befingern zu lassen, hat die Frau aus der Anzeige weitergedacht. Sie hat den Womanizer dabei, das »weltweit erfolgreichste Lifestyle Erotictoy«, und mit dem Womanizer ist sie nicht nur auf der sichereren, sondern auch besseren Seite: »Die revolutionäre Womanizer-Technologie ermöglicht zum ersten Mal, Höhepunkte von bisher nicht erlebter Art und Stärke, und das beliebig oft, zu erleben.« Dagegen ist der »Flughaven«-Idiot machtlos, *beliebig oft* – wie soll er das schaffen? Ergo, so die Anzeige für den kleinen Womanizer, der aussieht wie eine von Michael Michalsky gestaltete Computermaus: »100 Prozent Lust & Gutes Gefühl«.

Das *Gefühl,* auf das heute nach jedem Fußballspiel die unter Schock stehenden Spieler von Feldreportern stumpf abgeklopft werden, es kommt oder geht nicht. Es wird sich besorgt, im besten Fall bekommt man es besorgt, vor allem das *gute* Gefühl, und wenn man es nicht bekommt, ist es nicht Pech, weil es halt geregnet hat, sondern man ist, das ist der Preis der Freiheit, *selbst schuld,* weil man auf ein falsches Versprechen reingefallen und jetzt der Idiot ist. Man muss nicht beklagen, dass heute bis in alle Lebensbereiche hinein, und so vor allem auch in der Vorbereitung *der schönsten Zeit des Jahres,* der Wille zur Effizienz (»Höhepunkte von bisher nicht erlebter Art und Stärke, und das beliebig oft«) das Maß aller Wünsche und Vorstellungen ist, denn so ist nun mal die Welt geworden, sie ist ein großer Womanizer, zumindest unsere Welt. In der Welt auf *der anderen Seite des Meeres* haben die Menschen andere Sorgen, sonst würden sie nicht zu Tausenden das Meer, für das ich schwärme, fürchten, wenn sie in ihren grauenvollen Schlauchbooten hocken, nicht um ein immer noch geileres Leben führen zu können. Sondern überhaupt eins.

Die Blumen des Glücks blühen in Canyamel grundsätzlich unbeeindruckt, und sei es zum Leidwesen einzelner Urlauber, die sich vom Service in der Bucht mehr erwartet hatten. Manche Urlauber, und auch jene paar Hoteliers, die dem neuen Mallorca-Trend der Veredelung ehemals einfacher Häuser folgen, ärgern sich, dass die alte Ladenstraße immer noch so aussieht wie zu der Zeit, als sie gegründet wurde, und das ist rund fünfzig Jahre her. Wieso gibt es sieben Geschäfte für aufblasbare Haie und irren Plastik-Kram, aber keinen Friseur? Kann man an der alten, keine hundert Meter langen Meile nicht mal *was machen*? Die braunen Kacheln durch weiße ersetzen? Kann nicht überhaupt alles weiß sein? Ein Blanc-du-Nil-Geschäft, wie in Cala Ratjada, das wäre eine Idee, wo weiß gekleidete Touristen weitere weiße Kleidung kaufen, schneeweiße Dreiviertelhosen, Hemden und Röcke, um noch weißer zu sein und dann in der weißen Bar La Santa gegenüber einen weißen Batida de Coco zu trinken, bevor sie von Cala Ratjada aus zurückfahren in ihre weißen Häuser. Aber Canyamel ist nicht weiß und ich glaube auch nicht, dass es weiß werden wird, mindestens bald nicht, stattdessen verspricht dieser Ort nichts, was er nicht hält, und er wirbt dafür, bescheiden wie er ist, nicht einmal mit denen, die für das Glück eigentlich zuständig sind: mit den so lustigen, schönen, bemühten Menschen, die hier arbeiten. Und sehr sicher blüht das Glück hier, wo zum Leidwesen der Bauern früher nie was blühte: am Strand.

Seit es die von der Gemeinde Capdepera organisierte *Strandverwaltung* gibt, existiert ein kompliziertes, aber faires System aus sauberem Sand, blauen Strandliegen und Sonnenschirmen. Hier und da rutschen die Strohdächer dieser städtischen Schirme, sind sie nur alt genug, mit einem lustigen Geräusch an der Stange runter: Ssssssip – pang! So wird der Urlauber unter einem Strohdach begraben, man sieht nur noch die Füße hinten rausschauen. Sogleich entsteht Betriebsamkeit, das marode Strohdach wird wieder hochgezogen, eine Urlauberin befreit (»Alles gut, mir ist nur schwindelig, vielleicht ein Schock!«), auf ein Handtuch gelegt, dann werden ihre Beine hochgehalten, damit sich das vor Schreck in die Füße gerutschte Blut wieder im Körper verteilt und die Urlauberin nicht stirbt.

Auf den Liegen liegen die, die pro Tag für ein Ensemble aus zwei Liegen und einem lebensgefährlichen Strohdach fünfzehn Euro bezahlen, also junge und hübsch anzusehende Familien mit ihren zum Verrücktwerden niedlichen Kindern, außerdem liegen hier die mürrischen, aber lieben Rentner, die Biancahefte lesen und Ken Follett. Im Sand auf ihren Handtüchern liegen die, die Liegen nicht bezahlen wollen oder können, also junge deutsche Frauen, die Closer lesen (›Zicken-Zoff – nach Sarah Lombardis Lästerattacke schlägt *die Katze* zurück!«), und ihre gelangweilten Typen, die sich an den Eiern kraulen und dann über das Smartphone wischen. Außerdem befinden sich hier im Sand sowie im angrenzenden Kiefernwald die schönsten Menschen der Welt: junge Spanier mit ihren vergötterungswürdigen, stolzen, lässigen, immer irgendwie nett hämischen spanischen Freundinnen.

Von meinem Balkon aus schaut der kleine Strand von Canyamel aus wie eine faire Verabredung, erwärmend wie eine Wimmelzeichnung. Hier machen Menschen Urlaub, keine Zielgruppen. Unter der Sonne lassen sich alle in Ruhe und fügen sich einer Verabredung, es gibt dafür *retour* keine Überraschungen.

An einem Strand in der Toskana, zum Beispiel, wurde mal das Ensemble aus je zwei Liegen und einem Sonnenschirm von Tag zu Tag teurer. Wir waren damals zwei hoch sympathische, um Respekt für das Gastgeberland bemühte Elternpaare aus Deutschland mit je einer hübschen Tochter. Für die zwei Ensembles »Je zwei Liegen plus Schirm« (die Kinder können aufs Handtuch) zahlten wir am Donnerstag sechzig Euro (also schon doppelt so viel wie in Canyamel), am Freitag siebzig Euro, am Samstag sollten wir dann achtzig Euro zahlen. Zuständig für das Eintreiben des Geldes war ein junger Mann, der die Summe auf einen Zettel schrieb, er hielt den Leuten, die ihr Strandgepäck vom kostenpflichtigen Parkplatz herbeigeschleift hatten, den Zettel vor das jeweilige Gesicht, das dann stets versteinerte. Schwester und Vater des jungen Mannes betrieben das Strandlokal in unserem Rücken, aus dem von morgens bis abends die Musik der Eurythmics auf den Strand dröhnte, ein Musikduo aus den 80ern, das irgendwer hier, vermutlich der Vater, offenbar verehrte. Jedenfalls war die Musik so laut, dass wir, als es mit »Sisters are doing it for themselves« losging, dachten, dass die Eurythmics nicht abgespielt werden, sondern hier auftreten. Die Betreiber-Familie hatte den Strand gepachtet, und *betreiben* ist für das, was sie aus Sand, dem müde an Land schwappenden Wasser und dem Strandrestaurant herausholten, der exakte Begriff.

Der junge Mann hatte also am ersten Tag eine Sechzig auf seinen Zettel geschrieben, am Tag darauf eine Siebzig, was wir »komisch« fanden, aber bezahlten, wo wir schon mal da waren. Außerdem wollten wir nicht rumnerven, ein schöner Urlaub kostet Geld, und zur Darbietung von Respekt gegenüber den Gastgebern gehört es, die landesüblichen Tarife zu akzeptieren, auch diese Familie muss Geld verdienen. Nun aber stand auf dem Zettel eine Achtzig, der junge Mann nuschelte etwas und schaute, während er mir den Zettel darbot, auf das Meer, das aussah wie ein umgekippter See.

»Aha.«

»Cosa?«

Ich fragte ihn, ob wir am Sonntag neunzig und am Montag dann hundert Euro bezahlen müssten. Er verstand nicht. Kein junger Italiener versteht einen an diesen Stränden, denn Silvio Berlusconi hatte in seinem erbärmlichen Leben als Geschäftsmann und Politiker nur zwei Ziele: *Ich möchte mit Fernsehschrott so reich werden wie möglich, zweitens möchte ich erst damit und dann als Regierungschef eine Generation von Analphabeten schaffen, die nichts lernt, zuletzt sollte sie eine Fremdsprache lernen, zum Beispiel Englisch.*

Ich schrieb auf den Zettel: sechzig. Er runzelte die Stirn und schrieb daneben: achtzig. Ich malte ein Fragezeichen und sagte: »Pfff!« Er hielt weiter den Zettel hin. Ich schrieb erneut eine Sechzig. Sprach ich in Zungen? Brauchte der Italiener eine Abreibung? Was war los mit diesem Land?

Er seufzte, er war müde und unheimlich genervt, dann schob er den Kopf nach vorne, drehte die beiden Handflächen nach oben, hielt sie mir provozierend nahe vor das Gesicht, legte die Fingerspitzen zusammen und schaute mich böse an. Ich hatte ihn beleidigt. Ich zeigte noch mal auf die Sechzig. Der Junge ging. Lange standen wir im Sand und warteten. Über die Brüstung des Strandlokals schaute streng die Schwester. Annie Lennox gurrte wie eine Taube.

Der Junge kam mit seinem Vater zurück.

Der Vater: »Problem?«

Ich: »Thursday sixty Euro, Friday seventy Euro, Saturday eighty Euro?«

»Thursday sixty?«, fragte der Vater.

»Sí.«

Vorwurfsvoll starrte der Vater den Sohn an. Offenbar hatten wir am Donnerstag zu wenig bezahlt. Er sprach mit seinem Sohn, der mit den Schultern zuckte, endlos redete der Vater auf den Sohn ein.

Dann sagte er: »Thursday he gave you special price. Thursday was July, since yesterday: Agosto. Now Agosto *plus* weekend.«

»And Friday was the day before weekend?«

»Allora – Friday more expensive than Thursday because Friday *and* Agosto. Thursday was still July. So, allora, Friday seventy and not again special price of sixty. But Saturday and Sunday: weekend not in July, but in the meantime weekend in Agosto! Allora, ecco: eighty.«

Auch er schaute jetzt auf das Meer statt mir ins Gesicht. Offenbar ein alter Familientrick. Während er auf das Meer schaute, fragte er: »Okay?«

»No.«
»Problem?«
»Yes.«
»Cosa?«
»Lecko mio, mein Freund.« Ich hörte meinen Puls.

Er seufzte. Nun kamen die Sonderangebote durch Mengentarife bezüglich Zeit und Raum. Er führte aus: »You rent for one week not one day: special price. Two weeks not one week: more special price. Three weeks: more special price.«

»And so on.«

»Sí, and so on. Good deal for you. And: You rent more Sdraio and Parasole, not only two or four Sdraio and two Parasole – again special price. And so on.«

»Special price am Arsch«, flüsterte ich und nahm ihn ins Visier.

»Cosa?«

Er lief los und holte ein Faltblatt, darauf ein Meer aus Tabellen und Zahlen. Nach einer Viertelstunde hatten wir begriffen, dass alles hier nicht nur so teuer, sondern auch so saisonabhängig noch mal teurer ist wie zum Beispiel im Hafen von Tokio der Thunfisch. Neulich erzählte mir jemand, an *seinem* toskanischen Strand würden die Liegen für zwei Euro *pro Viertelstunde* vermietet, das finde ich als Idee sogar noch gewaltiger. Dass Zeit Geld ist, kann man hier dann spüren, hier liegt man bewusst.

Die Kinder jammerten, die Frauen verschränkten die Arme, mein Freund verbitterte: »Wenn alles immer billiger wird, desto mehr Liegen wir mieten, lass uns heute einfach eintausend Euro zahlen. Dann verscheuchen wir die Oma und ihren Kerl dahinten unter ihrem Sonnenschirm und haben den ganzen Strand für uns alleine. Vielleicht macht er dann auch, wenn wir ihn fragen, die Musik leiser. Wir sind dann die Pächter, er ist nur der Zwischenpächter.«

»Witzige Idee«, kläffte ich.

»Verzeihung, der Herr! Wessen Idee war noch gleich die Toskana, wo man noch zu leben weiß und alles kultiviert ist? Tausend Euro? Ist doch egal! Die sind auch weg, wenn wir noch zweimal schlecht essen gehen und irgendwo parken vor den Toren einer beliebigen Stadt!«

Schlechte Stimmung in der Gruppe.

Die Mädchen wollten ins depressive Meer. Um die Ecke lag die Costa Concordia schräg im Wasser, wir konnten sie nicht sehen, aber weit wäre es nicht, also dachte ich: Hier um die Ecke liegt es, das mächtige Schiff, zur Seite geneigt wie ein Tier, das aufgegeben hat, weil ihm alles zu blöd wurde mit diesem saudummen Kapitän. Alle hier sprachen darüber. Ich dachte an Kapitän Francesco Schettino, seinen »Gruß an die Insel«. Ich erinnerte mich an seine verblüffend ehrliche Antwort auf die Frage über Funk, wieso er, der Kapitän, während Menschen an Bord ertranken, sein havariertes Schiff bereits verlassen habe: »Weil es sinkt.«

Wie bei Rassisten üblich, ging es nun in der Hitze eines schmalen Strandes um ein möglichst geschlossenes, keinen Widerspruch duldendes Weltbild aus reinem Hass: Sie waren es gewesen, die uns bei der WM 2006 verpetzt hatten. Sie waren es gewesen, die bei derselben WM den großen Zidane so demütigten, dass er zu seinem Kopfstoß gegen Materazzi ansetzen *musste,* um die Ehre seiner Familie zu verteidigen. Sie hatten uns Balotelli auf den Hals gehetzt, diesen Riesenproleten, der sein Trikot auszog nach dem Siegtreffer gegen Neuer, damit wir Deutsche seine Brustmuskeln anschauen mussten. Sie hatten uns vor drei Tagen in Bologna in ein verheerendes Restaurant gelockt und dort zweihundertfünfzig Euro berechnet für unter anderem ein Kalbsfilet, das in Öl schwamm und auf dem ich herumkaute wie auf einem Lederhandschuh. Aus der Küche hörten wir hysterisches Gelächter und ich wusste, über wen sie lachten.

Leider würde ich daheim nicht mehr zu Vito, meinem Lieblingsitaliener, gehen können. Aus Nachbarn würden Feinde werden. Wie in Jugoslawien damals. Was sollte diese lächerliche Klischeeübererfüllung hier am Strand? Sie brauchten eine verdammte Abreibung.

Ich gab dem Strandmogul sein Faltblatt zurück und beschloss, ihn zu töten. Die Mädchen jammerten lauter, sie wollten ins Wasser, aus dem ängstlich einige Quallen hinaus- und in unsere Richtung lugten. Meine Frau sagte: »Schätzchen, wenn du mich fragst, ich glaube, das bringt nichts.«

»Ich kann mich nicht erinnern, dich gefragt zu haben. Lass mich bitte weiter nachdenken.«

»Nächstes Jahr fahren wir nach Canyamel. Da wolltest du doch immer mal wieder hin.«

Hätte ich den Italiener getötet, hätte ich vor einem deutschen Gericht wegen mildernder Umstände nur eine Bewährungsstrafe bekommen, nicht aber vor einem italienischen. Ich säße seither in meiner Zelle in der schönen Stadt Grosseto und würde jeden Tag Nudeln mit Soße essen.

Ich zahlte hingegen und handelte im Sinne der Kinder, die mit ihren niedlichen Gesichtern im heißen Sand standen und sich darüber freuten, dass es auf der Welt Sand gibt und Sonne und Wasser, wenn auch, wie gesagt, sonderbar brackiges in diesem Fall. Mit dicken Backen pustete meine damals noch sehr kleine Tochter ihre Schwimmflügel auf. Wie konnte man nur ein so lieber Mensch sein. Wir taten es für die Kinder. Das hatten die Strandliegen-Mogule vorher gewusst: dass wir es für die Kinder tun würden. Wortlos steckten sie das Geld ein und zogen ab.

Es gibt auch den berühmten Positiv-Rassismus. Auch den habe ich drauf. Spanier zum Beispiel sind per se gut. Sie hatten bis vor Kurzem fast fünfzig Prozent Jugendarbeitslosigkeit und wählten trotzdem nicht rechtsradikal. Von Menschen, die Spanien kritischer sehen, wird dies immer mit den Jahren unter Franco erklärt, im Übrigen wird beklagt, dass die Spanier sich weigerten, diese Jahre endlich *aufzuarbeiten*. Das kann man beklagen, allerdings werden diese Jahre inzwischen aufgearbeitet, zum Beispiel auf Mallorca, wo sie reihenweise die Gebeine der von Francos Schergen Hingerichteten aus dem Sand holen. Ich glaube nicht, dass die jungen Spanier darunter leiden, dass die Franco-Jahre noch immer nicht bewältigt sind, Franco und seine Opfer sind den meisten von ihnen egal, auch das kann man beklagen, aber sie haben, siehe oben, andere Sorgen. Sicher kann man auch auf Mallorca übers Ohr gehauen werden, und womöglich sogar nicht nur von deutschen Veranstaltern oder ausgewanderten Restaurantgründern, sondern sogar von Einheimischen. Aber mein Positiv-Rassismus den Mallorquinern gegenüber nimmt hier eher eine Art Assimilation im eigenen Land an: Sie freuten sich einst, dass die Nordmenschen ihnen Arbeit und Geld gaben, dann sahen sie, dass dies zwar viel Arbeit war, aber wenig Geld. Die Nordmenschen hingegen verdienten auf der Insel, die sie nicht nur bereisten, sondern nach und nach eroberten, mit weniger Arbeit sehr viel Geld. So wurde es die Insel der Nordmenschen.

Über die Jahre haben sich viele Mallorquiner zurückgeholt, was ihnen zusteht, zum Beispiel hat Juan es so getan mit seinem Chiringuito und der einen oder anderen Beteiligung an ein, zwei weiteren Hotels in der Bucht. Wäre es interessant oder maßgeblich, wie ich das finde, würde ich sagen: Ich finde das richtig so. Der Preis, könnte man zudem einwerfen, ist über viele Jahrzehnte gewesen, dass die Mehrheit der robusten Spanier im Gegensatz zur Mehrheit innerhalb des zur kulturellen Raffinesse neigenden Volks der Italiener vergessen hat, an der *Verfeinerung* statt immer nur Vergrößerung seiner Angebote zu arbeiten. Sie haben zu lange zugesehen, wie *andere* die Dinge auf ihrer Insel regelten. Zum Beispiel deutsche Reiseveranstalter, die mit dem Slogan warben: »Feiern, bis der Arzt kommt«. Sie haben zu lange *nicht aufgepasst* und waren zu lange *bequem*. Aber was ist denn das für eine Verfeinerung, wenn die Eurythmics mittags »Sweet dreams are made of this« über den toskanischen Strand plärren und der Liegenvermieter seinen Vater holen muss, weil er kein Englisch kann?

Wenn mir das erwähnte Beiprogramm im Laguna etwas unambitioniert oder sogar verschlafen vorkommt, erinnere ich mich immer gerne an die Zeit, als es ein Beiprogramm in Canyamel noch nicht gab. Unsere Urlaube waren nicht effizient, beziehungsweise lag ihr Sinn nicht darin, unterhalten zu werden. Meine Eltern wollten nichts *werden,* außer bekocht. Das Beiprogramm in der Vaca bestand aus Teo, hinter dem wir jubelnd herliefen, weil er wieder ein Tier zum

Zubereiten überfahren hatte, oder es bestand aus dem Schäferhund Chico, der im schattigen Vorgarten schlief, und wenn man Chico fragte »Ffffeiner Hund, woooo is der feine Chico, wooos der ffffeine Chico?«, blieb er wie tot liegen, öffnete halb nur ein Auge, hob einmal langsam aus katalanischer Freude versöhnlich den Schwanz und ließ ihn dann auf die Kacheln vor der Vaca fallen.

Mittags habe ich stundenlang vor Chico gekniet und ihn gefragt, wo er gerade sei, weil meine spanischen Kinderfreunde Patricia und Pedro gemeinsam mit ihren spanischen Eltern Teo und María zu unserer Verzweiflung stets ihre vierstündige Siesta abhielten und sie sich also *ausruhten,* während wir unter der erbarmungslosen Sonne herumliefen, weil man doch am Meer war, da musste man doch *in die Sonne.*

Ich schaue auf die Dose mit den rohen Nudeln, versuche die zwölf Fusilli, die ich an einer Wand sehe, anhand der anderen drei Wände, des Bodens und des Volumens der Dose malzunehmen und brülle begeistert: »Fünfzig, Benjamin!«

Er notiert: »Alexander, Raum 509, Antwort: 50.«

Dann geht er weiter zum nächsten Tisch. (Es waren einhundertelf Fusilli.)

Es ist fast ein halbes Jahrhundert her, dass der Kellner Antonio mir in der Vaca Morgen für Morgen mit dem leeren Silbertablett auf den Kopf gehauen hat, nach Auffassung meines Vaters und meiner Schwester ein grundsätzlich tolles Ritual, ist doch nur Spaß. Auch das war damals das Beiprogramm. Meine Mutter fand irgendwann, Antonio könne das »mal lassen«, aber doch gehörte der erste Gong der Kinderkopfbeklopfung und mein anschließendes Gejammer zur unverzichtbaren Urlaubseröffnung: *Da sind sie wieder, wie lustig! Wo ist denn das Silbertablett?*

Wir hatten damals Service-Vergleichsmöglichkeiten, da wir ja immer wieder auch nach Italien, Frankreich und England reisten – auch nach Holland, dort vor allem zu unseren besten Freunden, der Lehrer-Familie Hennis, nach Haarlem oder auf die verwehte, leichte Insel Vlieland, auf der wir ein Haus gemietet hatten.

Meine Mutter musste auf Vlieland jeden Tag das Fahrrad mit den Einkaufstüten aus dem Supermarkt im Dorf durch den Sand schieben und Wäsche waschen, auch diese Urlaube waren schön, zumindest für meine Schwester, meinen Vater und mich. Holland bestand aus freundlichen und heiter ihr Leben meisternden Menschen, die zwar nicht kochen können, aber all diese schalen Witze wegen ihrer Wohnwagen habe ich nie verstanden.

Anders als bei den pragmatischen, fröhlichen, hölzernen Holländern war das Personal in den Hotels und Restaurants Frankreichs und Italiens von der kulturellen Bedeutung ihrer jeweiligen Landstriche durchdrungen (sogar das Personal in den englischen Restaurants), es transpirierte diese Bedeutung in jeder Bewegung, mit jeder Geste. Vor allem in Frankreich wurde uns auch mimisch mitgeteilt, dass unsere deutschen Vorfahren sich noch Bratwürste aus tierischem Abfall reinstopften, danach veranstalteten wir den Ersten, dann den Zweiten Weltkrieg und legten alles in Schutt und Asche. Während wir in den Restaurants von Florenz oder Neapel komischerweise jeden Abend einen anderen Preis für den gleichen Fisch bezahlten, schauten wir in England und Frankreich in viele Kellnergesichter mit einzelnen, hochgezogenen Augenbrauen.

Da wir wir waren, gab es daheim in Proletendeutschland eigentlich in jedem Restaurant einen Aufstand, vor allem in den besseren. Dies hing damit zusammen, dass wir, vor allem mein Vater und meine Schwester, selbst der Auffassung waren, dass Deutsche etwas Unerfreuliches sind. Mein Vater hegte seine üblichen erfahrungsgesättigten und elitären Vorbehalte gegen die *Proletendeutschen*, die Hitler gewählt hatten, weil sie dumm, sentimental und denkfaul waren, meine Schwester hegte linke Vorbehalte gegen die *Bonzendeutschen*, die Hitler gewählt *und finanziert* hatten, weil sie nun mal Bonzen waren, meine Mutter hegte Vorbehalte gegen die *Fußballdeutschen*, die bei Spielen der Nationalmannschaft auf den Rängen standen und klar anders aussahen als die schönen Fans der südeuropäischen Mannschaften. Wurden unsere Leute eingeblendet aus den Fankurven der Stadien, mit Topfhüten, fleckig, rotgesichtig, so dick, dass ihre Zungen raushingen beim normal Herumstehen, unglücklich »Deutschland!« oder nur »Sieg!« aufheulend, lag meine Mutter auf dem Sofa, inhalierte, fragte: »Sind das unsere? Man muss sich schämen.« Und: »Rudi, machst du bitte einen Campari?«

Im Ausland hatte man sich zu benehmen. Wurde man übers Ohr gehauen, konnte man ja gehen. Man machte hier keinen Aufstand, auch nicht in den Ländern, die eine gewisse, wenn auch vergleichsweise geringe Mitschuld traf, also in den Ländern Mussolinis und Francos. Man benimmt sich, man ist höflich, man trägt angemessene Kleidung nicht nur im Mailänder Dom, sondern auch in der winzigen Bar in der Vaca.

Deutsche, die sich nicht angemessen verhielten oder kleideten, wurden zurechtgewiesen, bevor sie wieder einen Krieg anzetteln. Wehret den Anfängen.

Eine junge Deutsche, die andächtig, aber in Jeans und Bikinioberteil in eine winzige Kapelle in der Bretagne spazierte, hatte das Pech, dass dort mein Vater auf sie wartete, der schon vor der Kapelle sagte: »So geht die da nicht rein.«

»Können Sie sich bitte etwas anziehen, wenn Sie hier in Frankreich in eine Kapelle gehen?«

»Bitte? Habe ich nichts an? Sind Sie bescheuert?«

»Gehen Sie zu Hause auch im Bikini in die Kirche?«

»Was ist denn eigentlich Ihr Problem? Kümmern Sie sich um Ihre Probleme! Spießer!«

»Sie sind mein Problem. Ich schäme mich für Sie.«

»Bonze.«

»Mein Gott, sind Sie primitiv.«

»Arschloch.«

»Verlassen Sie bitte diese Kapelle!«

Brav verfolgten wir die Debatte. Die junge Frau lief mit roten Ohren aus der Kapelle, in der sie eben noch versonnen den Sohn Gottes betrachtet hatte, wir folgten nach einem kurzen Vortrag meines Vaters darüber, was diese Kapelle von der Kapelle, an der wir kurz vorher gehalten hatten und die dieser Kapelle fast identisch glich, in Wahrheit erheblich unterscheidet.

Am Ausgang warfen meine Schwester und meine Mutter ein paar Francs ins Döschen, beide zündeten, wie in der Kapelle zuvor auch, eine Kerze an. Still wünschte sich meine Mutter, dass sie über das Schicksal ihres verschollenen Vaters aufgeklärt werde, still wünschte sich meine Schwester, dass sie Leonard Cohen treffen würde.

Erst dann gingen wir hinaus, nahmen Platz im Citroën, und weiter ging die Osterreise zur nächsten, wiederum dieser kleinen Kapelle ähnelnden nächsten Kapelle im sich schwimmend fortbewegenden Wagen mit seiner weltberühmten hydraulischen Federungstechnik – der vom legendären Citroën-Ingenieur Paul Magès entwickelten *Hydropneumatik*.

Mein Vater ließ den Wagen an, wir verharrten still einige Sekunden, bis der Citroën signalisierte, dass er bereit war, indem er seinen Hintern anhob. Meinem Vater ins Wort zu fallen, wäre in der bretonischen Kapelle nicht einmal meiner Schwester eingefallen.

Im Wagen sagte sie dann, und meine Mutter seufzte, bevor der Satz beendet war: »Ich finde es nicht wichtig, Papa, was die junge Frau trägt. Sondern was für eine Einstellung sie hat.«

Mein Vater legte den Kopf schief. Es war empörend, aber er entgegnete nichts. Andererseits: Sie war seine Tochter. Er liebte sie. Er konnte das, was sie redete, nicht so stehen lassen. Sie musste *lernen*. Seine Adern am Hals wurden etwas dicker.

Ich sagte: »Man konnte den Busen von der Frau sehen. Vielleicht wollte sie noch an den Strand.«

Meine Schwester wiederholte: »Ich finde es nicht wichtig, Papa, was die junge Frau trägt. Sondern was für eine Einstellung sie hat.«

Meine Mutter: »Kinder, gehen wir heute auch noch an den Strand – was meint ihr?«

Meine Schwester: »Ich finde es nicht wichtig, Papa, was die junge Frau trägt. Sondern was für eine Einstellung sie hat.«

Mein Vater: »Ich kann dir sagen, was sie für eine Einstellung hat, und zwar kann ich es dir durch das erklären, was sie trägt.«

»Das finde ich unmöglich, Papa, das sind nämlich Äußerlichkeiten.«

»Da geht es um die Form, und durch die Form signalisiere ich Respekt oder Respektlosigkeit, und diese Fluse im Bikini …«

»So, also ich finde es nicht gut, dass du sie jetzt als *Fluse* bezeichnest, du kennst die Frau doch gar nicht!«

»Noch ein Wort zu diesem Thema und ich verlasse den Wagen!«

»Und wenn da ein Nazi steht im Anzug, ist alles okay, ja? *Du* sagst doch immer, wir sollen bei den alten Filmaufnahmen nicht immer auf den Hitler starren, sondern auf die *Arschlöcher* um ihn herum, auf Speer und die anderen Wichser …«

»Was ist ein Wichser, Mama?«

»Und die standen ja eben gerade *nicht* im Bikini, sondern in ihren schicken Uniformen da herum, Papa, nicht wahr?«

»Noch ein Wort und ich verlasse …«

»Und wenn man in so einer schicken Uniform in die kleine Kapelle geht, aber Zigtausende Juden in den Arbeitslagern Steine hauen lässt für das Olympiastadion, dann ist alles gut, oder? Dann darf man sich auch noch eine Kerze anzünden und was wünschen, zum Beispiel, dass der Führer wieder gesund wird, oder man wünscht sich den Endsieg. Oder? Ich könnte kotzen, Papa.«

»Genau!«, rief ich, da mir alles, was sie sagte, einleuchtete. Sie war meine Schwester, sie war die Größte, sie hatte immer recht, und eines Tages würde sie mich zu sich und Leonard Cohen ins Schloss einladen, wo schon George Harrison und andere coole Leute warteten, alle zusammen würden wir eine gute Zeit haben, während meine Eltern am Niederrhein von Flugzeugen überflogen wurden und rauchten.

Still schwankte der Citroën an Menhiren vorbei. Mein Vater drückte den Zigarettenanzünder in die Konsole. Das war das Zeichen an meine Mutter, ihm und ihr selbst eine Zigarette anzuzünden. Meine Mutter schaute auf den Atlantik: »Kinder, ist *das* schön? Was ist das bloß für ein herrliches Land!«

»Oder, Papa?«, so meine Schwester.

»Anneliese, sag ihr, dass es jetzt gut ist. Ich verlasse sonst den Wagen.«

»Rudi, sag du es ihr doch, wieso soll *ich* es ihr sagen?«

Er rief: »Sie ist wie meine Mutter. Sie gibt keine Ruhe. Stattdessen *insistiert* sie. Ich glaube, ich verlasse jede Sekunde den Wagen.«

»Super«, rief ich, »wenn der Papa den Wagen verlässt, stehen wir schön doof da. Die Mama darf ihn ja nicht fahren. Die darf daheim nur ihren kleinen Fiat fahren. Dann ist der Papa weg und wir können hier verschimmeln.«

»Der Papa verlässt den Wagen nicht«, sagte meine Schwester, »ihm fällt nur nichts mehr ein, er droht nur, weil er keine Argumente mehr hat.«

»Was sind Argumente?«

Am Straßenrand stand ein Schild: »Restaurant L'Oasis, 500 mètres«. Es war eine Möwe draufgemalt, die einen lachenden Fisch im Schnabel trug. Mein Vater bremste scharf, der Wagen schoss rechts ab in eine schmale Straße zwischen den Dünen hinein, wir kugelten durch den Fond, meine Mutter sagte: »Rudi, also es ist jetzt wirklich gut.«

Im L'Oasis waren wir dann fünf Stunden, von siebzehn Uhr bis zweiundzwanzig Uhr. Es begann damit, dass mein Vater vor dem Strandrestaurant parkte und sich sofort zu den Boulespielern begab, die im Wind zwischen Strand und Parkplatz standen und ihren Kugeln nachsahen. Es waren rotgesichtige Männer, die rauchten und wenig redeten, höchstens mal »mmmpf« oder »pas vrai, pfff«.

Meine Mutter ging mit meiner immer noch insistierenden Schwester auf die Restaurantterrasse, denn meine Mutter wusste, wann die Parteien getrennt werden mussten. Ich folgte meinem Vater durch die Dünen, er tat mir leid, er war in Not. Seine erste Drohung hatte er schon wahrgemacht: Er hatte den Wagen verlassen.

Elegant stand der Citroën da, von den Boulespielern ließ der DS sich kurz betrachten und kommentieren, dann senkte er souverän seinen Hintern ab.

Mein Vater zahnte die anderen Männer an. Diese Unbefangenheit. Sollten sie ihn doch für einen Idioten halten, so war er immer noch ein freundlicher Idiot. Dies waren Gastgeber, er war der Gast, er war in ihr Land eingedrungen, nicht sie in seins, also: Respekt.

Die Männer beachteten ihn erst kaum, gesprochen wurde eh so gut wie nicht, und da mein Vater (»kriegsbedingt«, wie immer betont wurde) außer erstklassigem Bühnenhochdeutsch keine weitere Sprache beherrschte, waren die Möglichkeiten limitiert. Also zahnte er weiter. Als der dickste und größte der Dicken seine Kugel weit neben die kleine Kugel warf, rief mein Vater: »Ouuuuh! Ouuh làlà, monsieur le président!« Der große Dicke erstarrte, er wendete sich meinem Vater zu: »Allemand?«

»Oui«, sagte mein Vater und bot ihm eine Zigarette an.

Nun würde sich alles entscheiden.

Der Dicke nahm die Zigarette. Mein Vater gab ihm Feuer, der Dicke paffte los, von oben schaute er eine Weile auf meinen kleinen, freundlich grinsenden Vater, ließ ihn dann stehen und nuschelte etwas zu seinen Leuten. Gelächter brach los. Bäuche bebten. Mein Vater zahnte einfach weiter, und da ich sicher war, dass das die richtige Methode ist, zahnte ich mit. Bescheuert standen wir da, aber nicht bedrohlich. Wir würden ihr Land nicht überrollen und es spalten in Opfer und Mitläufer, wir liebten dieses Land, wie zum Beweis glotzte hinten zufrieden mit seinen Haifischaugen der Citroën DS.

Ein Zweiter aus der Gruppe kam auf meinen Vater zu, er zeigte auf den Wagen:

»La Déesse, äh?«

»Oui! Citroën formidable!«

Wieder Gerede in der Gruppe, wieder Gelächter. Ein Deutscher mit etwas Geld, der nicht BMW oder Mercedes fährt. Sondern Citroën. Ein Clown. Der Zweite zeigte wieder auf die Staatskarosse, drum herum rosteten diverse Renaults 4 vor sich hin, das waren ihre Autos.

»Capitaliste?«

»Oui, capitaliste!«, rief mein Vater und: »Hahahaha!«

Gelächter auch auf der Gegenseite. Laute Herumkommentiererei über den Deutschen mit seinem Sohn.

Der Zweite haute meinem Vater auf den Rücken, zeigte auf sich selbst und brüllte: »Communiste!«

Mein Vater: »Bien sûr, formidable, monsieur! Hahahaha!«

Der Zweite: »Hahahahaha!«

Mein Vater: »Hahahahaha! Hahahahaha!«

Gerauche. Dann: Getrinke. Flaschen mit Drehverschluss wurden geöffnet, Alkohol in Pappbecher geschüttet.

Der Zweite: »Santé, Monsieur le Capitaliste! *Ärrr General, bittö nischt schießö!*«

Mein Vater: »Vive la France!«

Der Zweite: »*Ärrr General, meldö ge orsamst!*«

Mein Vater: »Hahahahahaha!«

Der Zweite: »Hahahahahaha!«

Ein anderer: »*Stillgestandäään!*«

Alle: »Hahahahaha!«

Zwei Stunden spielte mein liberaler Vater mit seinen kommunistischen Freunden Boule, ich hatte eine Stunde vorsichtshalber durchgelächelt, mich gelangweilt und im Übrigen gefreut, dass er in sicheren Händen war. Dann war ich zu meiner Mutter und meiner Schwester auf die Terrasse gegangen, hatte, wie jeden Nachmittag, eine halbe Schokoladentorte gegessen, gegen neunzehn Uhr kam mein Vater.

Er war blau, strahlte und rief: »Herrliche Typen. Die glauben, wir haben sie nicht alle.«

»Woher willst du das wissen?«

»Das ist zu spüren. Herrliche Typen. Kommunisten!«

Meine Schwester fragte: »Ist der Papa blau?«

Wir bestellten, wie immer, wenn wir kein Fleisch von Knochen abnagten, Schalen- und Krustentiere, um Köpfe abzureißen, Panzer aufzubrechen, Muskelfleisch von Schalen abzutrennen, Gehirne aufzusaugen. Behände flogen unsere Zungen durch winzige Öffnungen innerhalb der Panzer, perlengroße Langustenaugen spuckten wir in den Sand, alles musste verwertet werden, sodass nichts verkommt.

Kein Wort am Tisch, nur einmal strahlte mein Vater meine Schwester an, schenkte ihr Weißwein ein, meine Schwester legte ihre salzige Hand auf seinen Unterarm und sagte: »Ich hab dich lieb, Papa.«

In der Tischmitte wuchs ein zylindrischer Berg aus Schalen, heraus ragten die haardünnen, antennenhaften Fühler der zerfetzten Schädel. Danach hatten wir noch Hunger. Im Grunde waren es ja nur Vorspeisen gewesen. Es sah nach viel aus, aber wenn man sich Schalen, Fühler, Augen und Beine wegdachte, war die Netto-Masse relativ. Wir bestellten nach.

Zwei zappelnde, verzweifelte Hummer mit klappernden Zangen wurden zur Auswahl vorgeführt, mein Vater fand einen davon etwas zu klein. Er wurde weggebracht und durch einen weiteren sehr großen Hummer ersetzt, dessen *wahre* Größe wir eine Weile erwogen, denn wieder musste man sich Panzer und Schale wegdenken, wenn man nicht auch nach diesem Gang noch Hunger haben wollte. Der Hummer war (mindestens ist er es in meiner Erinnerung) so groß wie ein Tennisschläger, aufgebracht ruderte er durch die Luft.

»Er tut mir leid«, sagte ich.

Alle schauten mich an. War ich verrückt geworden? »Und der andere Hummer tut mir auch leid.«

»Die kommen eh in den Topf.«

»Können wir sie kaufen und dann freilassen?«

Mein Vater sagte: »Ich lass dich gleich frei.«

»Sie tun mir leid«, säuselte ich, »sie wollen nicht in den Topf.«

Meine Schwester: »Sie wissen nicht, dass sie in den Topf kommen, das ist das Gute, wir Menschen wissen, dass wir sterben müssen, den Hummern ist gerade nur etwas unwohl, aber sie wissen nicht, dass sie sterben müssen. Sie werden es auch nie erfahren. Sobald sie ins kochende Wasser fliegen, haben sie auch keine Zeit mehr, darüber nachzudenken.«

Mir kamen die Tränen. »Sicher?«

Sie grinste. »Nein«, sagte sie, »ganz sicher bin ich nicht. Wenn sie nicht sofort tot sind, werden sie doch noch drüber nachdenken.«

Ich plärrte los.

Mein Vater bekam seinen harten Zug um den Mund, er presste die Lippen zusammen, man sah sie nicht mehr. Die Kellnerin glotzte unzufrieden. Sie war eine strenge Bretonin mit roten Wangen, gelben, zu einem wippenden Zopf zusammengebundenen Haaren, sie linste nach hinten zur Bar, wo in einem mächtigen Pernod-Aschenbecher ihre Zigarette langsam runterbrannte, und das war etwas, was sie ärgerte.

»Bon?«, zischte sie. »Les deux?«

»Oui, bon«, sagte mein Vater. »Wir nehmen beide, da ist ja nicht viel dran.«

Sie zog mit den zappelnden Tieren ab, saugte auf dem Weg in die Küche am Rest der Zigarette, drückte sie aus und trat dann, die beiden zappelnden, prähistorischen Tiere in der Linken, die Schwingtür zur Küche auf. Noch könnte ich aufspringen, in die Küche eilen, ihr die Hummer aus der Hand reißen, mit ihnen runter ans Meer laufen, ihnen die Freiheit schenken. Ich wimmerte und wimmerte.

Mein Vater zündete eine Zigarette an und starrte aufs Meer. Was war in den Jungen gefahren? Sollte er ihn daheim beim Ballett anmelden?

»Bist du etwa voll?«, fragte mich meine Schwester.

»Das heißt satt, nicht voll«, sagte meine Mutter.

»Gesättigt«, korrigierte mein Vater.

»Bist du gesättigt?«, fragte meine Mutter: »Ich glaube, er ist gesättigt.«

Meiner Schwester gefiel es hier, sie hatte sich mit ihrem Vater vertragen, der ihr blau und versöhnlich zulächelte, auch waren die Menschen in diesem Ort offenbar Kommunisten, sie standen auf der richtigen Seite.

»Weißt du, es ist wie mit den süßen Spanferkeln beim Torre in Canyamel. Die Menschen hier in den Kooperativen töten die Tiere nicht, um sie zu quälen oder mit ihnen reich zu werden. Sondern weil sie Nahrung brauchen und ein wenig Geld. Sonst können sie ihre Kinder nicht in Schulen schicken, dann verblöden die Kinder und wählen später Nazis.«

»Stimmt das?«, fragte ich.

»Mehr oder weniger«, sagte mein Vater. »Ich glaube nicht, dass die Porxada de Sa Torre in Canyamel eine Kooperative ist. Und das Restaurant L'Oasis hier ist sicher auch keine. Es muss nicht immer alles sozialistisch sein, damit es am Ende schmeckt.«

»Ich glaube schon, dass dieses Restaurant hier eine Kooperative ist«, insistierte meine Schwester.

»Das glaube ich dezidiert nicht«, sagte mein Vater.

»Ich bin sicher, dass es eine Kooperative ist.«

»Ich bin sehr sicher, dass es keine Kooperative ist.«

»Hauptsache, es schmeckt!« Ein lächerlicher Versuch meiner Mutter.

»Was ist eine Kooperative?«, fragte ich.

»Das ist, wenn alle den gleichen Anteil bekommen«, dozierte meine Schwester, »es verhindert Armut und Bonzentum. Wenn die Männer dahinten beim Boule Kommunisten waren, ist es *sicher* eine Kooperative. Zumindest kommt der Fisch dann sicher von einer *Fischereigenossenschaft.*«

»Was ist eine Genossenschaft?«

»Junge, jetzt halt mal die Klappe, wenn du nichts mehr essen willst, musst du nichts mehr essen. Willst du ein Eis?«

»Dann esse ich den einen großen Hummer alleine«, so meine Schwester, »der andere ist für Papa und Mama, und du kannst ja noch Brot mit Aioli essen. Oder eben ein Eis.«

»Wenn du das machst«, kreischte ich, »steche ich dir die Gabel durch die Hand! Ich kriege meine Hälfte ab vom Hummer, oder es passiert etwas Schlimmes. Dann kommst du im Orient ins Krankenhaus.«

»Lorient heißt das, du Idiot, der Orient ist woanders.«

Als die vier Hummerhälften serviert wurden, spielten sie *La mer* von Charles Trenet, daran erinnere ich mich genau, und nach rund zehn Minuten hatten wir alles zerlegt, bearbeitet, inhaliert und *verwertet,* konzentriert, irgendwann fragte mal wer was und jemand anders antwortete einfach nicht – so war es üblich, wenn wir aßen.

Meine Mutter fragte daheim am Niederrhein zum Beispiel mal beim Mittagessen, während wir nagten und schabten: »Wann kommen eigentlich Olga und Jo Juda aus Holland, Rudi? Und haben sie die Kinder dabei? Morgen oder am Samstag?«

Er antwortete einfach nicht. Er nagte an seinem Kotelett, zerteilte Gemüse, trank Wein, nagte wieder am Kotelett, schlürfte, schmatzte, stieb verbrauchten Sauerstoff aus der Nase, putzte sich mit der frisch gestärkten Serviette aus den alten Zoppoter Hotelbeständen der Familie seiner Mutter den Mund ab, dann stapelte er die *abgeleckten* Teller (»Das macht ihr nicht, wenn ihr irgendwo eingeladen seid! Hier kann man es *mal* machen, aber nicht, wenn wir Gäste haben oder ihr eingeladen seid!«), er knallte das Silberbesteck aus den alten Zoppoter Hotelbeständen der Familie seiner Mutter obendrauf, lief in die Küche, machte den Boiler an, stellte das Geschirr in die Spüle, um *vorzuspülen,* sodass es sauber in die Spülmaschine gestellt werden konnte, um dort erneut gespült zu werden.

Dann zündete er in der Küche eine Dunhill an, kippte das Fenster zur Bonhoefferstraße und sagte:

»Morgen.«

»Was, morgen?«

»Morgen kommen die Judas aus Holland, Olga und Jo.«

»Oh! Dann muss ich heute noch zu Münstermann in die Stadt. Haben sie die Kinder dabei?«

Keine Antwort.

»Rudi, haben Olga und Jo die Kinder dabei?«

Inzwischen aus dem Garten: »Bitte?«

»Haben die Judas die Kinder dabei?«

Ein Flugzeug landete. Pause. Ein Flugzeug war gelandet.

»Haben die Judas die Kinder dabei?«

Keine Antwort.

»Haben Olga und Jo die Kinder dabei?«

Aus dem Garten: »Woher soll ich das wissen?«

Meine Eltern bestellten im L'Oasis je einen Cognac und aschten in die Rückenpanzer der Hummer. Es herrschte ein ungeheurer, überwältigender Frieden. Es war zweiundzwanzig Uhr, wir würden zahlen, in den Citroën steigen, und da meine Schwester und ich hinten einschlafen würden, gäbe es auf der Heimfahrt keine Diskussionen mehr. Meine Eltern würden die BASF-Kassette mit dem *Tannhäuser* einschieben, auf der man hören konnte, wie mein Vater den SME-Tonarm seines Thorens TD-125 etwas zu heftig in die Rille mit der Ouvertüre fallen ließ, sie wieder anhob und erneut auf dem Vinyl ablegte. Sie würden die Fenster öffnen, rausaschen, die langen braunen Haare meiner Schwester würden im Wind wehen.

Taten mir die getöteten und zermalmten Tiere, deren Brei wir gerade verdauten, immer noch leid? Ich glaube nicht. Ich hatte dadurch, dass ich sie gegessen hatte, mit den Hummern abgeschlossen. Ihnen war nicht mehr zu helfen. Es war keine Entscheidung mehr zu diskutieren und dann zu treffen. Alles war gut.

Im Sommer 1977, dem Sommer in der Bretagne, gehört die Nacht nach dem Hummer-Inferno auf einer französischen Landstraße dem unglücklichen, göttlichen Marvin Gaye. Im Funkhaus Evertz hatte der Jazz-Mann die Sehnsucht meines misstrauischen Vaters behutsam (sehr, sehr behutsam) auf Weitwinkel gestellt, zum Jazz kam so der Soul. Zwei große Live-Aufnahmen knisterten, wenn Wagner zu dick wurde, stattdessen aus dem Citroën heraus und in die Bretagne hinein, extra vor der langen Autoreise vom Thorens auf die BASF-Kassetten geladen: der ernste Bill Withers aus der Carnegie Hall und Marvin Gaye aus dem Londoner Palladium, eine Stimme, die fliegt, die alles kann und nichts muss, die sich, anders als der traurige Sänger selbst: nie glaubt, beweisen zu müssen. Müde und klar und sexy und endlos sang Marvin Gaye »Got to give it up«, leise piepste mein strenger Vater vorne mit. Verschwendung und Rausch waren nichts Neues mehr 30 Jahre nach dem Krieg: Aber Leichtigkeit? Und so kam, nach verordneter Marschmusik, Marika Rökk und der Rettung durch den Jazz: Disco ins Leben dieser Menschen da vorne im Wagen. Und dann schlief ich endlich ein.

Ich habe neulich ein paar Quittungen aus dem L'Oasis wiedergefunden, vierzig Jahre lang lagen sie zwischen den Seiten eines Polyglott-Reiseführers »Bretagne« (es gab sehr viele

Polyglott-Reiseführer »Bretagne« im alten Arbeitszimmer). Die Quittungen beweisen, dass meinem Vater das Restaurant, vielleicht besonders die österliche Begegnung mit den Kommunisten auf der Düne, etwas bedeutet hat. Möglich, dass die Ortsgruppe von Marine Le Pens Front National im L'Oasis heutzutage ihre Nazi-Kaffeekränzchen abhält, französische Kommunisten hatten hingegen damals sogar für meinen liberalen Vater etwas Durchdachtes an sich. Das war Sartre, nicht Stalin, und der Unsinn, den der Philosoph unter anderem verzapfte und daherredete, das war kein Kommunismus, das war Freiheit, nämlich die der Kunst und der Philosophie, und wenn Kommunismus bedeutete, Boule zu spielen in der Nachmittagssonne gegen den Lärm des Atlantiks und den des Kapitalismus im fernen Paris, so war das *le communisme humain.* Wer will sich da einmischen, oder? In Deutschland aber sah die Sache anders aus.

Nicht, dass die Restaurantbetreiber in Düsseldorf und am Niederrhein ihre Gaststätten vernagelten, wenn sie uns kommen sahen. Aber nervös wurden sie schon, sie linsten hinter Vorhängen hervor und kauten an den Nägeln: *Da kommen sie! Wie schrecklich!*

Es gab keine zur Weinerlichkeit und Denunziation anstiftenden *Bewertungsportale,* und auch wenn es sie gegeben hätte, hätte mein Vater die Dinge an Ort und Stelle erledigt. Zu seinen entlang des Rheins berühmten, mit einem bedrohlichen Lächeln und beim Reden ausgeatmeten Rauch der Orientierungszigarette vorgebrachten Forderungen gehörte: »Die Suppe bitte sehr, sehr heiß, sonst werden Sie sie unweigerlich wieder mit in die Küche nehmen müssen!«

Er verbitterte bis zur Versteinerung, wenn die Suppe nicht heiß gebracht wurde, sondern nur normal heiß: »Die Suppe ist lauwarm, ich bin ratlos, was Sie sich dabei gedacht haben, ich hatte Ihnen gesagt, dass die Suppe sehr, sehr heiß serviert werden sollte. Nun ist sie lauwarm.«

»Sie ist normal heiß, Herr Gorkow.«

»Sie ist lauwarm.«

»Sie *muss* so sein.«

»Bitte?«

»Sie können gerne mit dem Koch sprechen, Herr Gorkow, dies ist exakt die Temperatur, bei der sich das Aroma des …«

»Ich möchte bitte mit dem Koch sprechen.«

»Rudi, ist es das jetzt wert?«

»Anneliese, lass mich das bitte klären.«

Er fragte vor der Bestellung der Seezunge: »Ist der Fisch frisch oder vom Eis?« Zuckte die Bedienung mit den Schultern, sagte er zu meiner Mutter: »Das musst du dir vorstellen.« Nölte die Bedienung »Unser Fisch ist immer frisch!«, sagte er: »Na, dann wollen wir mal sehen.«

Es wurde nach Kissen verlangt. »Meine Frau sitzt zu niedrig. Sehen Sie mal, sie schaut kaum über die Tischkante.« Kam die Bedienung, um die Bestellung aufzunehmen, auf die wir uns schon lange und nach langen Diskussionen (»Die Kalbsleber? Wieso denn die Kalbsleber, Anneliese? Nimm doch die Dorade!« – »Rudi, lass mich doch die Kalbsleber bestellen!« – »Ich verstehe nur nicht, wieso du nicht die Dorade bestellst!«) geeinigt hatten, wurde zunächst die uns anguckende Bedienung angelacht, bevor er noch einmal jeden von uns einzeln fragte, was wir essen möchten: »Meine Frau nimmt die Dorade, Anneliese, ist das richtig?«

Seufzte die Bedienung, fragte er »Sind sie unter Zeitdruck?«, dann fragte er, ob der Fisch frisch oder vom Eis sei, dann bestellte er zunächst vier sehr heiße Suppen, die er alle vier, als sie kamen, zurückgehen ließ, »das sehe ich jetzt schon, dass die nicht heiß sind, schade, ich hatte es Ihnen extra gesagt«.

Ob die Bewertungsportale heute auch ihr Gutes haben? Man kann in Ruhe schlecht essen oder, meistens der Hauptgrund für schlechte Bewertungen, sich erst mal in Ruhe *selbst hassen* für sein Leben, und *dann,* wenn man daheim ist und *allein,* loggt man sich ein und schreibt: »Obwohl ich mehrfach darauf hingewiesen habe, dass die Suppe heiß sein muss, war die Suppe lauwarm. Der Fisch war vom Eis. Meine Frau saß zu niedrig. Ich kann das Lokal *Zum Fisch* nicht empfehlen und wünsche dem Wirt den Tod. Name des Verfassers: Kreuzotter 07.«

Mein Vater saß dort mit seinem Namen, seinem Gesicht, seiner Stimme, seiner Familie. Er war großzügig in alle Richtungen (»Möchtet ihr das flambierte Eis? Wieso esst ihr nicht das flambierte Eis?«), stellte sich, siegte, verlor, gab sein sagenhaftes Trinkgeld, und wenn wir nachher im Citroën zurückfuhren vom »Gasthaus Mönchenwerth« in Lörick die circa drei Kilometer bis zur Büdericher Bonhoefferstraße, sagte er: »Ich hatte dem Mann extra gesagt, dass die Suppe heiß sein muss.«

Aber in Frankreich? Dieses Land hatten wir damals *überfallen.* Wenige Bilder entrüsteten meine Eltern immer wieder aufs Neue wie die Aufnahmen Hitlers *in Paris.* Jedes Mal starrte mein Vater in den Fernseher, sagte dann: »Das musst du dir vorstellen. In Paris! Guck dir diesen Mann an, noch schlimmer sind seine Hintersassen! In Paris!« Theoretisch hätte die rauchende Kellnerin im L'Oasis Nachfahrin eines glühenden Anhängers des Vichy-Regimes sein können und praktisch waren weder meine Eltern noch deren Eltern Anhänger Hitlers gewesen. Aber all dies hin oder her: Wir konnten froh sein, dass wir in Frankreich überhaupt noch Urlaub machen durften und sogar bedient und von Boulespielern ausgelacht wurden, statt dass sie uns zusammenschlugen. Auch die Kellnerin des L'Oasis hatte ja nur geraucht und genervt geschaut, während mein Vater drei Tage lang erklärte, was wir essen und trinken wollen, sie hätte die beiden Hummer auch so lange vor unsere Gesichter halten können, bis sie mit ihren Zangen unsere deutschen Einmarschierernasen fertig abgetrennt hatten.

Hier isst man und dankt, hier respektiert man die rauchenden Gastgeberkellnerinnen, hier wird sich was angezogen in der Kirche, und alte Kommunisten sind herrliche Leute, die so lange angelächelt werden, bis sie sich ergeben.

In Spanien war alles noch einmal anders. Noch, so gerade noch, war hier Franco an der Macht, inzwischen senil und entsprechend sonderbar. Sein Ende war absehbar, auch von ihm selbst, und klar war, dass das Land, in dem wir Tintenfischringe aßen und in dem Kinder mit Silbertabletts beklopft wurden, grundsätzlich auf etwas halb Monarchisches, halb Parlamentarisches zusteuerte. »Das wird dann so wie in Großbritannien«, hieß es.

Damit war das Thema durch, was mich heute verwundert. Allerdings war das Thema vor allem seitens unserer mallorquinischen Freunde durch, alle schauten zufrieden in die Zukunft und eher achselzuckend auf Gegenwart und Vergangenheit, keiner von ihnen wollte jetzt, auf den letzten Metern, Ärger mit Geheimdienstmenschen oder Guardia-Civil-Polizisten, die mit ihren Hüten wie albern kostümierte Paare durch den Ort patrouillierten (wenn sie nicht gerade den Arm um die bloßen Schultern meiner Mutter am Strand von Cala Ratjada legten, lieb und geil lächelnd).

Meine Eltern waren der Meinung, dass man sich nicht einzumischen hatte, meine Schwester träumte noch nicht von der gerechten Herrschaft des Proletariats, sondern von süßen Eseln und in der frühen Pubertät vom erwähnten, göttlichen Brian Connolly von *The Sweet.* Als sie sechzehn war und sich langsam politisierte, war Franco tot und Spanien bekam einen jungen Bourbonen-König, den viele für ein bisschen doof und für ein Ziehsöhnchen Francos hielten.

Für ein bisschen doof (und ein bisschen korrupt) halten viele Spanier den Exkönig und seine Familie auch heute noch, er jagt gerne Elefanten und hatte mindestens eine außereheliche Affäre.

Aber damals kämpfte der König, was man nicht vergessen sollte, immerhin für eine parlamentarische Demokratie, und er verteidigte sie als Oberbefehlshaber der Armee auch tapfer, als der paramilitärische Guardia-Civil-Oberstleutnant Antonio Tejero im Februar 1981 das Parlament in Madrid stürmte, herumballerte und gemeinsam mit Armeeangehörigen einen historisch lächerlichen Putschversuch unternahm. Der sieht vor allem im Nachhinein aus, als sei er von Mel Brooks (»Springtime for Hitler«) einstudiert worden – und wenn man auch Putschversuche grundsätzlich nicht verharmlosen sollte: Es hielt und hält sich die Aura eines chaotischen, aber eben liebenswerten Menschenschlages, der seit Francos Tod zwar dessen Ära zum Unmut vieler politischer Kommentatoren lange nicht aufarbeitete, andererseits sind hier sogar Putschversuche lustig, und zu neuem Unsinn ist man offenbar nur begrenzt in der Lage.

Als in Amerika und im Europa des Jahres 2016 die Populisten, Nationalisten und Verschwörungstheoretiker triumphieren und die Engländer nach einer teils großzügig aus den Geldtöpfen der Hedgefondsmilliardäre aus Mayfair finanzierten Kampagne von Hasardeuren für ihren Auszug aus der Europäischen Union stimmen, gibt es in Spanien zehn Monate lang keine Regierung, es findet eine Wahl nach der anderen statt, und währenddessen wächst sonderbarerweise die Wirtschaft samt ihren Kennzahlen für das Volk. Wieder siegen dann die unter Korruptionsaffären leidenden Konservativen, wieder werden, wie ein halbes Jahr zuvor, die unter Korruptionsaffären leidenden Sozialisten Zweite, wieder wird der junge Superlinke Pablo Iglesias Dritter, der inzwischen mit einer Korruptionsaffäre zu kämpfen hatte – und wieder kommt in dem europäischen Entwicklungsland keine einzige ultrarechte, nationalistische Gruppierung auf eine auch nur halbwegs nennenswerte Stimmenzahl.

Das spricht schon auch für eine immerhin lässige und unpathetische Weisheit, oder?

Als ich Juan im Juli 2016 frage, was in Spanien passieren muss, bis eine faschistische Partei wieder mal richtig abräumt, zuckt er mit den Schultern, eine sehr typische Geste der Mallorquiner. Er sagt dann: »Wenn Spanier keine Arbeit finden, gehen sie nicht auf die Ausländer los. Sondern sie gehen ins Ausland und suchen sich dort eine Arbeit. So war es immer schon. Denk an das Gastarbeiterabkommen von 1961, mein Freund!«

Einigermaßen entnervt schaut der brillante Europa-Korrespondent und Spanien-Experte der *Frankfurter Allgemeinen Zeitung*, Paul Ingendaay, im November 2015 von Madrid aus auf das Land. Er zitiert Jorge Semprún, der beklagte, dass die große Amnestie nach dem Tod Francos im

Jahre 1975 in eine *Amnesie* übergegangen sei, und spricht dann vom »Gemütsfranquismus« der Spanier: »Dazu gehören Gehorsam, Schweigen, das Buckeln vor der Macht und Mangel an Zivilcourage. Nicht, dass Spanier nicht laut und mutig sein könnten. Doch innerhalb von Machtstrukturen, die sie kampflos als übermächtig empfinden, ducken sich die meisten weg. Unzählige Redewendungen des Alltags spiegeln Hilflosigkeit und Resignation vor den Mächtigen wider, vor denen, *die das Sagen haben* … Autoritarismus, Günstlingswesen, Machterhalt. An die Reformierbarkeit des Systems glaubt kaum einer.« Als Ingendaay kurz vor dem 40. Todestag des Caudillo im Jahr 2015 am Rande Madrids dessen Grab im pompösen »Tal der Gefallenen« besucht, stößt er auf ein topwurschtiges Ambiente: »Feierlichkeit angesichts historischer Größe ist bei den vergnügungsorientierten Spaniern von heute natürlich nicht herauszukitzeln … Sie kommen in Familien oder Gruppen von Freunden, weil der Tag himmlisch ist. Sie gönnen sich im angeschlossenen Restaurant ein Bier in der Sonne, strecken die Glieder, machen Witze. Dann traben sie in den glänzenden Hallen umher und finden die sepulkrale Aura kurios, während die überlebensgroßen Skulpturen sie womöglich an den Herrn der Ringe erinnern.«

Es ist bis jetzt eine sonderbare Mischung aus teils brutalem Pragmatismus, Glück und der nahezu sensationellen Unlust, sich in eigentlich hysteriefreundlichen Verhältnissen noch zusätzlich selbst zu hysterisieren, die dem Land im Chaos und mit all seinen Problemen einen teils bitteren, dabei aber vergleichsweise warmen Gleichlauf beschert: Flüchtlinge werden in der spanischen Enklave Melilla im Norden Marokkos durch meterhohe Zäune draußen gehalten (und von den Marokkanern zurück in die Wüste geschickt, wo sie dann verdursten), mit Booten kommen sie nur selten bis nach Spanien (und noch seltener nach Mallorca), Familien zerfallen wegen der hohen Jugendarbeitslosigkeit und arrangieren sich irgendwie trotzdem, und weil die Familie alles ist, führt das erzkatholische Land, in dem neunundneunzig Prozent der Menschen an Marienerscheinungen glauben, im Gegensatz zu Deutschland schon im Jahr 2005 die Ehe für Schwule und Lesben ein, damit auch diese aufeinander aufpassen und mit ihren Kindern in konservativen Verhältnissen leben können.

Übrigens hat Ingendaay, wie immer, sicher recht, aber pünktlich zum 80. Jahrestag des Ausbruchs des Spanischen Bürgerkriegs am 17. Juli 2016 häufen sich auf dem Festland wie auch auf Mallorca die Anzeichen dafür, dass nun die Enkelgeneration der Opfer des Franco-Putsches gedenkt. Alexander Sepasgosarian beschreibt in einem langen, gründlichen Artikel des Mallorca Magazins unter anderem die Arbeit des Vereins Memòria de Mallorca, der die Schicksale und Gräber der rund zweitausenddreihundert Opfer Francos auf der Insel zu klären versucht und den Angehörigen hilft, die Überreste zu exhumieren und würdig zu bestatten: »Von wenigen inszenierten Gerichtsprozessen abgesehen, wurden die meisten Opfer bei sogenannten Spaziergängen zu nächtlicher Stunde in Straßengräben oder an äußeren Friedhofsmauern hingerichtet. Anschließend wurden die Leichen zur Abschreckung der Bevölkerung einfach liegen gelassen, in Brunnenschächte geworfen oder innerhalb der Friedhöfe in eilig ausgehobenen Erdlöchern verscharrt.«

Vierhundert republikanische Milizionäre sind demnach alleine in Sa Coma direkt am Meer von Francos Leuten erschossen worden, in Strandnähe wurden sie hastig verbuddelt und dann, so gut es eben geht, vergessen, da vor allem die konservative Partida Popular nach der Einführung des Parlamentarismus in Spanien mahnte, die »vernarbten Wunden der Vergangenheit nicht erneut aufzureißen«.

Sa Coma liegt an der Ostküste Mallorcas, nur rund siebzehn Kilometer von Canyamel entfernt. Am Strand von Sa Coma stehen heute teils exklusive Hotels. Der Strand gilt als besonders schön, allerdings auch als tückisch, nicht wegen der vielen Menschen, die hier hingerichtet und verscharrt wurden, sondern wegen der an dieser Stelle besonders interessanten Strömung, die Menschen, die auf einem Surfbrett stehend umherpaddeln, Richtung Nordafrika schickt. Das Private ist in Mallorca meistens nicht politisch, wenn auch die Drei-Parteien-Linksregierung, die zum Entsetzen vieler Hoteliers seit 2015 von Palma aus regiert, in Wahrheit ein paar Sachen richtig macht, indem sie die (korrupte) Polizei reformiert, das (korrupte) Tourismusministerium reformiert (drei Verurteilungen mit Haftstrafen wegen Günstlingswirtschaft im Juli 2016), indem sie Strafzettel an randalierende, in den Brunnen von Cala Ratjada pissende Touristen aushändigt.

Irgendetwas Egales schwirrt hier durch die Hitze der Sommer. Menschen wie meine Eltern, die den Krieg überlebt haben und jeden Tag daheim über richtige und falsche Politik diskutierten, sie machten sich hier schlicht und plötzlich *keinen Kopf*. Und erst, wenn man sie Jahrzehnte später darauf anspricht, wundern sie sich selbst darüber. Als ich meine achtundachtzigjährige Mutter frage, wieso wir so oft nach Canyamel gefahren sind, gibt sie dieselbe Antwort wie immer: »Wir wollten, dass unsere Kinder in der Sonne sind.«

Das war alles?

»Ja.«

Und die Esel?

»Die Esel, natürlich, ja.«

Und das Essen?

»Natürlich. Die Spanferkel im Torre und die Küche in der Vaca …«

Aber wir waren eine so kapriziöse Familie, es wurde immer alles bewertet, über alles diskutiert, und in Canyamel war alles so *einfach*?

»Worauf willst du hinaus?«

Urlaube sind heute eine komplizierte Sache, die Leute informieren sich monatelang vorher im Netz, sie wägen Bewertungen gegeneinander ab und stellen Forderungen und verklagen den Veranstalter, weil morgens Pedro mit dem Traktor den Strand reinigt und sie dabei weckt. Es darf nichts schiefgehen. Wieso war ausgerechnet meine Familie, in der alle immer *auf Sendung* waren, in Canyamel so *fatalistisch*?

»Wir waren nicht fatalistisch. Wir waren glücklich.«

Vielleicht war die Welt …

»Die Welt? Vergiss die Welt. Ich sage dir was: Die Leute machen sich heute total verrückt. Kein Wunder, dass sie sich nicht erholen.«

Im Gegensatz zu meinem Vater (und meiner Schwester) weiß meine Mutter eine Diskussion nicht nur zu führen, sondern auch sie zu beenden.

Abschied

Sing to me
sing to me

PINK FLOYD

Meine Schwester stirbt an einem Sommertag des Jahres 2003.

Nachdem sie dreiundvierzig Jahre lang mit ihrem angeblich in jeder Sekunde potenziell tödlichen Herzfehler lebt, und zwar immer besser, bis er *kein Thema* mehr ist, ist es am Ende eine Gehirnblutung. Gemeinsam mit ihrem Mann lebt sie zu dieser Zeit in Pécs in Ungarn. Als Gymnasiallehrerin für Deutsch und Geschichte ließ sie sich, unternehmungslustig wie eh und je, für eine Weile an die dortige Deutsche Schule versetzen. Die Schüler vergöttern sie, ich sage ihr am Telefon, dass es schon theoretisch nicht möglich ist, eine Lehrerin zu vergöttern, da Lehrkräfte vom Teufel besessen seien, sie sagt, ich sei ein lustiger Idiot, sie liebt Budapest und Pécs, andauernd fragt sie, wann ich sie besuchen komme, andauernd antworte ich, dass es bald so weit sei.

»Wann kommst du?«

»Bald.«

Ich bekomme einen Anruf, dass sie doppelt sieht und jetzt ins Krankenhaus geht. Als ich in Pécs eintreffe nach dem Flug nach Budapest und einer endlosen Fahrerei durch Ungarn, liegt sie im Koma. Ihre Finger- und Fußnägel sind rot lackiert, sie wollte am Abend auf ein Fest. Einige Tage später ist sie tot. Bei ihrer Beerdigung in Büderich denke ich vor der Kapelle: Was ist das für eine Sprache? Ich sehe dann, dass viele ihrer Schülerinnen und Schüler aus Ungarn angereist sind, alles mit dem Auto, in Fahrgemeinschaften, niemals hätten sie sich einen Flug leisten können. Sie wurden von meiner Schwester vor wenigen Wochen in die Sommerferien verabschiedet, jetzt, bevor die Schule wieder losgeht, kommen sie, um von ihr Abschied zu nehmen.

Meine Mutter verlässt den Friedhof mit Freunden im Auto, ich gehe mit meinem Vater zu Fuß durch den Ort zurück auf die Bonhoefferstraße, es weht ein Sommerwind, als sei Strom in der Luft. An einer Bank nahe der Poststraße bleibt mein Vater stehen, zündet sich eine Zigarette an, setzt sich hin. Als ich mich neben ihn setze, sagt er »Tja, Junge« und lächelt. Er legt seinen Kopf an meine Schulter. Ich habe ihn noch nie weinen sehen. Jetzt läuft eine Träne seine Wange herab. Er sagt: »So.« Dann steht er auf.

Mein Vater, der Mann in dem blauen Hemd mit den weißen Streifen aus der Bucht von Canyamel, stirbt neun Jahre später, an einem Wintertag des Jahres 2012.

Im Krankenhaus planen sie einen hämisch bunten Strauß sinnloser Untersuchungen, blaffen ihn an, er steht unter schweren Psychopharmaka und Schmerzmitteln, er nervt, sie verdienen nichts mehr an ihm, er liegt nur rum. Der Arzt sagt zu mir: »Wissen Sie, Herr Gorkow, wir sind kein Hotel.«

Ich blaffe den Arzt an, er sagt etwas Maliziöses, ich nehme mir vor, ihn zu töten. Ich unterschreibe Papiere, dass ich *die*

Schuld auf mich nehme, dann holen wir ihn raus. Mitgeliefert im Krankenwagen wird eine blaue Mülltüte, darin, hart von getrocknetem Blut, sein Schlafanzug. Wieder und wieder hatte er sich im Krankenhaus im Schlaf und im Wahn die Kanülen aus dem Arm gerissen.

Vier Nächte verbringe ich daheim an seinem Bett, während er schläft, immer wieder auf sein linkes Handgelenk schaut, im Schlafzimmer umherstarrt und nach seiner Uhr fragt: »Wo ist meine Uhr? Wir müssen wissen, ob Tag oder Nacht ist. Wir müssen vor der Dunkelheit zurück sein.«

Er richtet sich auf, ruft: »Du siehst aus wie der General von Rundstedt. Das war auch so ein Idiot.«

Ich google auf meinem Smartphone den General von Rundstedt, schaue mir die Bilder an und sage nichts.

Dann: »Magst du hinten höher liegen, Papa?«

»Wir müssen vor der Dunkelheit zurück sein.«

Ich befeuchte seine Lippen. Ich lege ihm eine Tavor in die Wangentasche.

Mein Sohn kommt aus München, um sich von seinem Opa zu verabschieden. Mein Vater öffnet kurz die Augen. Eine weitere Träne läuft durch seine weißen Haare an der Schläfe. Ich bringe meinen Sohn zum Bahnhof.

Ich war in diesen Tagen nur hier und da zu den üblichen Verrichtungen wie zum Beispiel zum *Luftholen* aus dem Schlafzimmer gegangen, und in diesem Fall, also als er tatsächlich starb: um im Garten eine Zigarette zu rauchen. Ich hatte mir dort im still schwebenden Schneefall seine kahlen Rosenbäume angesehen, am Efeu meiner überwucherten Kinderschaukel gezerrt, auf der ich damals stundenlang hin und her geschaukelt war, die landenden oder startenden Flieger in der Einflugschneise anbrüllend, denen ich mich auf dieser Schaukel näher fühlte.

Ich zündete also die Zigarette an, schaute vom dunklen Garten in das matt beleuchtete Schlafzimmer mit meinem sterbenden Vater, die anderen Fenster waren dunkel bis auf das große Wohnzimmerfenster zur Terrasse. Zwischen dem Rost des Stahlrahmens der alten Schaukel entdeckte ich die vertraute dunkelgrüne Farbe. Ich bin zurück ins Wohnzimmer gegangen, um die von meinem Vater verhasste, aber wie eine Gottheit Abend für Abend um zwanzig Uhr angestarrte Tagesschau zu sehen. Danach würde ich mich, wie die Tage und Nächte zuvor, wieder zu ihm legen.

Der Sprecher sagte »Guten Abend, meine Damen und Herren«, erzählte etwas von einer Großfusion, ich stand auf und ging zurück ins Schlafzimmer.

Mein Vater lag mit angezogenen Beinen auf der rechten Seite, so hatte er schon den ganzen Tag dagelegen, mit dem Gesicht zur Wand. Als ich mich über ihn beugte, waren seine Augen geöffnet, sie waren aus seidigem Glas. Mit seinem Mund machte er einen angedeuteten Kuss, das Gesicht lag auf der Innenseite seiner rechten Hand, er hatte sich in seine Hand schlafen gelegt. So war er gestorben. Als ich die Fenster zum Garten öffnete, sah ich, dass die Reste meiner letzten Zigarette noch in fadendünnem Blau aus dem Rhododendron rauchten.

Meine Mutter setzte sich neben meinen Vater und hielt seine Hand. Sie waren vierundfünfzig Jahre verheiratet. Im Wohnzimmer ging das Telefon.

»Gorkow.«

Eine aufgeräumte rheinische Stimme: »Guten Abend, *Bequemschuhversand Knick*, spreche ich denn mit Rudolf Gorkow?«

Ich legte kurioserweise nicht auf, sondern sagte: »Nein, mit dem Sohn.«

»Ja, da wünsche ich dem Herrn Sohn einen guten Abend! Ist denn bitte der Herr Papa zu sprechen?«

»Nein.«

»Wie schade. Wir haben nämlich ein paar Angebote, die Ihren alten Herrn interessieren dürften. Gerade jetzt, weil es ja nun doch kalt werden soll. Nun kommt der Winter doch noch, und da würden wir …«

»Danke, nein.«

»Dann möchten wir auch gar nicht weiter stören. Dürfen wir denn morgen noch einmal anrufen?«

»Mein Vater ist gestorben.«

»Oh. Das tut mir aber leid.«

»Ich danke Ihnen.«

Als ich dem Mann sagte, dass mein Vater gestorben ist, wurde mir klar: Mein Vater ist gestorben.

Mein Vater, gebrochen, als sei in ihm zerschlagenes Porzellan, wurde von zwei jungen, sich verlegen räuspernden Männern aus dem Miet-Pflegebett vom Sanitätshaus Bröckers gehoben (»1, 2, 3!«) und in einen Blechsarg gelegt. Er wurde in ein Krematorium gefahren, das hundertvierzig Kilometer entfernt ist und im Gegensatz zu dem in Düsseldorf noch Kapazitäten frei hatte. Dort wurde er verbrannt. Als ich hinter der Urne herlaufe auf dem Friedhof, denke ich: Mein Vater, der energische Mann, ist in einer Dose.

Geblieben ist seine Uhr, die einfach weitertickt, geblieben ist die haarfeine, konkrete Erinnerung an: Stimme, Hände, Eau de Toilette von Dunhill, das Harz der Kiefern, das Salz, das Meer, sein Rücken.

Fast vier Jahre später, im Frühjahr 2016, löse ich die Wohnung in der Einflugschneise auf. Mit dem Nachmieter vereinbare ich, dass er die Rosen meines Vaters im Garten pflegen wird, auch verspricht er, dass er den alten Tonkrug an der Wand draußen, in dem seit Jahrzehnten die Meisen nisten, nicht anlangt. Am Telefon sagt er: »Meine Frau und ich lieben Vögel.« Ich sage: »Ich bin Ihnen sehr dankbar.« Selten war ich einem Menschen dankbarer.

Meine Mutter zieht aus der niederrheinischen Einflugschneise zu mir und ihren Enkelkindern nach München. Am Tag nach ihrem Auszug, an einem Vormittag im April, erscheinen sechs Männer der Firma »Rümpelfritz« in der Meerbusch-Büdericher Bonhoefferstraße. Sie sägen, demolieren und hauen zu Kleinholz, was dreiundfünfzig Jahre lang der Rahmen für eine Familie war: Hängeregale, Boiler, Regale und Schreibmaschinen zerbersten, sie schichten die zerlegte Einbauküche, das Kinderzimmer, die Schränke und Regale in zwei mittelgroße Lieferwagen, ein halbes Jahrhundert Familienholz mit Haken, Splittern, Furnieren und unzerstörbaren Aufklebern, *Höhlenmalereien* (Bernd Cullmann und Franz Beckenbauer, WM '74 im Trainingslager in Malente). Dann stehen sie vor dem Haus, jeder raucht noch eine, immerhin unter Zerstörern wird noch geraucht. Sie überreichen die Rechnung und machen sich auf zum Wertstoffhof. Alles zusammen hat vier Stunden gedauert.

Meine Frau ruft an, ob alles gut gegangen sei. Ich sage: »Alles im Lot.« Sie fragt: »Seid ihr schon fertig?« Ich: »Die Wohnung ist leer. Ich mach mich auf den Weg zum Bahnhof.« Ich erzähle ihr von Beckenbauer und Cullmann, den beiden Fußballern, und vom Staub meiner Familie.

Teo, der nach meiner Rückkehr in seinem Garten sofort vom blau-weißen Hemd meines Vaters erzählte, der die Kaninchen von Mallorca mit seinem Ford erlegte und sie dann für uns zubereitete, stirbt kurz vor Weihnachten, im Winter 2016. Eine schlichte Nachricht aus Mallorca. Stoisch. Keine Sentimentalitäten. Dazu die knappe Botschaft seiner Tochter: *Gesundheit, Glück und feliz 2017.*

Also baue ich es noch schnell ein in diese Geschichte.

Südwind

»Wo bist du? Wellt verruckt. Umarme gans fest.«

SMS von Xisco Pico, November 2016

Ich habe den ganzen Sommer des Jahres 2016 in Canyamel verbracht. Als ich vor einem Jahr zurückgekehrt war, war ich in meine Vergangenheit geschwommen. Im fünften Stock des Laguna hatte ich damals den Koffer auf das Bett gelegt, nur die Badehose rausgeholt, das Handtuch, runter, über die Terrasse des Laguna, über den Strand, ins Wasser. Es war Anfang Juni.

Ich habe mich im Meer in die Spur meines Vaters gelegt, und diesen Weg bin ich nun alleine geschwommen.

Ich bin erst bis zum Embarcador del Rei geschwommen, dann weiter bis zur Mauer in den Felsen von Cap Vermell, wo oben immer wieder mal ein Bus mit ratlos hinausschauenden Ausflüglern entlangkriecht zu den Höhlen von Artà. Von hier aus, aus den brav hochkeuchenden Bussen, durch Hornsonnenbrillen und unter Strohhüten schauten sie früher aufgebracht vor Aufregung in die famose Bucht, einige hielten ihre silbernen Fotoapparate an die dröhnenden Scheiben, schon damals, um Zeugnis abzulegen.

Heute sieht man hier durch die Fenster eine Armee kleiner schwarzer Rechtecke in die Bucht filmen, so belegen sie einen langsamen, kurvenreichen Weg bis zum Parkplatz vor den Höhlen, verschiffen die Filme in die cloud und vergessen sie dort so lange, bis der Administrator ihnen mitteilt, dass sie ein Problem haben, das sie unter *Einstellungen* möglicherweise beheben können.

Das Meer hier, weit draußen, ist nicht mehr türkis, denn der Sand, der aus der Bucht weiter vorne, im Badebereich, einen endlosen Pool macht, er riffelt sich in feinen Linien in hier nun königsblauer Tiefe, die Wüste unter Wasser, und an den Rändern der Steilwand weit unter mir ragten teils dunkle, teils orangefarbene Felsen ins Meer. Ich legte mich damals, am Tag meiner Rückkehr, auf den Rücken, sah, wie die Kiefern sich über die Bucht beugten, hörte nur meinen Atem und das Wasser.

Xisco Pico, in dem ein philosophischer Kern glüht, hatte mich an der Rezeption begrüßt, förmlich, knapp, ironisch. Seit fünfundvierzig Jahren, seit seinem fünfzehnten Lebensjahr, begrüßt er Menschen an der Hotelrezeption, umarmt, tröstet, überbringt Todesnachrichten, lässt sich anschreien. Wenn Teo ein Star war, ist Xisco ein Weltstar. Xisco wusste, dass ein *Gast mit einer Geschichte* zurückkehrt, und wenn er auch nicht wusste, was für ein Gast ihn hier erwartet, so wusste er doch, dass Steine, Meer und Sand alleine in der Summe nur eine Ferienbucht ergeben, die in Reiseführern nicht mehr erfordert als vier bis fünf Zeilen plus den Formelkürzeln für das Planquadrat auf der hinten angehängten Landkarte von Mallorca.

Keiner hatte mich gefragt, ob ich nach Canyamel möchte, damals, als ich im Alter von einem Jahr zum ersten Mal in der Caravelle hertransportiert wurde und dabei nach dem Start das Haus überflog, in dem wir lebten. Nicht einmal meine siebenjährige Schwester wurde gefragt. So sollte es halt sein. Und so wurden wir unter die Sonne gebracht, auf die Insel der überfahrenen Kaninchen.

Beim Abendessen im Torre sagt Xisco, an seinem Spanferkel herumsäbelnd, und es schimmern mit einem Mal die Augen: »Orte sind Steine. Die Menschen sind wichtig.«

Weia, denke ich. Jetzt geht es aber los.

Wir säbeln weiter.

Ich sage vorsichtshalber eine Weile nichts, da ich Angst habe, dass Xisco losheult, womöglich habe ich ihn die ganze Zeit falsch eingeschätzt, Ironie und Schläue sind nur eine Fassade, gleich erleidet er über seinem Spanferkel einen Nervenzusammenbruch.

»Morgen«, sagt er, »bevor du abreist in wenigen Tagen, musst du noch einmal den Hai suchen.«

»Es war ein Delfin, Xisco.«

»Natürlich war es ein Delfin.« Er macht eine Pause und sagt: »Du Idiot. Direkt vor deiner Nase.«

»Ich dachte gleich: Es ist ein Delfin. Es war die Rückenflosse eines Delfins, Xisco. Ich wusste es zu neunundneunzig Prozent.«

»Und dann bist du geflohen vor dem Hai. Wegen eines Prozents.«

»Delfine sind eh scheiße, Xisco«, sage ich.

»Es sind dreitausend Delfine rund um die Balearen unterwegs, mein Freund. Du hättest an deinem ersten Tag mit dem Delfin schwimmen können am Embarcador. Stattdessen bist du abgehauen.«

Am Tag darauf sind Wetter und Meer durchtrieben, der Südwind brettert über den Strand, als wolle er aufräumen mit allem, hier und da lösen sich lose verankerte Sonnenschirme aus dem Sand, rasende Satellitenschüsseln, die Wellen brechen früh, breite, flache Schaumteppiche treiben dem Chiringuito zu, die Terrasse des Laguna liegt unter einem Teppich abgestorbener, von den Kiefern geblasener Nadeln, vom Cortado weht das Häubchen herunter. Solchen Nachmittagen folgten damals die Nächte, in denen die Familie schlief wie tot, die Türen zum Balkon offen, die Luft, die von draußen über unsere Betten wehte, der Wind eine Bewegung, Strom und Jod.

Bootsverleiher Sebastian sitzt nicht an seinem Tisch vorne am Meer, es sind nur wenige Leute im Wasser, ernst schaut der Mann in der »Lifeguard«-Hose auf ein junges Paar, das im Tretboot nur wenige Meter vom Strand entfernt durch die Welle kreischt, und wenn das Boot vom Wasser angehoben wird, surrt unten das Schaufelrad durch die Luft. Es ist nicht verboten, heute rauszufahren, aber es ist nur sehr knapp nicht verboten, die meisten Bretter und Kajaks liegen unter dem großen Netz beieinander vertäut.

Ich frage die »Lifeguard«-Hose, ob sie weiß, wo Sebastian ist, der Mann deutet mit dem Daumen hinter sich Richtung Chiringuito, von wo aus Sebastian jetzt hinüberschaut, und, als er mich sieht, mit den Schultern zuckt. Wie gesagt, eine hier typische Geste.

Ich bitte ihn, mir das Kajak zu leihen, er fragt, ob ich verrückt sei, dann bittet er mich, in der Bucht zu bleiben und draußen nicht links hinter den Felsen von Cap Vermell abzubiegen. Man sieht, dass das Meer dahinten aufgebracht ist. Ich muss Paddel und Kajak die ersten zwanzig, dreißig Meter durch die reinbrechenden Wellen ins Wasser schieben und klettere erst hinein, als ich fast nicht mehr stehen kann.

Weit draußen hocken die drei Kormorane in der Steilwand von Cap Vermell, der Dreierrat, das Komitee. Es wird eine lange und gefährliche Reise. Weit heraus aus der Kindheitsbucht, der Bucht von Cap Vermell.

Und wieder zurück.

Alexander Gorkow, 1966 in Düsseldorf geboren, studierte Germanistik, Mediävistik und Philosophie; seit 1993 arbeitet er bei der *Süddeutschen Zeitung* in München und zählt als Reporter, Essayist und Interviewer zu den renommiertesten Journalisten des Landes. Er wurde ausgezeichnet mit dem Theodor-Wolff-Preis und zwei Mal mit dem Deutschen Reporterpreis. Seit 2009 leitet er die Seite Drei der SZ. Bei Kiepenheuer & Witsch veröffentlichte Alexander Gorkow 2007 den Roman »Mona« und 2008 den Band »Draußen scheint die Sonne«, eine Auswahl seiner Interviews. 2013 war er Herausgeber des Gedichtbandes »In stillen Nächten« von Till Lindemann.